初中语文
读写图式建构

季红 著

CHUZHONG YUWEN
DUXIE TUSHI JIANGOU

上海大学出版社

图书在版编目(CIP)数据

初中语文读写图式建构/季红著.—上海：上海大学出版社，2024.1
ISBN 978-7-5671-4889-5

Ⅰ.①初… Ⅱ.①季… Ⅲ.①阅读课-初中-教学参考资料 ②作文课-初中-教学参考资料 Ⅳ.① G634.303

中国国家版本馆CIP数据核字（2024）第002706号

责任编辑　傅玉芳
封面设计　倪天辰
技术编辑　金　鑫　钱宇坤

初中语文读写图式建构

季　红　著

上海大学出版社出版发行
（上海市上大路99号　邮政编码200444）
（https://www.shupress.cn　发行热线021-66135112）
出版人　戴骏豪

*

南京展望文化发展有限公司排版
上海东亚彩印有限公司印刷　各地新华书店经销
开本710mm×1000mm　1/16　印张19　字数320千
2024年1月第1版　2024年1月第1次印刷
ISBN 978-7-5671-4889-5/G·3597　定价　68.00元

版权所有　侵权必究
如发现本书有印装质量问题请与印刷厂质量科联系
联系电话：021-34536788

目录 CONTENTS

绪论　初中语文读写图式建构……………………………………………… 1

第一章　阅读图式建构……………………………………………… 15

一、单元视角下写景类文章读写图式建构
　　——以统编版初中语文教材八年级上册第三单元为例……… 15

二、因"言"解"文"　以"文"明"道"
　　——《墨子·公输》教学例谈……………………………… 20

三、初中语文古诗文阅读图式建构策略…………………………… 25

四、古诗文比较阅读的问题及对策………………………………… 88

五、紧扣关键字词　读懂词人情感
　　——《词四首》教学设计…………………………………… 94

六、借助层次组合　读懂诗歌主旨
　　——《诗词曲五首》教学设计……………………………… 105

七、从人物前后态度对比中把握小说主旨
　　——《范进中举》教学设计………………………………… 118

八、情动于衷　辞发于外
　　——格式塔心理学理论在小说《桥》的教学中的运用……… 120

九、从伏笔看欧·亨利式结尾的艺术魅力
　　——《二十年后》教学设计………………………………… 124

十、从标题入手梳理文章思路
　　——《从百草园到三味书屋》教学设计…………………… 126

十一、分析材料关系　把握文章内容
　　——记叙文专项复习（一）教学设计……………………… 130

十二、找准角度　赏析语言
　　——《记叙文专项阅读——品味语言》教学设计 …………… 136

十三、学习分析推理　读懂说明事理
　　——《阿西莫夫短文两篇》教学设计 ………………………… 140

十四、把握演讲词的一般思路
　　——《应有格物致知精神》教学设计 ………………………… 144

十五、理解隐喻含义　把握核心观点
　　——《精神的三间小屋》教学设计 …………………………… 147

第二章　写作图式建构 ……………………………………………… 160

一、基于统编初中语文教材的写作教学实践研究 ………………… 160

二、谁解题中味？
　　——从命题角度看"三级作文档案建设和运用"的意义 …… 185

三、基于教材资源的记叙文写作复习策略 ………………………… 188

四、把握主旨　关注文体
　　——《学习缩写》教学设计 …………………………………… 195

五、提炼要点　明确形式
　　——《学习改写》教学设计 …………………………………… 202

六、明确重点　充实细节
　　——《学习扩写》教学设计 …………………………………… 210

七、区分类型　选择角度
　　——《审题立意》教学设计 …………………………………… 216

八、发挥评价量表的导向作用
　　——《修改润色》教学设计 …………………………………… 222

九、创设写作情境　关注过程指导
　　——《学写游记》教学设计 …………………………………… 229

第三章　整本书阅读图式建构 ……………………………………… 234

一、任务驱动　读写融合
　　——名著导读《水浒传》教学设计案例 ……………………… 234

二、基于项目学习的初中语文整本书阅读任务设计

　　　　——以《海底两万里》为例 …………………………………… 245
　三、基于单元教学的整本书阅读学习任务设计与实施
　　　　——以《艾青诗选》为例 ……………………………………… 254
　四、此日中流自在行
　　　　——关于语文学科课内拓展阅读的实践与思考 ……………… 262

第四章　综合性学习图式建构 …………………………………………… 266
　一、走进小说天地 …………………………………………………………… 266
　二、创设任务情境　提供活动支架
　　　　——综合性学习《岁月如歌——我们的初中生活》教学设计案例
　　　　 ………………………………………………………………………… 273
　三、辩论 ……………………………………………………………………… 282
　四、以项目学习提升新闻读写能力
　　　　——"新闻1+1"项目化学习案例 ……………………………… 289

绪论　初中语文读写图式建构

阅读能力和写作能力是语文学习的两大关键能力，阅读是信息的输入，写作是信息的输出，引导学生在信息的输入与输出中建构自己的认知图式，对提高学生的语文素养具有重要意义。统编初中语文教材单元读写同步推进，读写结合是语文教学的传统之一，阅读和写作心理上的异质同构是构建读写图式的客观基础。

一、图式理论的基本理念

（一）图式概念的发展演变

图式概念最早由德国哲学家康德提出，他认为人的大脑中存在联系感性直观和知性的中介和桥梁，即图式。20世纪初，诞生于德国的格式塔心理学派强调整体观和知觉经验的组织作用，关注知觉和认识的过程，认为学习是有机体建构问题情景的一种功能，通过主动加工，把有联系的各种要素结合到先前的单元中去。认知心理学的开山鼻祖爱德华·托尔曼（Edward Chase Tolman）认为有机体的知识是被组织到环境的"认知地图"中，即"目标—对象—手段"三者联系在一起的认知结构。英国心理学家弗雷德里克·巴特莱特（Frederic Charles Bartlett）把"图式"这一源于哲学的词汇引入心理学，强调知识之间的联系和相互作用。

瑞士心理学家让·皮亚杰（Jean Piaget）则从认知发展的观点来解释认知结构，结构就是具有整体性的若干转换规律组成的一个有自身调整性质的动态图式体系。在皮亚杰看来，图式是认知结构的起点和核心，认知发展受到三个基本过程的影响：同化、顺应和平衡。儿童每遇到新事物时，先用已有图式去整合外界刺激，即同化，如成功便暂时得到认识上的平衡；反之，便做出顺应，即调整原有图式或创立新的图式去同化新事物，达到平衡。这种不断发展的过程就是认知结构——图式的形成和发展的基本过程。

美国心理学家杰罗姆·布鲁纳（Jerome Seymour Bruner）认为，学习就是类别化及编码系统的形成，人们借助已有类别、编码系统来处理外来信息，先归类，再分析特征属性。美国认知教学心理学家戴维·保罗·奥苏贝尔（David Pawl Ausubel）提出认知结构同化理论，强调有意义的学习过程是学生把教学内容与自己的认知结构联系起来的过程，而认知结构是指学生现有知识的数量、清晰度和组织结构。

现代认知心理学家以皮亚杰的图式概念为基础，运用信息加工的分析方法，通过对认知表征的深入研究，提出了认知图式理论。美国认知心理学家唐纳德·诺曼（Donald Arthur Norman）和大卫·鲁姆哈特（David Rumelhart）认为图式是一种知识单元，约翰·罗伯特·安德森（John Robert Anderson）认为图式是一种抽象的、建构完善的结构。维特罗克（M. C. Wittrock）认为学习的生成过程就是学习者原有认知结构与外界刺激（新知识）进行主动选择、建构信息意义的过程。根据马文·明斯基（Marvin Lee Minsky）的观点，一个图式既是一个结构，又是一个加工者，是以知识经验为内容并具有认知功能的心理结构。

（二）图式理论的主要观点

1. 图式的内涵

现代认知心理学家提出的图式理论认为，图式是知识的框架和结构，是记忆中表征知识各个要素相互联系、相互作用形成的具有一定心理结构的网络。学习者认知图式的建构，根据不同学习类型，有增长、调整和创造三种方式。

2. 图式的特征

图式具有如下三种特征：一是层次性。图式有许多变量，可以有亚图式，可以组成层次，学习中的思维升阶往往意味着低层次图式被激活后再去激活高层次的图式。二是一般性。图式可以在各种抽象水平上表征知识，具有迁移作用，可以将图式迁移到相同或相似文本中。三是主动性。图式是一个主动的加工过程，能够评价其自身对环境因素的适应情况。

3. 图式的类型

根据不同的标准，图式可以有不同的分类。就语言学科学习而言，通常可以分为如下三种类型：一是语言图式，是指文章的字词句篇、文法修辞逻辑等知识，具备基本的语言知识，才能提炼出文本的文字信息，从语言图式激活已有的内容图式和形式图式，达成对文本的理解。二是形式图式，是指文本组织结构、文本体裁等知识，特定的内容往往需要特定的体裁形式表达。三是内容图式，是指文章内容的背景知识或过去的阅读经验，可以帮助预测、验证、消除歧义，加深对文本的理解，是基于阅读体验，与文本互动，并抽象出来的一种阅读结构。这三种类型与文本的语言、形式、内容交互作用，共同协调。

二、读写图式建构的意义

语文教学要培养学生的认知能力，就要重视完善学生的认知结构，丰富其认知图式，因为无论是语言教学还是言语实践活动，本质上都是思维活动的外现，而思维本身就是人类心理活动的核心部分。思维的很重要的一个部分是概念的形成，即对头脑中的观念的组织和归类。范例是一个概念的最典型的例子，引入更多类别可以激活学生与此相关的记忆，帮助他们将新的概念加入到已有的图式中。

（一）有利于语文知识的结构化

知识包括事实性知识、概念性知识、程序性知识和元认知知识。日常教学中的学科知识往往呈现浅表化现象，将事实性知识、概念性知识作为全部，将知识的教学简单化为符号形式，很少深入知识的逻辑根据、思维方法和深层意义。

图式的形成和运用是高级的学习策略，一方面，它有利于知识结构化，结构化的知识可以被浓缩成框架，组成网络，因而更便于记忆和理解；另一方面，它也能优化学习者的认知结构，被优化的认知结构使所储存的知识点之间具有高度组织化，易于激活，便于迁移，能在具体语境下，把语言知识转化为言语能力。

（二）有利于学生思维的深入化

思维能力是指学生在语文学习过程中的联想想象、分析比较、归纳判断等认知表现，主要包括直觉思维、形象思维、逻辑思维、辩证思维和创造思维。

语文学习中,学生缺乏独立思考能力,不敢大胆质疑和推测,不善于多角度、多层次认识事物、处理问题,不善于联想和想象,不能将所学知识进行梳理、组块,思维呈现简单化、片面化倾向。

图式结构的动态特征表现为打破原有的认知平衡,在同化、顺应中不断寻找联通点,尝试建立新的平衡。学生在这一过程中寻求问题解决策略,不断合作探究、质疑问难,引发联想和推论等深度思维。

(三)有利于学科活动的整体化

当前语文教学活动呈现碎片化的状态,主要表现为教学内容没有内在的联系,缺少相互协同和相互作用;孤立学习一篇篇课文,着眼于一课一得,同一单元内的课文学习所得互不相关,没有建立起知识之间的联系,难以通过归纳和概括建构读写图式。

建构读写图式能培养学生分类整合信息的能力,在进行零碎信息的收集整理后,分门别类地按照一定的内部顺序和逻辑关系进行整合,不断拓宽图式信息,完善图式结构体系。通过分类与整合,学生封闭的、零碎的图式认知结构逐步呈现系统化发展,并最终形成较为完善的图式体系。

三、读写图式建构的策略

图式理论强调勾连新旧知识,扩充知识体系,突出学生的主动性与图式的迁移性。读写图式的构建有利于学生完善知识体系,提高知识迁移能力,推进语文深度学习。

(一)聚焦遣词造句,建构语言图式

语言图式指的是语音、字、词、句等方面的语言知识及应用,指向作者独特的语言风格、编者精心编排的语言组块等。语言运用是义务教育语文课程核心素养的基础和重要组成部分,要求学生在丰富的语言实践中,通过主动积累、梳理和整合,初步具有良好语感;了解国家通用语言文字的特点和运用规律,形成个体语言经验;具有正确规范运用语言文字的意识和能力,能在具体语言情境中有效交流沟通,感受语言文字的丰富内涵。

《昆明的雨》是统编版语文教材八年级上册第四单元中的一篇自读课文。

该单元所选散文类型多样，单元学习目标之一是反复品味、欣赏语言，体会、理解作者对生活的感受和思考。《昆明的雨》从一幅画写起，将记忆中昆明雨季的景、物、事一幕幕展现开来。其中有一句话呈现了昆明雨季的特点：昆明的雨季是明亮的、丰满的，使人动情的。学生在自读课文时是很容易发现这样一句总起句的，根据已有知识图式，这里连用了三个形容词来概括昆明雨季的特点：明亮的、丰满的、使人动情的。"明亮"一般形容光线，"丰满"一般形容体态。根据语境，昆明的雨季有色彩浓绿的仙人掌，开着金黄色的花，色彩鲜明，在雨水的冲刷下是洁净明亮的；草木的枝叶里水分都到了饱和的状态，"丰满"一词既写出了草木水分充盈，也呈现出一种近乎夸张的旺盛的生命力。"使人动情的"很直白地表达了情感，字面意思不难理解，然而在标点的使用上有些特别，"明亮的"和"丰满的"以顿号隔开，"使人动情的"前面却以逗号隔开。从语义上来说，这三个词都是形容词，都用来形容昆明雨季的特点，用顿号隔开是完全可以的，为什么会这样使用标点呢？可以启发学生把句子读一读体会一下。这是一篇回忆性散文，作者所回忆的是四十年前在昆明读书求学的一段经历，时隔多年，萦绕在作者心头的昆明雨季依旧清晰如昨，那么明亮，那么丰满，不由得使人为之动情。逗号一般用于句与句之间的间隔，在这里似乎让我们看到作者回忆起昆明是不由自主地发出"使人动情"的感慨，"明亮的""丰满的"侧重于外在特征，"使人动情的"侧重于内在感受，运用逗号停顿使情感的抒发更深沉、更悠长，更充分表达了作者对昆明生活的喜爱与怀念，体现了汪曾祺散文淡而有味的独特韵味。

《湖心亭看雪》是统编版语文教材九年级上册第三单元中的一篇自读课文，该单元所选诗文在描写景物、抒发情感的同时表达了作者的政治理想和志趣抱负。单元学习目标之一要求积累、掌握课文中的文言实词和名言警句。《湖心亭看雪》选自《陶庵梦忆》，是明末清初文学家张岱的一篇小品文，写作者雪中夜游西湖邂逅金陵客。张岱出生仕宦世家，少为富贵公子，过着游山玩水的"风雅"生活。明朝亡后，他曾参加过抗清斗争，后来"披发入山"，以消极避世表示其民族气节。明亡后不仕，入山著书以终。他的小品文，多为描写江南山水风光、风俗民习和自己过去的生活，常追忆往昔之繁华，从中流露出对亡明的缅怀。文末借舟子的评价"莫说相公痴，更有痴似相公者"表达其一片"痴"情。"痴"的常用义项有"不聪慧""天真""癫狂""极度痴迷"等。可以引导学生思考：舟子所说的"痴"是什么意思？你如何理解张岱的

"痴"？在舟子的眼中，这样寒冷的冬夜，大雪三日，人鸟声俱绝，相公独往湖心亭看雪毫无疑问是不聪明的、近乎癫狂的行为，他是无法理解张岱的这一举动的，也无法理解两个金陵客。然而正是舟子的不理解，从一个侧面表现了张岱内心的孤独。他的"痴"有对这种寂寥空旷、天人合一的山水美景的痴迷，有对高洁脱俗的志趣情致的痴迷，有对家园故国的思念之痴情。《陶庵梦忆·序》中有这样一段话："鸡鸣枕上，夜气方回，因想余生平，繁华靡丽，过眼皆空，五十年来，总成一梦。今当黍熟黄粱，车旅蚁穴，当做如何消受？遥思往事，忆即书之，持向佛前，一一忏悔。"表现了作者对往事的追忆和深情。张岱曾经说过："人无癖不可与交，以其无深情也；人无疵不可与交，以其无真气也。"他用自己的言行践行了自己的观点。通过对"痴"这一实词的义项解析，既可以丰富语言图式，也读懂了文章的内容。

遣词造句是语文学习的基本任务，语文教学要注重语言的积累、感悟和运用，注重基本技能的训练，给学生打下扎实的语言基础。选择适当的语言知识点如标点、词语、句式、修辞等，引导学生建构相关图式，有利于语文知识的结构化。

（二）聚焦体裁章法，建构形式图式

形式图式指的是文章体裁和章法方面的知识。无论是一类文章的构思、一篇文章的布局，还是一个段落的内在结构，都有其独到的形式图式。阅读和写作的重要任务之一是学习作者独具匠心的表达样式，体会其独特表达背后附着的意蕴，进而学会化用这些图式来进行表达与交流。

《酬乐天扬州初逢席上见赠》是统编版语文教材九年级上册第三单元中的一首七言律诗。课前预习中要求诵读课文时注意不同体裁诗歌的节奏和韵律特点。刘禹锡，字梦得，唐代中晚期著名诗人，有"诗豪"之称。永贞革新失败被贬为朗州（今湖南常德）司马。此诗作于唐敬宗宝历二年（826），刘禹锡罢和州刺史返回洛阳，同时白居易从苏州返洛阳，两人在扬州初逢，白居易在宴席上作诗《醉赠刘二十八使君》："为我引杯添酒饮，与君把箸击盘歌。诗称国手徒为尔，命压人头不奈何。举眼风光长寂寞，满朝官职独蹉跎。亦知合被才名折，二十三年折太多。"对刘禹锡屡遭贬谪、怀才不遇的命运寄予深切同情，刘禹锡写此诗作答。酬，这里指以诗相答。律诗的形式要求一般是颔联、颈联对仗，押平声韵，结构上遵循起承转合的思路。作为一首答谢诗，诗歌紧承白

居易所赠诗尾联"亦知合被才名折,二十三年折太多",首联"巴山楚水凄凉地,二十三年弃置身"交代了被贬谪流迁的地点和时间,以地点的"凄凉"和长时间的"弃置"领起下面诗句,充满悲凉的情绪。颔联"怀旧空吟闻笛赋,到乡翻似烂柯人"用西晋向秀《思旧赋》和晋人王质的典故,对仗工整,承接首联进一步渲染物是人非的怅惘之情。颈联"沉舟侧畔千帆过,病树前头万木春"以"沉舟""病树"为喻,一改前两联的低沉伤感而为激昂豁达,有较为明显的转折。尾联"今日听君歌一曲,暂凭杯酒长精神"表明自己在白居易的关心之下要振作精神,表达了对白居易的感激之情,点明题旨并作总结。这首诗韵脚"身""人""春""神"属上平十一真韵部,符合律诗的押韵要求,读来音韵和谐,情感深沉。诗歌的节奏韵律及结构思路能很好地表达诗人仕宦升沉的感慨、坚定的意志和乐观的精神。课后可以让学生自读刘禹锡的另两首七言绝句《元和十年自朗州至京戏赠看花诸君子》《再游玄都观》,比较绝句和律诗在节奏韵律上的异同点,加深对诗人的了解,使得关于"律诗"的形式图式得以巩固和拓展。

《曹刿论战》是统编版语文教材九年级下册第六单元中的一篇教读课文,该单元课文从不同角度反映了古人的政治、军事生活。《曹刿论战》节选自《左传》。《左传》是儒家经典之一,是中国古代的史学和文学名著,相传是春秋时期左丘明根据鲁国国史《春秋》所编。《春秋》用于记事的语言极为简练,然而几乎每句都暗含褒贬之意,被后人称为"春秋笔法"。《左传》侧重历史细节的补充。《曹刿论战》记述的是齐鲁长勺之战的经过,这一史实在《春秋》中的表述只有一句话:"春王正月,公败齐师于长勺。"编撰者据此敷演成一篇有对话、有动作细节的短文,其详略的安排历来为人所称道。全文按照时间的先后顺序写了战前、战时和战后三部分,详写战前战后,略写战时,每一部分当详则详、当略则略。第一段写战前,开头一句"十年春,齐师伐我"以简练的语句交代了时间、交战双方及战争起因,其中"伐"是中性词,多用于诸侯或平级之间的公开宣战,一般师出有名,进军时要有钟鼓。齐桓公以当年鲁国曾经帮助过公子纠为由发动战争,文中"鼓之""三鼓"等说明齐军进攻时是有击鼓的。接下来主要写曹刿和乡人、鲁庄公的对话,和乡人的对话凸显其爱国热情和责任感,和鲁庄公的三问三答均采用判断句式,斩钉截铁,铿锵有力,凸显其政治远见和果敢坚毅的特点。第二段写战时,一般来说写战争往往要详写战争场面,但本文则比

较简略，以"鼓之""驰之"交代了战争的两个阶段，两句"未可"和"可矣"简短有力，符合战争时紧张的气氛及曹刿果断的个性，辅之以"下视其辙""登轼而望之"两个动作，表现出曹刿的胸有成竹、指挥若定。第三段写战后，通过语言写曹刿对战争的分析，先以判断句明确战争胜利的重要因素之一是勇气，再分别分析进军和追逐敌军的原因，体现把握战机的重要性。之所以有这样的详略安排，是因为选文重点要突出战争取胜的因素是取信于民和把握战机，凸显曹刿的深谋远虑。详略的安排使得文章舒缓有致，富有节奏感，如同朱自清先生在《经典常谈》中所评价的："战争是个复杂的程序，叙得头头是道，已经不易，叙得有声有色，更难；这差不多全靠忙中有闲，透着优游不迫神儿，才成。这却正是《左传》著者所擅长的。"详略安排这一形式图式关乎文章的中心，这是学生原本就熟知的，通过本文的学习，这一图式得以加强，并更进一步了解了如何来安排详略，如何使详略和文章的内在肌理配合，起到相得益彰的效果。

《大雁归来》是统编版语文教材八年级下册第二单元中的一篇自读课文。该单元选文都是阐释事理的说明文，单元学习目标要求理清文章的说明顺序，学习分析推理的方法。《大雁归来》选自《沙乡年鉴》，是一篇富有文学色彩的科学观察笔记，因此，可以通过本文的学习帮助学生建构科学观察笔记的形式图式。可以借助表格梳理课文内容（表1）。

表1 《大雁归来》内容整理

记录人	利奥波德	观察地点	威斯康星沙乡农场	观察对象	大 雁
观 察 时 间		观 察 内 容			
11月（第3段）		南飞20英里直达最近大湖，时而闲荡，时而捡食玉米粒			
3月（第4～6段）		顺着河流，穿过狩猎点和小洲，曲折穿行在沼泽上空盘旋、滑翔			
		沼泽地里到处可见雁群			
		去玉米地觅食			
4月（第9段）		在沼泽中集会			

续 表

观察时间	观察内容
5月（第10段）	沼泽集会减少
结 论	群雁归来意味着春天的到来，世界各地的大雁迁徙活动是其自身的生命历程，是自然的

课后作业为选择某种植物，写一篇科学观察笔记，记录它一周的变化过程。以表格形式或以文字配图的形式呈现，巩固了这一形式图式。学生作业如表2所示。

表2 《大雁归来》课后作业

观察人	朱诗瑶	观察地点	小区	观察对象	垂丝海棠
观察时间	观察内容					
2022年3月22日	树上大部分花依然含苞待放，但仍有几朵已经有了盛开的迹象；垂丝海棠的花瓣是粉红色的，深浅不一				
2022年3月24日	海棠花微微下垂，随风起舞；少数花朵早已竞相开放；花朵中央的雄蕊雌蕊清晰可辨，美不胜收				
2022年3月26日	经历了一场春雨，大部分的海棠花都已盛开；花瓣上还残留着滴滴雨水，显得愈发娇艳				
2022年3月28日	海棠花开得正旺，凑近闻时，一股不容忽视的清香扑鼻而来。这花香不浓郁，不刺鼻，是海棠花独有的韵味				
结 论	垂丝海棠花期始于3月底，花香淡雅，花瓣呈淡红色，花朵略微下垂				

《中国人失掉自信力了吗》是统编版语文教材九年级上册第五单元中的一篇教读课文，该单元选文均为议论性文章，单元学习目标之一是把握作者的观点，理解观点和材料之间的联系。《中国人失掉自信力了吗》是一篇驳论文，驳论一般是先反驳错误观点，然后树立自己的观点。反驳错误观点时，可以针对错误观点，也可以针对论据和论证过程。驳论文在初中语文教材中不常见，因此通过本文的学习，学生可以初步建构起驳论文的形式图式。为帮助学生理清文章结构思路，可以提供结构框架图作为学习支架（图1）。

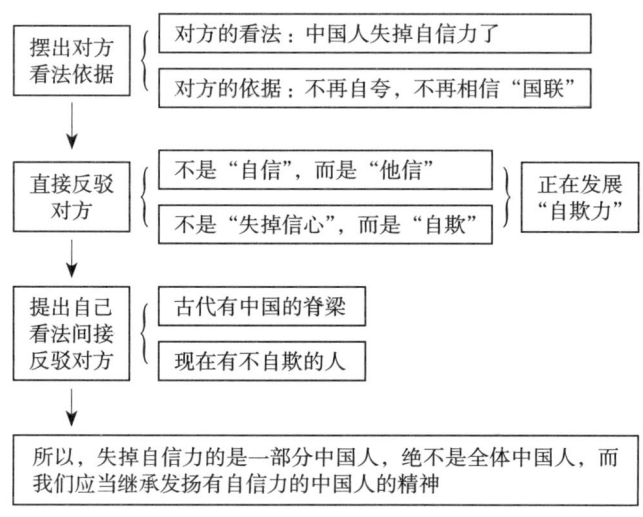

图1 《中国人失掉自信力了吗》结构框架

统编版语文教材八年级下册第三单元的写作内容是"学写读后感"，"写作实践二"要求就读过的某部名著，写一篇读后感，题目自拟。写作提示有以下三点：

（1）可以针对这部名著的整体或其中某一个章节、片段来写。选定之后，重读一遍，然后从多方面的阅读感受中选择一点来写。

（2）引用名著原文时，要仔细核对，以保证引文与原文一致。

（3）要写出自己独特的感受，力求新颖，并联系个人生活经验来谈，但不能脱离原著任意发挥。

写读后感可以加深对原作的理解，提高写作能力，对于名著阅读也是一种很好的反馈方式，结合教材写作知识，可以提取出以下形式图式：

（1）标题：给读后感拟一个能反映内容的标题，不要用书籍的名字代替读后感的标题。

（2）开头：书籍的基本信息，包括作者、标题、出版信息（出版社和出版时间）等，简单说几句即可，给读者大致印象。

（3）中间：可分成几段，逐步深入阐述内容。不必面面俱到，可以选择最感兴趣的、最精彩的、最值得讨论的内容，并列出具体的例子，但引用要精练；也可以联系实际阐发自己的思考。

（4）结尾：总结自己的观点和思考。

据此完成某部名著的读后感，有效沟通了阅读和写作，检测了名著阅读情况，构建了关于读后感的形式图式，可谓一举三得。

体裁即文本形体的组合方式，形成作品的内在结构。章法就是段落与篇章的构成规律。聚焦体裁和章法建构形式图式，有利于帮助学生形成阅读或写作一类文章的学习策略。

（三）聚焦主题意义，建构内容图式

内容图式指作品的主题和内容，既指向文本主要内容的概括与延展，又指向文本主题意义的挖掘与升华。比如《诗经》反映了从西周到春秋的社会风貌，《桃花源记》通过对世外桃源的描述表达了作者对理想社会的追求。主题意义是文本高度浓缩的情感、态度、价值观等，统编教材人文主题和语文要素"双线组元"的编排体系，践行了"工具性和人文性相统一"的语文课程的基本特点，可见文本主题意义的重要性。

《古诗苑漫步》是统编版语文教材八年级下册第三单元中的综合性学习内容，该单元阅读选文都是古诗文，单元学习目标之一是了解古人的思想、情趣，感受他们的智慧，受到美的熏陶和感染。综合性学习内容和阅读选文联系密切，适合围绕相关主题进行语文实践活动。通过对教材内容的整合，确定如下学习任务：

核心任务：小组合作完成电子诗集编辑，并进行交流展示。

实施过程：

（1）小组合作确定电子诗集专题；

（2）根据所选专题选编古诗，组员至少摘录并赏析点评一首古诗；

（3）组员选用书法、绘画、戏剧、音频、视频等一种形式表现所选诗歌内容；

（4）小组合作编辑成集，为电子诗集起一个新颖别致的名字，设计封面、插图等，还可以写一篇"前言"或"编后记"；

（5）展示交流，其余同学用一句话对诗集进行评价推荐。

以下为学生完成的诗集名称及前言、后记示例：

【诗集名称】《诗情话"雨"》

【前言】雨，是一种自然现象。各地水蒸气汇集到云中再落下，形成了最为基本最为重要的循环。雨，也是古往今来不少人情感的寄托。人看雨，雨也看人。雨在苏轼身上，看到了豁达狂放；雨在李商隐身上，看到了愁绪思乡；雨在杜甫身上，看到了喜悦。雨，静静观察着每个人。走进大文豪的字里行间，品味那时诗人的感情，透过百年，窥探他们的内心，感受这诗情话"雨"。亲爱的读者，尽情享受。

【后记】古代以农耕为主，雨水可以滋润庄稼，因而雨可引申为润泽、恩惠之意。《望湖楼醉书》《春夜喜雨》都表达了作者喜悦的心情，《定风波·莫听穿林打叶声》更胜一筹，超脱豁达，抒发了别样的心境。春雨代表着希望，代表着开始，代表着生机与活力，《有美堂暴雨》就是很好的例子。雨也象征愁苦，如《夜雨寄北》表达了作者的思念之情。如诗集的题目，雨，藏在那些含有诗情的话语中，等待着我们的发掘。

《傅雷家书》是统编版语文教材八年级下册第三单元中的名著阅读内容，书中涉及道德、文化、艺术、历史等多个领域。学生围绕"亲爱的傅雷先生"这一话题，综合教材专题探究完成阅读任务：

核心任务：我给傅雷写回信。

实施过程：

（1）通读全书，完成阅读记录单。

（2）运用表格梳理傅雷的教子之道：

角　度	时　间	内　容
生活细节		
人际交往		
读书求学		
感情处理		

（3）选择阅读，配乐朗诵。聚焦"父子情深"这一话题，结合具体语段，揣摩傅雷的心情，选择喜欢的片段设计朗读，配上合适的音乐，录制成音频或视频。

（4）结合评价量表，选择一个感兴趣的话题，归纳概括傅雷的观点，试着给傅雷先生写一封回信，表达对他观点的理解或对这个话题的看法。

\\	\\	书信评价量表	\\
评价维度	评价内容	评 价 标 准	评价结果
形 式	书信格式	规范4～5颗星；比较规范2～3颗星；不够规范1颗星	☆☆☆☆☆
内 容	话题选择	明确4～5颗星；比较明确2～3颗星；不够明确1颗星	☆☆☆☆☆
	观点阐述	清晰4～5颗星；比较清晰2～3颗星；不够清晰1颗星	☆☆☆☆☆

（5）交流展示。

以下为学生书信内容节选：

※"艺术不但不能限于感性认识，还不能限于理性认识，必须要进行第三步的感情深入。换言之，艺术家最需要的，除了理智之外，还有一个'爱'字！"对于您的这句话，我由衷地认可。在弹奏了无数曲目后，我才慢慢懂得：不论是练习曲、乐曲，还是略显沉重的赋格，真正融入音乐后，才能体会到艺术的美、时代的美、情感的美。这些不是光机械地练琴能够体会到的。在研习艺术前，要先有思想，先有情感——先有爱。阅读您家书的同时，我再去翻翻曾经自己厌恶的、看似没有音乐美的练习曲，当我融入感情、用心地演奏时，优美的旋律终于在那一刻被我捕捉。

※"人一辈子都在高潮低潮中浮沉。"的确如此，随着我不断长大，世界在我面前敞开了大门，光明的、黑暗的、喜欢的、不喜欢的事物都展现在我们的面前。而我觉得我们所要做的，是保持初心，同样也要有一颗赤子之心。人生高潮时，在享受愉悦的同时，也不要过度沉沦，要去分析自己的优缺点；低潮时，也不要堕落，要勉励自己。超越痛苦之后，将会展现出另一种的

风采。

※作为一个与您一样热爱艺术、愿意为艺术付出的人,我从您的一封封书信中领悟了艺术的内涵。也许现在的我离艺术家的水准还相距甚远,也许将来的我并不会从事与艺术有关的职业,但艺术的的确确已经成为我生活中的一部分——很重要的一部分。"赤子孤独了,会创造一个世界,创造许多心灵的朋友。"我会一直记住您说的这句话,做一个永远不怕孤独、永远不会孤独的赤子,在艺术的征途上坚定地走下去。

语文课程是一门学习国家通用语言文字运用的综合性、实践性课程,学生应在真实的语言运用情境中,通过积极的语言实践,培养高雅的审美情趣和积淀丰富的文化底蕴,提升思想文化修养。聚焦主题意义,在综合性学习和整本书阅读中,通过各类实践活动,围绕某一主题进行专题探究学习,可以不断丰富和发展学生语文学习的内容图式。

以上结合教学中的实例阐述了语文读写图式建构的实施策略,尝试以阅读、写作、名著阅读、综合性学习为经,以语言图式、形式图式、内容图式为纬,综合立体建构读写图式,后面会结合具体课例作进一步阐述。

读写图式的建构是"千篇一律"和"千变万化"的有机统一,"千篇一律"反映了一类文章组织结构的一般规律,"千变万化"反映了读写图式的多样化和复杂性。语文教学中需要把握真实的学情,引导学生从语言的品析与感悟、形式的梳理与迁移、内容的提取与理解等方面去建构新的图式,一步步吸纳、丰富、修正、优化自身的认知结构,实现阅读与写作、知识与方法、感性与理性的交融互构。

第一章 阅读图式建构

一、单元视角下写景类文章读写图式建构
——以统编版初中语文教材八年级上册第三单元为例[①]

初中语文单元教学目标定位于培养听说读写能力，提升语文学科素养。教学内容应凸显"人文主题"和"语文要素"两条线索，聚焦读写路径与方法。阅读与写作异质同构，读写结合具有天然性和必然性。阅读中，心智活动经历了侧重于理解的"自下而上"（从局部到整体，从文字到思想）与侧重于语言表述的"自上而下"（从整体回到局部，从中心回到选材、谋篇、遣词、造句）的过程。写作中，心智活动也经历了从客观生活、客观事物向主体观念、情感以及观念、情感向文字表述的双重转化。

图式理论是认知心理学家用以解释理解心理过程的一种理论模式，1871年由德国哲学家康德提出，他认为图式是介于概念与感性之间的结构，一个人接受新知，只有与固有的直观化、图式化知识关联起来才有意义。20世纪70年代鲁姆哈特丰富和完善了图式理论体系，认为图式是知识的框架与结构，是记忆中表征知识各个要素相互联系、相互作用形成的具有一定心理结构的网络，每个人头脑中都存在大量的对外在事物的结构性认识，即认知图式。

以下以统编版语文教材八年级上册第三单元为例，谈谈如何基于单元视角建构写景类文章读写图式。

八年级下册第三单元的"单元导语"中明确了单元主要学习目标：一是借助注释和工具书，整体感知内容大意。二是借助联想和想象，感受山川风物

[①] 获长宁区教育学会论文评比二等奖。

之灵秀，体会作者寄寓其中的情怀。三是积累常见文言实词、虚词。"阅读部分"内容为《三峡》、《短文两篇》、《与朱元思书》（自读）、《唐诗五首》等写景类文言诗文，"写作部分"内容为"学习景物描写"。阅读与写作之间存在天然联系，以单元整体读写视角进行设计，同时勾连起以往所学知识，对于读写教学大有裨益。

（一）梳理内容　构建阅读图式

在讨论语言学科学习时，通常把认知图式分为内容、形式、语言三种，每一种图式可以有不同层次的亚图式。内容图式指与话语内容相关的储存在头脑里的背景知识，包括先前已有的经验、对话题的熟悉度、文化知识等；形式图式指文章的体裁、谋篇布局等；语言图式即语言知识的图式，涉及词语、修辞、句式、表达等。基于认知图式的分类，笔者首先梳理了本单元阅读选文的相关要点（图1-1-1）。

根据图1-1-1做进一步归纳整理，可以发现：从内容角度，写景类文章往往通过描写日月山川、亭台楼阁、花鸟草树等各种景物，凸显其特点，进而表达作者寄寓其中的特定情感；从形式角度，选文有散文、诗歌等不同体裁，但基本采用总分结构，按照时间或空间顺序，转换观察视角，呈现景物特点；从语言角度，除了用典、炼字等文言诗文特定的表达形式外，较多采用比喻、夸张、拟人、对偶等修辞手法，整散句式结合，从不同感官角度描写，辅之以叙述、议论等表达方式，增强语言的表现力。

在教学实践中，精讲《三峡》，引导学生构建写景类文章阅读图式：梳理三峡不同季节的景物，体会其"奇绝"是特点，理解作者对三峡的喜爱、赞美之情；分析文章按照时间顺序写景的思路及先总后分的结构；通过朗读体会句式整齐、音韵和谐的语言特点。根据精读《三峡》构建的阅读图式，学生尝试自读《短文两篇》《与朱元思书》，并和《三峡》进行比较阅读，巩固、完善原有阅读图式。

（二）转换知识　激活写作图式

与阅读一样，写作也是图式的具体化，不仅可以对文章图式的形成发生积极的影响，及时进行"读写结合"训练，可以有效激活写作图式，改善思维品质。"单元课文阅读教学提供的材料适合于进行哪方面的写作训练，就以该写

第一章　阅读图式建构

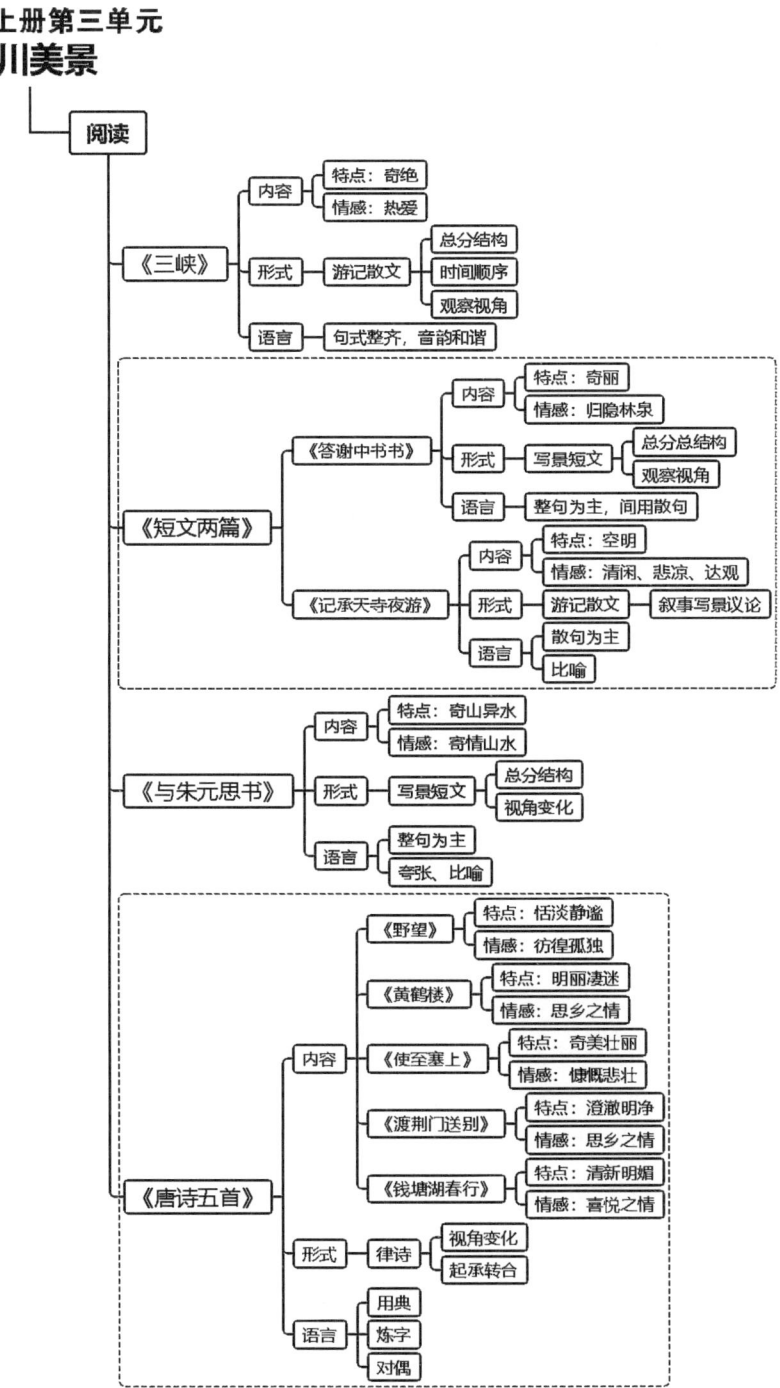

图 1-1-1　八年级下册第三单元内容梳理

作点为练习目标,所列举的内容也在该单元课文之中,这就是写作训练的随文学习。"① 教材"写作实践"第二题要求以"窗外"为题,写一篇作文。根据阅读部分形成的相关图式进行逆向思考,可以激活写作图式,完成如图1-1-2所示的初步构思。

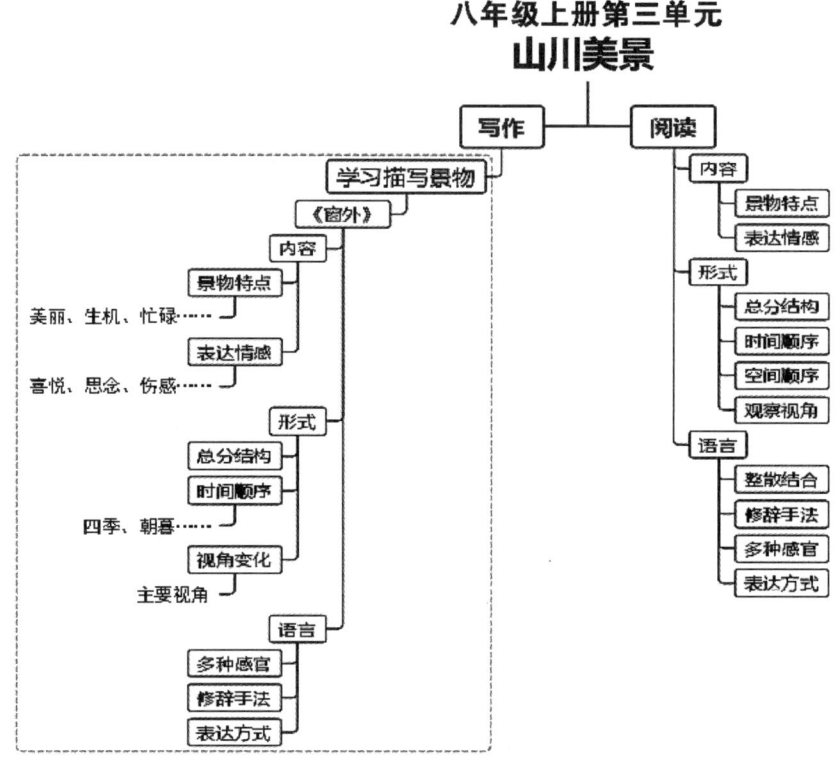

图1-1-2　八年级下册第三单元写作实践

　　从内容角度,可以思考:窗外有哪些景物?你印象最深的是什么景物?景物最主要特点是什么?借此你想表达什么情感?从形式角度,可以借鉴课文的总分结构布局谋篇,选择主要的观察角度,采用时间顺序,可聚焦某一段时间,或以四季、朝暮为序,安排好详略,如《三峡》一文,描写了三峡不同季节的不同景致,让人感受到三峡多样的美。从语言角度,可以考虑如何调动多感官描写窗外景物的形状、色彩、声音,或将感觉互通,运用多种修辞手法加

---

① 唐建新编著:《今天怎样教语文》,江苏人民出版社2010年版。

以描绘，如《记承天寺夜游》一文中"庭下如积水空明，水中藻荇交横，盖竹柏影也"，运用比喻的修辞，传神写出了月色如水、清澈空明的特点。

一位学生在写作《窗外》时，把蜡梅花放在草、树、天空的背景下，凸显其雪中傲然怒放的特点，赞叹蜡梅的坚忍；按照时间顺序，先略写春天的蜡梅悄无声息，再详写冬天窗外"白雪与蜡梅作伴，微风与花香共舞"，直至在枝头枯萎，然后略写春天的蜡梅又一次躲在角落，直至被无情砍去，"野草盖住了蜡梅树原来的生长处，就好像它未曾存在过，但它的模样、它的暗香将永远刻在我的心中"。这样通过转换阅读知识，可以激活写作图式，在读写之间形成对应关系，加深对阅读内容的理解。

（三）拓展迁移　巩固读写图式

单元有一定的时长，能聚焦一个主题设定结构化的一组读写任务，引导学生在解决一组读写任务、抽象思维图式的过程中形成语文学科思想方法。为了培养语文学科核心素养，初中语文单元教学设计应聚焦单元教学目标，构建良好的单元教学结构，如构建单元内部各教学要素的结构关系、规划单元之间的关系等。

除了八年级上册第三单元阅读写作为写景类文章外，统编版初中语文教材有关写景的知识还散见于其他分册（图1-1-3）。

其中六年级上册第一单元侧重景物描写相关知识点学习，写作重在激发学生兴趣；七年级上册第一单元关注四季美景，写作重在引导学生学会观察；七年级下册第五单元安排了一组托物言志、借景抒情的散文，重在学习和写景相关的表现手法。以上内容为本单元的学习奠定了基础，可作为亚图式补充进去。八年级下册第五单元阅读和写作都与"游记"有关，"游记"通常以游踪为序，通过空间地点的转换移步换景，因而本单元写作图式中选取了"时间顺序"，避免了重复；九年级下册第三单元阅读选文是《岳阳楼记》《醉翁亭记》等文言散文，在写景状物的基础上以议论抒发作者情志，可视为写景类文章的深化。

聚焦写景类文章进行拓展迁移，一方面有利于形成序列，使得单元学习目标有所侧重；另一方面可以前后勾连，不断巩固读写图式，提升读写能力。

需要说明的是，内容、形式和语言图式的分类是为了方便理解，实际学习实践中这三者往往很难截然分开。以上对写景类文章读写图式的构建也只是初

初中语文读写图式建构

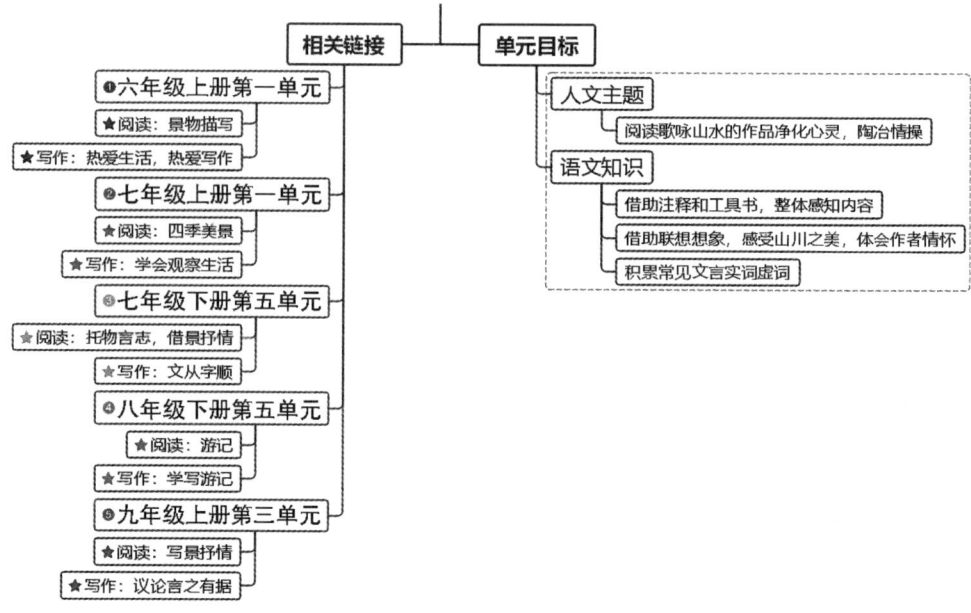

图1-1-3　初中语文教材中有关写景的知识

步尝试的大致框架，相关知识有待在今后进一步细化。

总之，充分利用教材单元读写之间的天然联系，转变读写视角，在读写实践中，深入地研读文本，确立精当的教学内容，引导学生品析语言文字，启发学生解析文本内容图式、语言图式和形式图式等方面的"密码"，建构自我的认知图式，或可实现语文素养的螺旋式上升。

二、因"言"解"文"　以"文"明"道"
——《墨子·公输》教学例谈[①]

文言文是中国传统文化的重要载体，语文教材中的文言文更是历久传诵的经典名篇。朱自清先生曾说："在中等以上的教育里，经典训练应该是一个必

---

① 获2017年长宁区"课堂工程"一等奖，论文获区教育学会第十八届教育论文评比三等奖。

要的项目。经典训练的价值不在实用,而在文化。"[1]中国古代文论中历来就有"文以明道""文道统一"的观念。王荣生认为,"文言""文章""文学""文化"一体四面,相辅相成,学习文言文重在"研习章法考究处""体会炼字炼句处",进而体认作者所言志、所载道,最终的落点是"文化的传承与反思"[2];黄厚江提出文字、文章、文学、文化"四文统一"的观点[3];褚树荣强调文言文具有文言、文章(含文学)与文化三个层面的内涵,其中蕴含的价值多维一体,相互融合[4]。

在阅读与教学时,如何做到将"言"(文言)、"文"(文章、文学)、"道"(文化)等不同维度有机结合、相互渗透,值得深思。笔者选送的课例《墨子·公输》曾在长宁区"课堂工程"研讨活动中获得一等奖,以下仅以《墨子·公输》一课的教学为例,谈谈对这一问题的实践与思考。

(一)背景资料

《墨子》是墨家的后学记载墨子言行之书,现存53篇。墨子(约公元前468年—前376年)名翟,鲁国人。墨家是有团体组织的,他们的首领叫作"巨子",墨子大约就是第一任"巨子"。《淮南子·泰族训》中说:"墨子服役者百八十人,皆可使赴火蹈刀,死不旋踵。"他们反对侵略战争,只愿意参加严格限于自卫的战争,只帮被侵略的弱小国家做防卫工作,《墨子》里差不多有9篇是讲守城器械和防御战术,攻的方面,特意不讲,即"非攻"主义;他们说天下大害,在于人的互争,天下人都该视人如己,互相帮助,不但利他,而且利己,即"兼爱"主义。

《墨子》为文的主要特点是"质朴"。比如《非攻》篇,以"入人园圃,窃其桃李,众闻则非之"开始,平铺直叙,通过层层推理,说明攻战之不义,强调了"非攻"的主张。而《兼爱》篇则论述了欲治天下,必"不可以不劝爱人"的道理。《文心雕龙·诸子》以为《墨子》之文"意显而语质",鲁迅先生认为"墨家尚质","故其文辞无华饰,取足达意而已"(《汉文学史纲要》),都指明了这一主要特点。《公输》篇同样说理明白,绝无丽辞铺陈。

---

[1]《朱自清讲国学》,河海大学出版社2018年版,第3页。
[2] 王荣生主编:《文言文教学教什么》,华东师范大学出版社2014年版,第4页。
[3] 黄厚江:《文言文该怎么教》,《语文学习》2006年第5期。
[4] 褚树荣:《文言文教学的"文华渗透"》,《语文学习》2012年第1期。

初中语文读写图式建构

《公输》一文为原沪教版七年级下册"议论纵横"单元的一篇自读课文。该单元中的另外几篇选文分别是《王顾左右而言他》《曹刿论战》《邹忌讽齐王纳谏》，选文特点鲜明。《公输》选自《墨子》卷十三，以首二字"公输"作为篇名，从墨子以千金聘公输盘杀人，公输盘拒之说起，论证了公输盘的自相矛盾。教材节选了其中第一部分。这个故事大约发生在战国初期，彼时诸侯们为了一己私欲，彼此间不断地发动大规模的兼并战争，使得民不聊生，墨子深切同情老百姓的遭遇，并四处为他们奔走呼号，践行自己的主张。

（二）课例分析

初一年级的学生已初步具备阅读浅显文言文的能力，掌握了一定数量的常用文言实词、虚词及句式。结合学情，设计教学环节时立足于"言"，通过设置台阶，引导学生逐步上升到语言形式所承载的内容"文"与"道"，提高欣赏品位和审美情趣。预设的"教学目标"和"重难点"如下：

1. 教学目标

（1）借助关键词句梳理概括情节，把握文章重点。

（2）通过朗读、比较，学习文言词语、倒装句式的表达效果。

（3）感受墨子说理艺术，体会墨子如何践行"非攻"思想。

2. 教学重点

结合关键动词梳理情节，了解文言词语及倒装句式的表达效果。

3. 教学难点

学习墨子说理方法，体会墨子"非攻"思想。

4. 教学环节

为便于落实教学主要环节，课前对课文进行了删改如下（以下简称"删改版"）：

公输般为楚造云梯之械，成，将以攻宋。子墨子闻之，起于鲁，至于郢，见公输般。

公输般曰："夫子何命焉为？"

子墨子曰："请说之。吾从北方闻子为梯，将以攻宋。宋有何罪？荆国于地有余，于民不足，杀所不足争所有余，不智；宋无罪攻之，不仁；知不争，不忠；争不得，不强；义不杀少杀众，不知类。"

公输般服。

整节课大致设置了以下主要环节：

（1）梳理主要情节，研习章法特色

这一环节请一位学生朗读删改版课文，其他学生试着按照起因、经过、结果概括主要内容（结合文中关键动词）：

起因：攻——见　　　经过：说　　　结果：服

《墨子》的叙述语言继承了《论语》《左传》等记事、记言简洁的传统，"起因"部分纯粹是叙述，几乎全用名词、动词和必要的虚词，毫无形容和渲染，无动作、细节描写，简练到质朴的地步，同样的内容，在其他典籍中表述不一：

公输般为楚设机，将以攻宋。墨子闻之，百舍重茧，往见公输般。（《战国策》）

昔者楚欲攻宋，墨子闻而悼之，自鲁趋而十日十夜，足重茧而不休息，裂衣裳裹足，至于郢。（《淮南子》）

比之《墨子》，虽然风格基本一致，但细节更趋丰富。

"经过"部分通过对话展开，以议论为主，干脆利落；"结果"部分则仅用一"服"字作交代，侧面体现墨子的说理结果和效果。整篇文章条理清晰，环环相扣，重点主次分明。通过对课文的删改，学生能快速厘清情节脉络，了解大致内容，初步体会《墨子》的章法特色。

（2）品读重点句段，赏析说理艺术

这一环节重在通过比较鉴赏，了解墨子是如何说理的。围绕三个问题展开：

第一，朗读删改版墨子说理的一段话，看看墨子说了几层意思。

摆事实：子为梯、宋无罪

讲道理：于国——不智、不仁

　　　　于人——不忠、不强、不知类

第二，与课文比较，圈画表述不同的词句，读一读，体会有何表达效果。重点分析以下几句：

① 宋何罪之有？（宾语前置，强调"何罪"）

② 荆国有余于地，而不足于民。（介词结构后置，强调"有余"和"不足"）

③ 连用五个"不可谓"，既有气势，又不失委婉，容易让人接受。

④ 虚词"而"表转折，强调后半句内容，如"杀所不足而争所有余"一

句中表意重点在"争所有余"。

第三，课文中墨子并未直接说理，而是先请求公输般帮助自己杀人，为什么这样说？

设情境：借子杀人、请献千金，一步步引出公输般的"义"，为后面的说理树靶子，使得公输陷入自相矛盾的境地，不得不折服。

删改版墨子说理的部分非常清晰地呈现了类推的过程，先摆事实，再讲道理，从简单的推断中演绎出系统的道理。"不智""不仁"于国家事务决策错误，"不忠""不强""不知类"则是对个人能力的彻底否定。再与原文相比，会发现墨子并未上来就直接说理，而是巧妙设置情境，采用间接迂回的方式，把对方引入自己所设的思维陷阱里，诱使对方说出"义不杀人"的原则，基于这样的逻辑起点，再加以层层深入的逻辑推演，由不得公输般不"服"，这可谓是墨子制胜的根本。

然而墨子的高明更在于其语言的艺术，这里不妨借用一下布拉格学派"前景化"（foregrounding）理论。穆卡洛夫斯基在《标准语言与诗歌语言》一文中首次提出这个概念。众所周知，语言的日常习惯用法使语言习惯化、常规化与背景化，难以观察到其美学价值。文学语言则必须违背标准语言的常规，这种偏离常规的做法与背景相对，从而使其被推到前景的位置，即前景化。删改版与原文的比较，使得原本容易被学生忽视或不甚明确的语言"前景化"了，这样学生就能通过比较掌握倒装、排比、对比、虚词等"言"的知识，体会到这样的语言形式使得墨子的说理更具艺术化和说服力。

3. 设置丰富情境，体认文道统一

以上环节主要从说理论辩角度体现墨子的"非攻"思想，这一环节则重在分析墨子以实际行动来体现他如何践行"非攻"思想的。围绕文本，设置多种情境，适度拓展延伸，学生有了更为感性直观的认识。

一是出示春秋战国时期地图，了解楚国、宋国、鲁国大致方位及面积。一方面充分印证了文中"荆国有余于地"，楚强宋弱，攻宋是恃强凌弱；另一方面直观显示了墨子由鲁国至楚国路途遥远。

二是朗读第一段，体会课文通过一系列动词如"闻""起""行""见"，表现了墨子心情急切；"行十日十夜"和连词"而"突出了墨子为阻止战争的发生日夜兼程，不辞辛劳。

三是与本单元另一篇课文《曹刿论战》进行比较，相对于曹刿"请见"鲁庄公所表现出的爱国热情，墨子是鲁国人，当时在齐国，并未受到宋国的委托，却义无反顾，只身前往见公输般，更多的是表现他反对不义战争的"非攻"思想。

四是总结，课文表现了墨子不辞辛劳、巧妙设置情境劝说公输般，公输般最终被说服的故事。但是这场战争是不是就这样轻而易举被墨子化解了呢？课余再借助工具书读一读《公输》全文。

墨子的可贵在于既有游说的口才，更有军事实践才能，故孟子称他"摩顶放踵，利天下而为之"，通过阅读课文及《公输》全文，学生对此有了更深刻的认识。

综上所述，文言文教学中"言"是起点、切入点，也是重要的教学内容，但不是终点和落点，因"言"解"文"，以"文"明"道"，三者应有机结合，相互渗透，渐次深入。语言文字既是文化的载体，又是文化的重要组成部分，是语文学科核心素养的基础，从语言入手构建文言文阅读图式，不失为一条重要的途径。

三、初中语文古诗文阅读图式建构策略

义务教育语文课程培养的核心素养，是学生在积极的语文实践活动中积累、建构并在真实的语言运用情境中表现出来的，是文化自信和语言运用、思维能力、审美创造的综合体现。语文教学中需要引导学生继承和弘扬中华优秀传统文化，具有初步感受美、发现美和运用语言文字表现美、创造美的能力；涵养高雅情趣，具备健康的审美意识和正确的审美观念。

古诗文是中华传统文化的重要载体，阅读古诗文名篇，需要体会作者通过语言和形象构建的艺术世界，借鉴其中的写作手法，表达自己对自然的观察与思考，抒发自己的情感。图式能帮助学生抓住古诗文的精髓，倾听作者心声，剖析诗文意境，感知诗文魅力。建构古诗文阅读图式，通常可以从以下三方面入手：

（一）了解基本图式

同一种文本类型的文章必然有其自身的本质特征。把相同文体的文章特征加以归纳总结，找到适用这类文本的学习路径，可以帮助学生建立学习这一

类文本的基本图式。比如"表"是中国古代向帝王上书陈情言事的一种特殊文体，也是封建社会下臣对皇帝有所陈述、请求、建议时用的一种文体。在古代，臣子写给君王的呈文有各种不同的名称。战国时期统称为"书"，如乐毅《报燕惠王书》、李斯《谏逐客书》，"书"是书信、意见书的总称。刘勰《文心雕龙·章表》中说："汉定礼仪，则有四品：一曰章，二曰奏，三曰表，四曰议。章以谢恩，奏以按劾，表以陈请，议以执异。"由此可知，"表"这一文体的写作对象是帝王，写作目的是陈述请求或提出建议，了解了"表"的基本图式，在学习《出师表》时，学生就可以理解诸葛亮在出师伐魏前上书后主刘禅时，时时谨记自己的臣子身份，谦恭有礼，以免被猜忌，同时又不忘上书的目的是要提出三条建议，以稳定后方。这样就更容易理解诸葛亮的复杂心理和情感。再比如近体诗有严格的韵律要求，只能押平声韵，且一韵到底，一般二四六八句押韵，不同的韵部所能表达的情感也有所不同。首句最后一字可平可仄，仄声不入韵，平声必须入韵，可以通过诵读加以体会。诗歌中常用意象来表达特定情感，如以月亮表达思乡怀人，以杨柳表达惜别之情等，意象的组合可以营造出诗歌的意境，由音韵和意象入手也是读懂诗歌的基本图式。

（二）补充背景图式

影响读者形成与文章相对应图式的因素主要有三种：熟悉度、上下文和词汇抽象度，其中熟悉度对阅读理解有重要影响。背景知识的缺乏会妨碍学生建构与诗文内容相关的图式，需要及时补充阅读诗文的背景图式。比如蒲松龄的家乡淄川古属齐地，是北方神仙方术和浪漫文化的渊薮。他长期生活在农村，善于运用民俗组织编织情节。《狼三则》中屠户的行为经历、故事的环境背景、"钩肉挂树"诱狼、"吹豕之法"杀狼等都体现了农村生活特色。又如魏晋时期士族家庭对子弟的教育看得很重，尤其一族之长，更担负着在整个家族范围内培育人才、关照提携优秀子弟的责任，这为理解《咏雪》一文提供了背景图式。再如牛郎织女的传说有助于读懂《迢迢牵牛星》《鹊桥仙》。

（三）比较关联图式

古诗文学习中经常会发现一些相同或不同类型的内容，比较其异同会使得知识的脉络更清晰，是发散思维、开阔思路的有效手段。比如同为豪放派词人，苏轼的《江城子·密州出猎》场面壮阔，豪情万丈，抒写了词人为国杀敌的一腔热血。辛弃疾的《破阵子·为陈同甫赋壮词以寄之》虚实结合，借梦境表达词人渴望建功立业，但又不乏壮志难酬的悲愤。《咏雪》中谢朗和谢道韫对白雪的不同比喻，不仅描摹出雪的不同特点，也反映出两人不同的个性。

古诗文学习与学习者的认知习惯和学习动机紧密相关，从对文言字词句段知识积累的记忆、储存、整合的基本图式，到将已知信息解码、激活和推理的背景图式，再到深入比较相关图式，学生的认知能力逐渐被激活。

以下分别从作者与背景、文字与音韵、意蕴与风格、比较与探究、风俗与文化等方面对所选诗文进行解析（相关文章已收入广东教育出版社的《古诗文解析与教学指导》，主编方智范、郑桂华，六、七年级分册主编魏新磊）。

鲁山山行
（宋）梅尧臣

适与野情惬，千山高复低。好峰随处改，幽径独行迷。
霜落熊升树，林空鹿饮溪。人家在何许，云外一声鸡。

一、作者与背景

梅尧臣（1002—1060），字圣俞，北宋诗人，宣州宣城（今属安徽）人，宣城古称宛陵，故世称之为"梅宛陵"。存诗近三千首，皆收入《宛陵集》。和苏舜钦齐名，被合称为"苏梅"，又和欧阳修是好友，并称为"欧梅"，都是北宋诗文革新运动的推动者，被刘克庄誉为宋诗的"开山祖师"，对宋诗诗歌题材、思想内容以及诗风转变具有重大影响，奠定了宋诗的特质，欧阳修、王安石、苏轼等都受到他的熏陶。

纪游诗是梅尧臣重要的诗歌题材之一。刘文会在《梅尧臣纪游诗探析》（《忻州师范学院学报》2017年第6期）一文中以其仕途变迁为经线，将梅尧臣纪游诗创作分为四个阶段：第一阶段为天圣九年至明道二年（1031—1033），梅尧臣调任到河南县担任主簿，此后梅尧臣又被调任到河阳县任当地主簿，诗人此时的纪游作品有45首左右。第二阶段是景祐元年至庆历三年（1034—1043），梅尧臣先后知建德县、知襄城县等地，这一阶段的纪游作品有85首，朱东润主编的《中国历代文学作品选》中选注了梅尧臣在宋仁宗康定元年（1040）知襄城县时的三篇作品，其中就有《鲁山山行》一首。第三阶段是庆历四年至至和二年（1044—1055），这期间，梅尧臣纪游诗的数量多达300首，在仕宦之地的往返中，创作了大量的行旅诗。在为父母守丧期间，用大量诗句记录了所游览的寺庙，用梅自己的话说："自余衔哀归，不与人事接。两至此饭僧，华宇何晔晔……"（《留别乾明山主》）。第四阶段是嘉祐元年至嘉祐五年（1056—1060），这一阶段的纪游诗数量极少，只有25首，这与梅尧臣晚年的闲适生活相关。嘉祐元年（1056），梅尧臣由宣城至汴京，补国子监直讲，重回汴京，故友重聚和仕途顺畅，使得梅尧臣的晚年生活环境较为优越、心情闲适。唱和诗在晚年梅诗中比重遽增，但出行所写的纪游诗寥寥无几。

二、文字与音韵

《鲁山山行》选自《梅尧臣集编年校注》卷十（上海古籍出版社1980年版），朱东润经过认真考订，搜集梅尧臣诗歌三十卷2 983首，拾遗一卷27首，按照梅尧臣三十年创作经历，分年编为三十卷，每卷前有这一年诗人经历、时代背景简介，注释方面则以夏敬观《梅宛陵集校注》为基础，在作品年代考证方面做了大量补注，对诗文涉及人物也做了详细笺释。关于梅尧臣的作品集，朱东润在自传中说：宋代就有若干不同的版本，国内都没有传下来。传下来的是嘉定十六年残宋本，由日本内野皎亭家藏，1940年出影印本，始为广大读者所知。夏敬观在《梅宛陵集校注序》中说："夫宛陵诗，在宋固已显矣，历元明至清，特趋沉寂。宋诗若半山、东坡、山谷、后山、简斋诸家，莫不有为之诠注者，几于家诵户籀；独于宛陵诗，未尝有探索蕴积，阐其宗风，以告当世学人者。"

《梅尧臣集编年校注》中解释本诗标题谓："此诗为宋仁宗康定元年（1040）梅圣俞知襄城县时所作。鲁山，一名露山，在河南省鲁山县东北接近襄城县西南边境。"鲁山（露山）其实是兀立在沙河北岸的一座周围不超过六里、垂直高仅百余米的孤峰，东、西、南三面为平川，北面为一低矮的土坡。明嘉靖《鲁山县志》载："原县之东一十八里平原突起山峰，俗呼露山。"诗中说的"千山高复低"，"好峰随处改"，显然不会是指这座孤山。诗题《鲁山山行》中的"鲁山"二字或指县名而非山名，"鲁山"是作为后面一个"山"字的地域修饰成分出现的，意谓游览鲁山县境诸山之行。鲁山（露山）虽位于鲁山县城东稍偏北十五华里处，但并不"接近襄城县西南边境"。因宋仁宗时襄县与鲁山县之间尚有龙兴县（今宝丰县），襄城县同鲁山县根本不接壤。据《宋史·地理志》载："龙兴熙宁五年（1072）省为镇，入鲁山。"

本诗是一首五言律诗。近体诗有严格的韵律要求，只能押平声韵，且一韵到底，一般二、四、六、八句押韵。首句最后一字可平可仄，仄声不入韵，平声必须入韵。本诗仄起仄收，首句最后一字"惬"仄声不入韵，韵脚"低""迷""溪""鸡"同属上平声"八齐"韵部，符合五律的韵律要求。首联第一句"适与野情惬"以抒情起，第二句"千山高复低"以写景承之；颔联、颈联以景物渲染勾勒，衬贴题意，颈联"霜落熊升树，林空鹿饮溪"对仗工整，诚如白居易《金针诗格》所说"第三联谓之'警联'，欲似疾雷破山，观者惊骇，搜索幽隐，哭泣鬼神"；尾联"人家在何许，云外一声鸡"以问答体转结。

三、意蕴与风格

欧阳修在《六一诗语》（中华书局1981年版）中，记载了梅尧臣论诗时的一段话："诗家虽率意，而造语亦难。若意新语工，得前人所未道者，斯为善也。必能状难写之景如在目前；含不尽之意见于言外，然后为至矣。"《鲁山山行》正是这样一首意新语工的诗作。

诗人敏捷地捕捉到山间秋景独有的一面，以清疏之笔写出了晚秋山间的宁静恬淡之美。

首联"适与野情惬，千山高复低"直抒胸臆，不事雕琢。"野情"是欣赏山野大自然景色的情趣，"惬"字点明诗人初到鲁山不受拘束、不可抑制的喜悦之情。"千山高复低"以形容词"高"与"低"和连词"复"描摹群山连绵，暗示诗人于群山之中忽而缘坡攀登，忽而随坡下滑，言浅意深。一、二句实为倒装，旨在突出"与野情惬"的诗意，亦造成小小的悬念，总写山行之乐，奠定全诗欣喜感情基调。

颔联写山行之感觉。诗人穿行于群山之中，突出的感觉是"好峰随处改"，姿态优美的山峰处处变幻多端，给人以无限的新奇和美感。诗人独行在幽径上，仿佛与世隔绝，心神得到休憩，灵魂得到净化，淡泊自在。品味着那迷人的风光，不知不觉迷路了，一个"迷"字用得极佳，既显示出山路之清幽静谧，神秘莫测，又点明诗人近乎迷醉的审美快感和物我两忘的心理状态。

颈联从视觉角度以动写静。鲁山既有清幽的一面，亦有灵动的一面。因"霜落"而"林空"，深秋的季节，枝上无叶，林中视野无碍，显得空明清爽，只见体态笨重的熊轻松悠闲地爬到树上嬉戏玩耍，温和可爱的鹿静静地临溪饮水，一切都显得那么静谧恬然、和谐优美。"升"与"饮"两个动词动态感并

不强，动中寓静，写出了闲适自得之情，"状难写之景，如在目前"。

尾联曾被胡仔援引作为梅诗"工于平淡，自成一家"的例证之一（《苕溪渔隐丛话后集》卷24）。此联从听觉角度写山行"适与野情惬"，"如朱弦疏越，一唱三叹"（《许彦周诗话》）。诗人深深沉醉在这优美恬静的景致之中。突然，一声鸡鸣，惊破了寂静，把诗人从沉醉中惊醒。由于前三句作者所极力营造的是极为静谧的环境，所以这一声鸡鸣，虽从天外传来，却如石破天惊，造成动与静的反差、听觉与视觉的交融。诗人循着鸡声眺望，只见白云悠悠，人家却不知在何许，这句虚景给人以无穷的想象。

全诗以作者的游踪为线索，层层写来，井然有序，充分表现了梅尧臣所追求的平淡之境，他以平淡无奇的语言，干净利落地描绘出难以形容的景物，有如水墨画法，色彩并不鲜丽，却自然真切、细致动人。

四、比较与探究——关于梅尧臣的诗歌风格

梅尧臣曾在《读邵不疑学士诗卷杜挺之忽来因出示之且伏高致辄书一时之语以奉呈》一诗中直言"作诗无古今，惟造平淡难"，这首诗可以说是梅诗主张作诗"平淡"论的宣言。《宋史·梅尧臣传》云"工为诗，以深远古淡为意，间出奇巧，初未为人所知"，点出了梅诗"远"和"淡"的特点。宋代诗论家严羽在论及宋诗时也曾指出梅尧臣诗歌的这种特点："梅圣俞学唐人平淡处。"梅尧臣诗歌之平淡特色虽是从唐人处得来，但他能别出心裁，写出自己独特的风格。胡仔在《苕溪渔隐丛话》中描写梅尧臣之诗"圣俞诗工于平淡，自成一家"，精确地概括出梅尧臣在诗歌意境构造上的创新之处，同时这也是其一生所极力追求的艺术风格。纵观其诗歌全貌，没有极力追求文字的整饬、语言的华美，也没有刻意营造烟波浩渺、声势浩大的宏阔氛围，有的只是平平淡淡的日常叙事、清新自然的写景咏物。梅尧臣所主张的"平淡"特点，是一种内里包容丰富内涵而显现于外的气质，是一种由内向外散发出的平淡。

关于梅尧臣诗歌的风格，历来争议颇多。多数学者认为他的诗歌闲适淡远，追求平淡自然的诗风。章培恒等人在《中国文学史》中写道："他的诗歌内容非常广泛，而且是有意识地向各种自然现象、生活场景、人生经历开拓，有意识地寻找前人未曾注意的题材，或在前人写过的题材上翻新，这也开了宋诗好为新奇、力避陈熟的风气，为宋诗逃脱出唐诗的笼罩找到一条途径。常以哲理性的思考贯穿其中，加深了诗歌的内涵，使之耐人寻味……这也是宋诗在热情减弱以后，向其他方向发展的一个途径。"日本学者筧文生《梅尧臣略说》:"他从日常琐碎的生活当中发现东西,用这样认真的眼光捕捉人间的感情,然后原原本本地把这种感情表现出来,他用这样的写法实践他的诗歌主张。"在《梅尧臣的"平淡"论》中,都业智认为梅尧臣的"平淡"论是指用自然、平易、朴素的语言,表达一种深刻的现实况味,表现难以用文辞描绘的景态,一种涵蕴深远、意味无穷的诗意情境。在《覃思精微,意新语工——梅尧臣诗论的创新意识》(《沈阳大学学报》2005年第5期)中,杨慧指出梅尧臣诗论的创新意识在于主张创作时应覃思精微、独运匠心,以期意新语工,别于唐诗。

南宋的朱熹则批评梅尧臣的诗不是平淡而是枯槁,也就是粗糙没有情趣(《朱子语类》卷139)。现代文学家钱锺书也论述说梅的诗平易但常常缺少力度,淡泊但常常缺少诗味(钱锺书《宋诗选注》)。朱东润在《梅尧臣诗的评价》中说:"他的目标是李白、杜甫、韩愈;他的志愿是手执长戈大戟,在诗坛作一位出生入死的战士。世间有这样的平淡诗人吗?没有的。""因此把尧臣作品归结为平淡,不但不符合梅诗的实际情况,也是违反尧臣的主观要求的。"这和梅尧臣诗歌题材上注重干预政治、反映社会现实和民生疾苦是一致的。

五、风俗与文化——梅尧臣诗学理念及其影响

梅尧臣的主要诗论主张如下:一是重"诗骚"传统,以诗歌为"因事""因物"而作;二是注重诗歌之形象和意境之含蓄,强调"状难写之景如在目前,含不尽之意见于言外";三是重艺术风格之"平淡",认为"作诗无古今,惟造平淡难"(蔡镇楚《梅尧臣诗话》)。其中,平淡理论影响最大,"平淡"是宋代诗人对唐诗的巨大变革,也是宋代诗人创新求变的终极追求。梅尧臣以他的诗论和创作实践,开启宋代"平淡"诗风新局面。他的诗主要以深远、古朴、淡雅为主旨,强调诗歌创作的本真与质实之感,一反宋初西昆体诗歌表面的浮艳和内容的空泛,注重诗歌平淡、含蓄、深远的特点,给北宋诗坛带来了一股清新之气。刘克庄《后村诗话》中曾有言"宛陵出,然后桑濮之淫哇稍息,风雅之气脉复续,其功不在欧、尹下"。梅尧臣对宋诗发展的功劳,不亚于同时期主张诗文革新的两位文坛巨匠——欧阳修和尹洙。南宋著名爱国主义诗人陆游曾在《读宛陵先生诗》中称赞梅尧臣:"李杜不复作,梅公真壮哉!岂惟凡骨换,要是顶门开。"把梅尧臣推到是继李白、杜甫之后的又一伟大诗人的崇高地位。由此可见,梅尧臣的诗歌在当时所产生的巨大影响。

梅尧臣的近体诗吸取了唐代王维、白居易等人的长处,音节和谐工整,句

法流转多变,适当加入一些散文化手法,使得律诗更自然生动。用典不多,议论较多在写景抒情中自然流露。梅尧臣诗五古成就更高,如《希深惠书》《黄河》《晚云》等,结构上讲究回环往复,逆转顺布,富于变化;语言质朴劲健,不避险韵,较多杂以散文化句式,注意诗句的锻炼与意思的含蓄,宋人所谓"宛陵体"。

梅尧臣的诗中不乏理趣,理趣是宋诗区别于唐诗的一个重要艺术特征。《鲁山山行》中"人家在何许,云外一声鸡",这样的诗句虽通俗易懂,但并非让人读后感到索然无味,而是充满了一种理趣。《见牧牛人隔江吹笛》则通过诗人在江上听到牧牛人吹奏的笛声,从这样平凡的小事中诗人联想到了"苟能和人心,岂必奏韶夏"的一种美好的政治理想。《晚泊观斗鸡》《东溪》等诗,都是通过描写常见的平凡之事之物,寄寓了深刻的哲理。作为宋诗集大成者的苏轼,沿袭了这一特征,在表现理趣的创作上成就突出,通过描摹山水之艺术形象,传达自己对人生的理解。苏轼著名的理趣诗之一《题西林壁》:"横看成岭侧成峰,远近高低各不同。不识庐山真面目,只缘身在此山中。"全诗没有生僻词语,也没有任何典故,言简意赅,通俗易懂,却向我们传达出一个普遍而深刻的哲理:要全面地了解、掌握事物的真相和本质,须以客观的态度且与被观察的事物保持适当距离。陆游的《游山西村》"山重水复疑无路,柳暗花明又一村"中"山""水""柳""花"又是诗中常见之物,但经过诗人独具匠心的重新组合之后,传达了乐观坚持就能在绝境中看到新的希望。宋诗以俗为雅,不仅扩大了诗歌的题材范围,同时也使得诗歌更贴近现实的人世生活。

迢迢牵牛星

(汉)佚 名

迢迢牵牛星,皎皎河汉女。纤纤擢素手,札札弄机杼。
终日不成章,泣涕零如雨。河汉清且浅,相去复几许。
盈盈一水间,脉脉不得语。

一、作者与背景

关于《古诗十九首》的写作年代及作者,参阅董宏钰《对木斋先生关于〈古诗十九首〉作者问题的音韵学考证》(《江西师范大学学报》2015年第

9期)。

  《古诗十九首》之名，始见于南朝梁太子萧统编撰的《昭明文选》。萧统编该文选时，将一批不标作者之名且无题、艺术风格相近的五言诗，以"古诗"概括之，《昭明文选·杂诗·古诗十九首》题下注"并云古诗，盖不知作者"释之甚明，此后，便以《古诗十九首》为名流传至今。《古诗十九首》在我国诗歌史上有极高的评价，然其写作年代和作者问题一直没有定论，主要有以下观点：

  刘勰在《文心雕龙·明诗》首先提出"两汉"说，徐陵的《玉台新咏》认为《古诗十九首》中的八首为汉初枚乘作，历代多有承其说者。鲁迅的《汉文学史纲要》、李步霄的《五言诗发源考》、隋树森的《古诗十九首集释》、赵敏俐的《汉代诗歌史论》等，亦承旧说，并论证《古诗十九首》作于两汉，不是一人一时一地之作，认为以风格、情趣判断为东汉末年之作并不可靠。

  梁启超提出"东汉末年"说，罗根泽首先响应，经过俞平伯、刘大杰、马茂元、游国恩、袁行霈、李炳海等人的补充，以文学史教科书形式成为"官方"观点，被广泛接受，流传至今。

  徐中舒、胡怀深、李泽厚、木斋等则力主"建安"说，李泽厚在《美的历程》中提到"魏晋风度"时，认为《古诗十九首》写作年代应晚于东汉末年或更晚。木斋先生发表大量的学术论文并出版《古诗十九首与建安诗歌研究》专著，其中详细论证《古诗十九首》产生于建安十六年以后，并且考证出《古诗十九首》中的九首为曹植所作。

  一般认为《古诗十九首》是汉末一群无名诗人所创作的抒情短诗。明代胡应麟《诗薮》云："《三百篇》，非一代音也；《十九首》，非一人作也。"习惯上将《古诗十九首》以首句为标题，依次为《行行重行行》《青青河畔草》《青青陵上柏》《今日良宴会》《西北有高楼》《涉江采芙蓉》《明月皎夜光》《冉冉孤生竹》《庭中有奇树》《迢迢牵牛星》《回车驾言迈》《东城高且长》《驱车上东门》《去者日以疏》《生年不满百》《凛凛岁云暮》《孟冬寒气至》《客从远方来》和《明月何皎皎》。

  在我国诗歌发展史上，《古诗十九首》位隆声远，盛誉空前，历代诗论家都给予其很高的评价。齐梁刘勰的《文心雕龙》认为其是"五言冠冕"，南朝梁钟嵘的《诗品》评之为"一字千金"，明代王世贞《艺苑卮言》称其"谈理不如《三百篇》，微词婉旨，遂足并驾千古五言之祖"，陆时雍的《古诗镜

总论》则云"（十九首）谓之风余，谓之诗母"，胡应麟在《诗薮》中誉之为"千古言景叙事之祖""兴象玲珑"，清代陈祚明的《采菽堂古诗选》褒之为"千古至文"。

二、文字与音韵

《迢迢牵牛星》这首诗充分体现了《古诗十九首》音韵和谐的节奏美感。最突出的表现是叠字的大量使用。在古诗文中，叠字的准确运用不仅能够通过简单的字面传达出复杂的情感，将单调的语言表达变得更为丰满，还能使文章在音韵和谐的节奏感中更好地抒发作者情感。据统计，作为叠字使用的典范，《古诗十九首》中所用叠字竟达21种之多，使用最为频繁的是"皎皎"，共出现3次，分别是："盈盈楼上女，皎皎当窗牖。"（《青青河畔草》）"迢迢牵牛星，皎皎河汉女。"（《迢迢牵牛星》）"明月何皎皎，照我罗床帏。"（《明月何皎皎》）。"行行""青青""郁郁""盈盈""纤纤""浩浩""悠悠""萧萧"等8种叠声字，均用了2次。通过这些叠字的运用，创作者不仅将荡子、思妇的仪态以及周遭环境的特点等生动、形象地展现到读者眼前，还让读者对古诗中的景、人以及情产生更深层次的了解与领悟。正因为如此，顾炎武才在《日知录》中说道："诗用叠字最难……古诗'青青河畔草，郁郁园中柳。盈盈楼上女，皎皎当窗牖。娥娥红粉妆，纤纤出素手'连用六组叠字，亦极自然，下此即无人可继。"《迢迢牵牛星》中亦连用了6组叠字："迢迢""皎皎""纤纤""札札""盈盈""脉脉"，"迢迢"，写距离之远；"皎皎"，写星光之亮，使人产生一种夜空广大、星光灿烂的视觉感受。"纤纤"状素手之修美，"札札"状织布之繁忙，一状形，一摹声。"纤纤"和"札札"，形声生情。"盈盈"写水之物貌，"脉脉"写人之情貌，水貌和情貌都很美，可是一水之隔，却"不得语"，只能含情脉脉，隔河相望。情景交融，声情并茂。叠音词的运用，不仅可以加深读者的印象，引起读者的情感共鸣和审美认知，还可以造成视觉上的整齐和听觉上的韵律，形成一种回环、复沓的节奏，情感之美和节奏之美构成统一完整的内在意境。

在用韵上，《迢迢牵牛星》体现了《古诗十九首》是"五言诗已经达到成熟阶段的标志"，上承《诗经》、汉乐府，下启魏晋六朝诗韵，在五言诗发展史上具有重大意义。五言古体诗可押仄声韵，诗歌首句不入韵，隔句偶数句用韵，中间不换韵。周祖谟先生在《汉魏晋南北朝韵部演变研究》中论证了两汉时期的音韵特点：把两汉时期的韵部分为27部，按照阴声韵、阳声韵、入声韵方式划分，其中阴声韵有：之、支、脂、鱼、歌、幽、宵、祭8部。《迢迢牵牛星》用"鱼"韵部：女、杼、雨、许、语（阴声韵），内部结构单音节和双音节词的结合使用，使得句子的节奏更为灵活，丰富了诗歌的表达词汇，也丰富了诗歌的节奏和内涵。

三、意蕴与风格

《迢迢牵牛星》是《古诗十九首》中最优美的诗篇之一。它以牛郎、织女的爱情悲剧为背景，突出描写了相爱的人两地相思所引发的忧伤与苦恼，笼罩着一层浓厚的悲剧色彩。胡应麟曰："诗之难，其《十九首》乎！畜神奇于温厚，寓感伤于和平；意愈浅愈深，词愈近愈远，篇不可句摘，句不可字求。"他评价《古诗十九首》诗风温厚而不乏神奇，意悲而远，把感伤哀怨以平和的方式表达出来。《迢迢牵牛星》语言浅近自然，朴素清新，不假雕琢，形成了一种浑然天成之意境。

诗的首二句是诗人仰望星空所看到的景象，借古老的神话展开联想。"迢迢"言其高远，"皎皎"状其皎洁，写出了夜空的浩瀚与星光的灿烂。两者互文见义，既是写实，又是诗人想象的源头。河汉，天河。河汉女，即织女。牵牛和织女本为两个星宿的名称，都是天空最亮的恒星之一。牵牛星，即河鼓二，是河鼓三星之一，也称"牛郎星"，在银河东南，是天鹰座的主星。织女星，即织女一，在银河西北，是天琴座的主星，与牵牛星遥遥相对。

三、四、五、六句为一转折，将想象的焦点集中在神话故事的女主人公织女身上。"纤纤擢素手"即擢纤纤之素手，词序的调整是为了与下句对仗。此句正如《青青河畔草》之"纤纤出素手"，因此，擢即出、伸出、摆动之意，由这一双美丽、纤细、白皙的手，我们能想象到织女一定是一位美丽、纯洁、大方的仙女。札札，拟声词，织布机运转发出的声音；杼，织布机上的梭子。"弄"字的使用，颇具匠心，表明织女心不在焉，只是在随便地抚弄织机而已。正因为如此，才会"终日不成章"，章，指布帛的经纬、纹理。"终日不成章"化用《诗经·大东》语意："彼织女，终日七襄，虽则七襄，不成报章。""终日"与"不成章"形成鲜明的反差，说明她必定有极大的心事而无心织布。不仅如此，织女还"泣涕零如雨"。这句诗化用了《诗经·邶风·燕燕》中的诗句："瞻望弗及，泣涕如雨。"零，是落的意思。那么，是什么样的事，影响了织女机织的工作，又使她如此悲伤呢？

于是，七、八两句的写作视角又回到地上仰望星空的诗人这里："河汉清

且浅,相去复几许?"里朴实无华的语言,道出了织女哭泣的原因是由于她和牛郎的爱情为天河所阻断,可是那天河却是十分清浅的。"相去复几许",实际上就是相去无几许。九、十两句与七、八两句形成一个转折。"盈盈一水间,脉脉不得语"中的"盈"本意为满,但叠用以后内涵更丰富,形容地上人眼中的银河,应为水光轻盈、晶莹闪亮的意思。间,是间隔、阻隔之意。脉脉,李善《文选注》引《尔雅》曰:"脉,相视也。"又引郭璞曰:"脉脉,谓相视貌也。"这两句诗兼写牛郎和织女。虽然牛郎、织女相距不远,但为天河所阻,"同心而离居"(《涉江采芙蓉》),因此只能相互凝望,无法交流,可谓咫尺天涯。

《迢迢牵牛星》写牛郎、织女的相思之苦,但其主要篇幅集中在织女身上,描写了她的美丽、相思和哀怨,缠绵委曲,形象鲜明可感,格调清冷幽美,星(空)、天河、素手、机杼、水等都是相对清冷的意象,这也为作品奠定了情感的基调。清人方东树评《迢迢牵牛星》时说:"此诗佳丽,只陈别思,旨意明白。妙在收处四语,不着论议,而咏叹深致,托意高妙。"

四、比较与探究——《迢迢牵牛星》《鹊桥仙》比较赏析

历代借牛郎织女的故事,以超人间的方式表现人间的悲欢离合的文学作品层出不穷。《迢迢牵牛星》《鹊桥仙》便是其中脍炙人口的佳作,不妨将其比较鉴赏。

鹊 桥 仙
(宋)秦 观

纤云弄巧,飞星传恨,银汉迢迢暗度。金风玉露一相逢,便胜却人间无数。柔情似水,佳期如梦,忍顾鹊桥归路。两情若是久长时,又岂在朝朝暮暮。

(一)思想内容

《迢迢牵牛星》塑造了一位饱含离愁的少妇形象,表达的是愁苦哀怨之情。开头两句写出了牵牛和织女夫妇相距之遥远。后四句正面描写织女美丽勤劳的形象和她的悲痛情怀。接下来的"河汉清且浅,相去复几许?"又写织女的内心独白,那阻隔他们夫妇的银河既清且浅,相去也并不甚远,却偏偏成了不可逾越的障碍,因此,当织女回眸河汉时,强烈的相思再也无法抑制,情感达到了高潮。"盈盈一水间,脉脉不得语。"这两句生动地写出了凝视对岸、悄然无语、外表极平静而内心极凄苦的思妇形象,"此时无声胜有声",令人回味无穷。

秦观的《鹊桥仙》则一反前人俗套，自出机杼，不是停留在抒发愁苦哀怨、离愁别恨上，而是歌颂真挚而忠贞的爱情，立意新颖，境界高绝。上片写聚会。"纤云弄巧，飞星传恨"两句为牛郎织女每年一度的聚会渲染气氛。"银汉迢迢暗度"句写牛郎织女渡河赴会。"金风玉露一相逢，便胜却人间无数"两句由叙述转为议论，表达作者的爱情理想：他们虽然难得见面，却心心相印、息息相通。下片写离别。"柔情似水"，形容牛郎织女缠绵之情，犹如天河中悠悠的流水。"佳期如梦"，既点出了欢会的短暂，又真实地揭示了他们久别重逢后那种如梦似幻的心境。"忍顾鹊桥归路"，写牛郎织女临别前的依恋与怅惘。"两情若是久长时，又岂在朝朝暮暮"两句是对牛郎织女深情的慰勉，歌颂的是天长地久的忠贞爱情。

（二）艺术特色

《迢迢牵牛星》全诗以叠音词入诗，以描写为主，情景交融，声情并茂。先写夜空广大、星光灿烂的视觉感受。然后，诗人将视线移到织女星上。由远而近，先人后物。景情并生，哀怨动人。诗中的牵牛星与河汉女"盈盈一水间，脉脉不得语"，从天上到人间这动人的比拟，写得既毫无雕琢之感又给人一种灵动感。语言浅近易懂却不失悠远绵长之意味，这是作者汲取民歌的营养与精华的效果。明代谢榛《四溟诗话》称其"格古调高，句平意远，不尚难字，而自然过人矣"。

《鹊桥仙》则将写景、抒情、议论融为一体，写得自然流畅而又婉约蕴藉，余味隽永。词人以飞逝的流星比喻织女手中的金梭，勤劳而手巧的织女无止无休地织着彩霞云锦，而自己却终生孤寂，这里是写景，也是抒情。"金风玉露一相逢，便胜却人间无数"是作者有感而发的议论，把难得的一年一度的"七夕"相会，映衬于金风玉露、冰清玉洁的背景之下，显示出主人公纯洁高尚的心灵和爱情的真挚而专一，这一慨叹，使得词的格调清奇而高绝。词的下片，以"柔情似水"开惜别之端，把情人相会时的那种情意比作悠悠无声的流水，让人格外感到爱情的温柔、缱绻。然而，这一夕的佳期竟然像梦幻一样倏忽而逝。接着，又以"忍顾鹊桥归路"将情感进一步深化，一个"忍"字把他们那种悲痛欲绝的心情表现得淋漓尽致。最后以高尚的精神境界，迸发出"两情若是久长时，又岂在朝朝暮暮"的千古名句，这是全词的"点睛"之笔，别出心裁，正如明人沈际飞所说：

"(世人)咏七夕,往往以双星会少离多为恨,而此词独谓情长不在朝暮,化腐朽为神奇。"

五、风俗与文化——关于牛郎织女的故事

牛郎织女的故事,最早见于《诗经·小雅·大东》:"维天有汉,监亦有光。跂彼织女,终日七襄。虽则七襄,不成报章。睆彼牵牛,不以服箱。"这里的牵牛织女是男耕女织的形象,当时生产力非常低下,以至有"一农不耕,民有为之饥者;一女不织,民有受其寒者"(《管子·揆度篇》)之说,足见耕织的重要性。人们把牛女当成神来敬仰,与星占家的解释:牵牛星"不明不通,天下牛疫死",织女星"暗而微,天下女工废,明则理"(《史记·天官书》)不无关系。查西汉文献,也无牛女恋爱悲剧的记载。《淮南子·俶真训》曰:"妾亦妃,妻织女。"班固《西都赋》:"临乎昆明之池,左牵牛而右织女,似云汉之无涯。"李善注引《汉宫阁疏》曰:"昆明池有二石人,牵牛织女象。"据此,西汉昆明池上的牵牛织女像,也仅用来象征昆明池似云汉之博大无垠、渺无涯际,与男女相恋之事似乎也没有什么联系。

《太平御览》卷三十一引《纬书》:"牵牛星荆州呼为河鼓,主关梁;织女星主瓜果。尝见道书云:牵牛娶织女,取天帝钱二万,备礼,久而未还,被驱在营室是也。言虽不经,是为怪也。"这里提到了牛女的嫁娶。由于天帝的压迫,牵牛被驱进"营室",家庭被破坏,牛女被迫分离了。

牛女隔天河相望,不得团聚,除《迢迢牵牛星》一诗外,还可以从东汉末魏初的诗文找到印证。蔡邕《青衣赋》:"悲彼牛女,隔于河维。"曹丕《燕歌行》:"明月皎皎照我床,星汉西流夜未央。牵牛织女遥相望,尔独何辜限河梁?"阮瑀《止欲赋》:"伤匏瓜之无偶,悲织女之独勤。"曹植《洛神赋》:"叹匏瓜之无匹兮,咏牵牛之独处。"曹植《九咏》:"临回风兮浮汉渚,目牵牛兮眺织女。交有际兮会有期,嗟痛吾兮来不时。"曹植还有一首《杂诗·西北有织妇》,用的也是《迢迢牵牛星》的诗意。

从上述材料可知,汉末魏初牛女男耕女织的本意已经淡薄,恋爱不自由的故事已经基本成熟。因此,有学者推论《迢迢牵牛星》一诗成于东汉。

寒　食

(唐)韩　翃

春城无处不飞花,寒食东风御柳斜。

日暮汉宫传蜡烛，轻烟散入五侯家。

一、作者与背景

韩翃，生卒年不详，唐代姚合《极玄集》卷下云："字君平，南阳人。天宝十三年进士。以寒食诗受知德宗，官至中书舍人。"《旧唐书》无传，《新唐书·文艺下》于《卢纶传》后附《韩翃传》，仅寥寥数语："翃，字君平，南阳人。侯希逸表佐淄青幕府，府罢，十年不出。李勉在宣武，复辟之。俄以驾部郎中知制诰。时有两韩翃，其一为刺史，宰相请孰与，德宗曰：'与诗人韩翃。'终中书舍人。"记载皆甚为简略。作为中唐前期大历年间的一位重要诗人，韩翃因其诗而与钱起、卢纶、司空曙等人享"大历十才子"之盛誉。

韩翃一生经历玄宗、肃宗、代宗、德宗四朝。据孟棨《本事诗·情感一》及许尧佐《太平广记·柳氏传》所载，唐朝天宝年间，诗人韩翃羁滞长安，与李生相友善。李之爱姬柳氏，"艳绝一时，喜谈谑，善讴咏"，慕翃之才，甚属意焉。李生遂慷慨将柳氏赠翃，玉成两人婚事。翌年，翃得登第，遂归昌黎省亲，暂将柳留长安。适逢安史之乱，两京沦陷。为避兵祸，柳剪发毁形，寄居法灵寺。时翃已被淄州节度使侯希逸辟为书记。及肃宗收复长安，翃便遣使密访柳，以一首《章台柳》赠之："章台柳，章台柳！昔日青青今在否？纵使长条似旧垂，也应攀折他人手。"柳以《杨柳枝》答赠："杨柳枝，芳菲节。所恨年年赠离别。一叶随风忽报秋，纵使君来岂堪折！"但不久柳又遭番将沙吒利劫以归第。及翃随希逸入觐京师乃知其事，肃宗乃下诏断柳归翃，夫妻终得破镜重圆。代宗朝，因形势使然，诗人闲居京城，后为生计所迫，屈居幕僚。德宗朝，因《寒食》诗受皇帝青睐，提拔为中书舍人，迎来否极泰来的晚年。孟棨《本事诗》载："一日夜将半，韦叩门急，韩出见之，贺曰：'员外除驾部郎中、知制诰。'韩大愕然，曰：'必无此事，定误矣。'韦就座，曰：'留邸状报制诰阙人。中书两进名，御笔不点出。又请之，且求圣旨所与。德宗批曰：与韩翃。时有与翃同姓名者，为江淮刺史。又具二人同进，御笔复批曰：春城无处不飞花，寒食东风御柳斜。日暮汉宫传蜡烛，轻烟散入五侯家。又批曰：与此韩翃。'韦又贺曰：'此非员外诗耶？'韩曰：'是也。'是知不误矣。质明而李与僚属皆至，时建中初也。"韩翃因《寒食》诗受德宗赏识，御招为驾部郎中，知制诰，累迁至中书舍人。这又是诗人一段广为流传的佳话。傅璇琮先生在其《唐代诗人丛考》中的《关于〈柳氏传〉与〈本事诗〉所载韩翃事迹考实》一文中,结合笔记小说中所载韩翃的事迹,对其进行了细致而缜密的推证,认为是真实可靠的。

二、文字与音韵

这是一首七言绝句,几乎所有唐诗选本都有选录,在以"寒食"为题材的诗歌中成为千古绝唱。七言绝句源自七言短歌,清代王士禛所谓"七绝是唐人乐府"是也。大抵七言绝句一、二句正说,三、四句转折,不像律诗有明显的起承转合。短短四句,要做到婉曲回环,往往以第三句为主、第四句承接。这首诗首句引出寒食,次句以"御柳斜"三字引线,下"汉宫传蜡烛"便不突兀。全诗平起平收,首句入韵,押"麻"韵,韵脚为"花""斜""家"。清徐增撰《而庵说唐诗》曰:"不飞花","飞"字窥作者之意,初欲用"开"字,"开"字不妙,故用"飞"字;"开"字呆,"飞"字灵,与下句"风"字有情。"东"字与"春"字有情,"柳"字与"花"字有情,"御"字与"宫"字有情,"斜"字与"飞"字有情,"蜡烛"字与"日暮"字有情,"烟"字与"风"字有情,"青"字与"柳"字有情,"五侯"字与"汉"字有情,"散"字与"传"字有情,"寒食"二字又装叠得妙。其用心细密,如一匹蜀锦,无一丝跳梭,真正能手。

三、意蕴与风格

寒食节正当暮春,景物宜人,宋人邵雍就说过:"人间佳节唯寒食。"唐代制度,到清明这天,皇帝宣旨取榆柳之火赏赐近臣,以示皇恩。唐代诗人窦叔向有《寒食日恩赐火》诗纪其实:"恩光及小臣,华烛忽惊春。电影随中使,星辉拂路人。幸因榆柳暖,一照草茅贫。"可与韩翃这一首诗参照。

首句展示出寒食节长安的迷人风光。把春日的长安称为"春城",不但造语新颖,富有美感;而且两字有阴平阳平的音调变化,谐和悦耳。处处"飞花",表现出寒食的暮春景象。暮春时节,袅袅东风中柳絮飞舞,落红无数。不说"处处"而说"无处不",以双重否定构成肯定,形成强调的语气,表达效果更强烈。"春城无处不飞花"写的是整个长安,下一句则专写皇城风光。与第一句一样,这里并未直接写到游春盛况,而剪取无限风光中风拂"御柳"一个镜头。当时的风俗,寒食日折柳插门,所以特别写到柳。同时也关照下文"以榆柳之火赐近臣"的意思。俞陛云《诗境浅说》曰:"首句言处处飞花,见春城之富丽也;次句言东风寒食,纪帝京之佳节也。"

如果说一、二句是对长安寒食风光一般性的描写，那么，三、四句就是这一般景象中的特殊情景了。两联情景有一个时间推移，一、二句写白昼，三、四句写夜晚，"日暮"则是转折。寒食节普天之下一律禁火，唯有得到皇帝许可，"特敕街中许燃烛"（元稹《连昌宫词》），才是例外。除了皇宫，贵近宠臣也可以得到这份恩典。写赐火用一"传"字，不但状出动态，而且意味着挨个赐予，可见封建等级次第之森严。"轻烟散入"四字，生动描绘出一幅中官走马传烛图，虽然既未写马也未写人，但看到那袅袅飘散的轻烟，仿佛听到了得得的马蹄，自然而然地会使人产生联想，体会到更多的言外之意：家家禁火而汉宫传烛独异，这本身已包含着特权的意味。而优先享受到这种特权的，则是"五侯"之家。它使人联想到中唐以后宦官专权的政治弊端。中唐以来，宦官专擅朝政，政治日趋腐败，有如汉末之世。诗中以"汉"代唐，显然暗寓讽喻之情。无怪乎吴乔说："唐之亡国，由于宦官握兵，实代宗授之以柄。此诗在德宗建中初，只'五侯'二字见意，唐诗之通于春秋也。"（《围炉诗话》）

四、比较与探究——讽喻之情还是承平之景？

历来注评家点评本诗时多在"汉宫"与"五侯"上做文章，以论证其为政治讽刺诗。如《载酒园诗话又编》云：君平以《寒食》诗得名，宋亡而天下不复禁烟，今人不知钻燧，又不深习唐事，因不解此诗立言之妙。如"春城无处不飞花，寒食东风御柳斜"二语，犹只淡写。至"日暮汉宫传蜡烛，轻烟散入五侯家"，上句言新火，下句言赐火也。此诗作于天宝中，其时杨氏擅宠，国忠、铦与秦、虢、韩三姨号为五家，豪贵荣盛，莫之能比，故借汉王氏五侯喻之。即赐火一事，而恩泽先沾于戚畹，非他人可望，其余锡予之滥，又不待言矣。寓意远，托兴微，真得风人之遗。《唐诗笺注》"散入五侯家"，谓近幸者先得之，有托讽意。《唐人万首绝句选评》：气骨高妙不待言，用"五侯"寓讽更微。

也有人认为本诗只是描绘一幅承平景象，《批点唐诗正声》：禁体不事雕琢语，富贵娴雅自见。俞陛云《诗境浅说》："二十八字中，想见五剧春浓，八荒无事。宫廷之闲暇，贵族之沾恩，皆在诗境之内。以清丽之笔写出承平景象，宜其一时传诵也。"李定广在《韩翃〈寒食〉诗正解》（《古典今读》2006年第2期）一文中认为，"春城无处不飞花，寒食东风御柳斜"两句，用倒装语序描写一个整体性图画：寒食节这天，皇宫的御柳在东风的吹拂下飘散出满

城的飞絮，暗示皇恩浩荡，无处不在。这里的"花"应指柳絮，不是植物花卉的花。唐代寒食节一般在农历二月中下旬，如韦庄《丙辰年鄜州遇寒食城外醉吟五首》中有"满街杨柳绿丝烟，画出清明二月天"。唐代的寒食诗一般都要写到柳树和柳絮，柳絮多被称为"花"，如杜甫的《寒食》中有"寒食江村路，风花高下飞"；武元衡的《寒食下第》中有"柳挂九衢丝，花飘万家雪"。沈祖棻的《唐人七绝诗浅释》（上海古籍出版社2000年版）亦将"飞花"解为柳絮。

"日暮汉宫传蜡烛，轻烟散入五侯家"两句，是在描绘一幅皇宫寒食节的祥瑞暮烟图：寒食节虽然禁火，但皇宫可以得到皇上特赦，挨门挨户传赐火烛，缭绕的轻烟，散入附近的豪门贵族之家。寒食日暮传蜡烛，乃宫中"一时之权宜"，是皇上特赦宫中挨门挨户传赐烛火以照明。按唐诗惯例，"汉宫"就是"唐宫"的代称，"五侯"一词在唐诗中的使用与"汉宫"一样频繁，检索《全唐诗》共出现91处"五侯"，绝大部分都泛指唐代的豪门贵族，韩诗中也多次使用，如《别泗水县尉》中有"五侯客舍偏留宿，一县人家争看归"，《别李明府》中有"五侯焦石烹江笋，千户沉香染客衣"。

全诗客观地描绘出两幅皇家独特的寒食图：白天清丽的飞絮图、傍晚祥瑞的轻烟图。两幅图画巨细相容、虚实相生，共同构成雍容娴雅、富赡雄浑的气象和多层开放的诗意。

联系韩翃诗歌的风格，这一说法不无道理。大历时期是唐王朝由盛转衰的关键时期，活动其间的大历士人，常常借用冷落寂寞的笔触，抒写着衰老的心绪和无奈的叹息。整个诗坛弥漫着前所未有的平心静气的孤寂、冷漠和散淡情调。胡应麟用"气骨顿衰"四字以形容，可谓精辟。然而韩翃却是个例外，他以繁丽宏富之句，富有翩翩少年之气，独异于众。唐高仲武的《中兴间气集》中载："韩员外诗，匠意近于史，兴致繁富，一篇一咏，朝士珍之，多士之选也。"清贺裳的《载酒园诗话·又编》云："韩翃在天宝中已有名，其诗始修辞逞态，有风流自赏之意。……故知君平为柔艳之祖。"这首《寒食》诗或许正是承平气象的诗意再现，所以受到德宗的激赏。

五、风俗与文化——寒食节演变及相关诗文

寒食节的故事最早见于《左传》：晋侯赏从亡者。介之推不言禄，禄亦弗及。推曰："献公之子九人，唯君在矣。惠、怀无亲，外内弃之。天未绝晋，必将有主。主晋祀者，非君而谁？天实置之，而二三子以为己力，不亦诬乎？

窃人之财犹谓之盗，况贪天之功以为己力乎？下义其罪，上赏其奸，上下相蒙，难与处矣！"其母曰："盍亦求之，以死谁怼？"对曰："尤而效之，罪又甚焉。且出怨言，不食其食。"其母曰："亦使知之，若何？"对曰："言，身之文也。身将隐，焉用文之？是求显也。"其母曰："能如是乎！与女偕隐。"遂隐而死。晋侯求之，不获，以绵上为之田，曰："以志吾过，且旌善人。"《庄子》一书则加上了"燔死"的情节："介子推至忠也，自割其股以食文公，文公后背之，子推怒而去，抱木而燔死。"

刘向（公元前77？—前6）的《新序·节士》的记载则更加详细：晋文公反国，酌士大夫酒，召咎犯而将之，召艾陵而相之，授田百万。介子推无爵齿而就位。觞三行，介子推奉觞而起曰："有龙矫矫，将失其所；有蛇从之，周流天下；龙入深渊，得其安所；蛇脂尽干，独不得甘雨。此何谓也？"文公曰："嘻！是寡人之过也。吾为子爵，与待旦之朝也；吾为子田，与河东阳之间。"介子推曰："推闻君子之道也，谒而得位，道士不居也；争而得财，廉士不受也。"文公曰："使我得反国者子也，吾将以成子之名。"介子推曰："推闻君子之道，为人子而不能承其父者，则不敢当其后；为人臣而不见察于其君者，则不敢立于其朝。然推亦无索于天下矣。"遂去而之介山之上。文公使人求之不得，为之避寝三月，号呼期年。《诗》曰："逝将去汝，适彼乐郊；适彼乐郊，谁之永号？"此之谓也。文公待之不肯出，求之不能得，以谓焚其山宜出。及焚其山，遂不出而焚死。《韩诗外传》还加上了"割股以啖君"的情节："晋文公亡，过曹，里凫须从，因盗重耳资而亡。重耳无粮，馁不能行，介子推割股以食重耳，然后能行。"时人哀之，相约为其忌日禁火冷食，以后相沿成俗，遂为寒食节。

顾名思义，寒食者，冷食也，故寒食节又名冷节。崔寔《四民月令》曰："齐人呼寒食为冷节。"冷食者，熟食也，故寒食节又名熟食日、熟食节。寒食不举火，预办熟食过节，故以名之。杜甫《熟食日示宗文宗武》诗："几年逢熟食，万里逼清明。"赵次公注："寒食日更不举火而冷食其物，故谓之寒食，亦谓之熟食。"寒食节最大的特点是禁火，南朝梁宗懔的《荆楚岁时记》："去冬节一百五日即有疾风甚雨，谓之寒食，禁火三日。"

屈原在《九章·思美人》中感叹道："介子忠而立枯兮，文君寤而追求。封介山而为之禁兮，报大德之优游。思久故之亲身兮，因缟素而哭之。"这一节日从诞生之日起，就备受当时晋国上下不同阶层人士的推崇。东汉桓谭《新

论》中说:"太原郡民,以隆冬不火食五日,虽有病缓急,犹不敢犯,为介子推故也。"《后汉书·周举传》中记载:"举稍迁并州刺史。太原一郡,旧俗以介子推焚骸,有龙忌之禁,至其亡月,咸言神灵不乐举火,由是士民每冬中辄一月寒食,莫敢烟爨,老少不堪,岁多死者。举既到州,乃作吊书以置子推之庙,言盛冬去火,残损民命,非贤者之意。以宣示愚民,使还温食。于是众惑稍解,风俗颇革。"

中唐之后,寒食节与清明节合二为一。事实上,作为二十四节气之一的清明是在秦汉时期才测算出来的。《淮南子·天文训》"春分后十五日,斗指乙,则清明风至",即谓之清明。可见,寒食节比清明节气至少要早四五百年。唐开元年间,为顺应民意,唐玄宗把寒食节确定为国家节日,并放假三天。大历十三年(777),朝廷颁诏"寒食通清明,放假五日"。

关于寒食节的诗文,据统计,自战国屈原到后来的唐玄宗、杜甫和韩愈、柳宗元等唐宋八大家以及元、明、清时的曲、剧等共有近五百首(篇)之多,《全唐诗》中以《寒食》为题的诗歌约有160首,其中白居易一人就写有20首。白居易的《寒食野望吟》"乌啼鹊噪昏乔木,清明寒食谁家哭。风吹旷野纸钱飞,古墓垒垒春草绿。棠梨花映白杨树,尽是死生别离处。冥冥重泉哭不闻,萧萧暮雨人归去",宋之问的《途中寒食题黄梅临江驿寄崔融》"故园肠断处,日夜柳条新",孟浩然的《李少府与王九再来》"烟火临寒食,笙歌达曙钟。喧喧斗鸡道,行乐羡朋从"等都是写寒食的诗。王冷然的《寒食篇》"天运四时成一年,八节相迎尽可怜。秋贵重阳冬贵腊,不如寒食在春前"很能说明寒食节在唐代所有节日中的突出地位。

十五夜望月

(唐)王 建

中庭地白树栖鸦,冷露无声湿桂花。
今夜月明人尽望,不知秋思落谁家?

一、作者与背景

王建(766?—832?),字仲初,排行六,颍川(今河南许昌)人,出身寒微。由张籍《逢王建有赠》"年状皆齐初有置,鹊山漳水每追随"可知张籍、王建同龄。两人生年,主要有永泰元年(765)(胡适《白话文学史》)、大历元年（766）(罗联添《张籍年谱》)、大历三年（768）(闻一多《唐诗大系》)、大历五年（770）(季镇淮《张籍二则》)、大历七年（772）(潘竞翰《张籍系年考证》)诸说。"大历元年"说主要依据白居易的两则材料，即《与元九书》"近日孟郊六十，终试协律；张籍五十，未离一太祝"、《读张籍古乐府》"如何欲五十，官小身贱贫。病眼街西住，无人行到门"。而《与元九书》"乃元和十年冬白乐天贬江州时所作。自该年逆数五十年，则籍当生于唐代宗大历元年"（罗联添《张籍年谱》）。

王建生平未尝中进士。早年从军幽州。元和年间，官昭应县丞、渭南尉、太府丞。后官陕州司马。晚年退居咸阳原上，境况贫困。又曾任光州刺史。约卒于文宗大和年间。生平事迹见《唐诗纪事》卷44、《唐才子传》卷4等书。王建擅长乐府，与张籍齐名，题材风格亦颇相似，时称"张王乐府"。平生奔走南北，故诗作多取材于田家、蚕妇、织女等，用语简括，情思显豁，描写细致，语意含蓄。清人王士禛以之与元稹、白居易、张籍并称："草堂乐府擅惊奇，杜老衰时托兴微。元白张王皆古意，不曾辛苦学妃豨。"（《渔洋精华录》）清人沈德潜则称张王乐府"心思之巧，辞句之隽，最易启人聪颖"（《唐诗别裁》）。

二、文字与音韵

《十五夜望月》是一首七言绝句，平起平收，首句入韵，押麻韵，韵脚为"鸦""花""家"。历代评家在品评唐诗七言绝句时倾向于成就最高者为李白、王昌龄、王之涣、王翰等人的诗作，究竟怎样的七绝堪称"压卷"之作？元杨载在《诗家法数》中指出："绝句之法，要婉曲回环，删芜就简，句绝而意不绝，多以第三句为主，而第四句发之。有实接，有虚接，承接之间，开与合相关，正与反相依，顺与逆相应，一呼一应，宫商自谐。大抵起承二句固难，然不过平铺直叙为佳，从容承之为是。至如宛转变化工夫，全在第三句，若于此转变得好，则第四句如顺流之舟矣。"据此，孙绍振在《月迷津渡——古典诗词微观分析个案研究》（上海教育出版社2012年版）一书第六章中作出如下归纳：绝句在第三句要有变化。或外显的语气句法变化，大都从陈述变为否定、感叹或疑问；或内隐的情绪变化甚至跳跃，从客体之景转化为主观之情。他又进一步补充阐述绝句因容量极小，抒情的特殊性就是情绪在第三句的宛转变化和持续性，最上乘的绝句持续性和宛转变化往往结合在一起，这种瞬间的变化和持续，正是一种情感结构的功能，从而产生"不着一字,尽得风流"的丰富意蕴。《十五夜望月》一、二两句采用陈述句式写月夜所见之景,三、四两句转为疑问句式,紧承一、二两句诗意点明"月明人尽望",推己及人,抒思乡之情,留有余味,依据上述标准,本诗堪称七绝中的上乘之作。

三、意蕴与风格

这首诗在《全唐诗》中题作《十五夜望月寄杜郎中》,结合三、四两句来看,题中的"十五夜"应指中秋之夜,杜郎中,名不详。

"中庭地白树栖鸦"一句间接写中庭月色清明,只用"地白"两字,却给人以积水空明、澄静素洁之感,使人不由得联想起李白的名句"床前明月光,疑是地上霜",沉浸在清美的意境之中。"树栖鸦"写鸦鹊栖树的情状,主要应依赖于听觉感知,因为即使在明月之夜,也不大可能看到鸦鹊的栖宿,可以想象鸦鹊从开始的惊惶喧闹(周邦彦《蝶恋花》有"月皎惊乌栖不定")到最后的安定入睡。朴实、简洁、凝练的语言烘托了月夜的寂静。

"冷露无声湿桂花"一句承接上句内容,含蓄点出时间已是夜深,"桂子月中落",让人联想到月中的桂树,在万籁俱寂的深夜,广寒宫中,清冷的露珠一定也沾湿了桂花树吧?以"冷"字形容露水,渲染了诗人内心的冷清和孤寂,唐戎昱《秋月》诗中有"思苦自看明月苦,人愁不是月华愁"、清王夫之《姜斋诗话》中有"景生情,情生景"的说法。在本当"月圆人亦圆"的中秋之夜,诗人却远离家乡,远离亲人,内心充满孤寂。诗人以"实"写"虚",充分表现了由于对亲人的思念而带来的无限孤寂、充满感伤的凄凉心境。"无声"两字,细致地表现出冷露的轻盈无迹,又渲染了桂花的浸润之久,"湿"作动词,清冷的露珠打湿的不仅是桂花,还有诗人的心,意境更悠远,更耐人寻味。

前两句写景,不带一个"月"字,却处处有月;第三句才明点望月,一个"尽"字,表明望月思乡人同此心、情同此理,但同是望月,那感秋之意、怀人之情,却又是人各不同的。这里诗人并不采用直接抒情的方式,而是换用了一种委婉的疑问语气:不知那茫茫的秋思会落在何处。明明是自己在怀人,偏偏说"秋思落谁家",这就将诗人对月怀远的情思,表现得蕴藉深沉。似乎秋思唯诗人独有,别人尽管也在望月,却并无秋思可言。清黄生所撰的《唐诗摘钞》中有注曰:《秋思》,琴曲名,蔡氏《青溪五弄》之一。通首平仄相叶,无一字参差,实为七言绝之正调。凡音律谐,便使人诵之有一唱三叹之意。

"思"，旧读"sì"，意为"愁思"，一语双关。一个"落"字，新颖妥帖，不同凡响，它给人以动的形象的感觉，仿佛那秋思随着银月的清辉，一齐洒落人间似的。月出则情生，月圆则思切，把诗人随着十五月夜的到来而产生的根本无法排遣的深深秋思表达得形象而生动。《全唐诗》录此诗，"落"字作"在"，就显得平淡寡味，相形见绌了。

整首诗意境优美，情真意挚而又含蓄蕴藉，是表达"秋思"之情不可多得的佳作。

四、比较与探究——与《中秋月》（苏轼）比较赏析

在中国古典诗歌中，"月亮"是颇具中国文学特色的原型意象。《诗经·陈风·月出》即以"月"起兴："月出皎兮，佼人僚兮，舒窈纠兮，劳心悄兮。"自中秋节形成之后，诗人们更是竞相中秋咏怀，妙笔成篇，如："白兔捣药秋复春，嫦娥孤栖与谁邻？"（李白《把酒问月》）"三五夜中新月色，二千里外故人心。"（白居易《八月十五日夜禁中独直对月忆元九》）"若得长圆如此夜，人情未必看承别。"（辛弃疾《满江红·中秋寄远》）"徐御冰轮行碧落，世间多少感秋人。"（张耒《近中秋》）不同的社会背景以及身处其中的诗人心态的不同，同样是中秋之作，有着内容和旨趣的差异，这里试以本诗与苏轼《中秋月》做比较赏析。

中 秋 月

（宋）苏 轼

暮云收尽溢清寒，银汉无声转玉盘。
此生此夜不长好，明月明年何处看？

《十五夜望月》以含蓄取胜，清代诗人兼评论家沈德潜认为它"不说明己之感秋，故妙"。诗歌一、二两句刻画了一幅静谧又不乏温馨的清秋月夜图，景中含情，诗人自身形象是图画的核心，虽未明朗刻画出来，但读者可以体会到，今夜乌鸦已依于枝栖于巢了，游子怎能不思念家乡？前面的写景为后面的抒情蓄势，这一线情思最终化为诗人直白的抒情，情中亦有景，可以让人联想到诗人举首望月、低头思乡的形象。三、四两句精彩之处还在于诗人把个人的思乡情溶于一声为众生而发的浩叹之中，使得情感升华。

《中秋月》为苏轼在徐州知州任上的第一个中秋夜，与弟弟子由相会时所作。前两句运用烘云托月之法，先写暮云收尽，次写月光清寒，再写银河无声，最后引出明月玉盘，动静相宜，打开一幅美不胜收又清冷孤寂的月夜图。后两句则以柔语发出一声慨叹，"此生"之后继以"此夜"，"明月"之后继以"明年"，在低徊相续、一咏三叹中尽抒幽幽之情、柔柔之韵。苏轼与弟弟子由分别多年，共赏中秋月的机会仅此一次，在宦海沉浮不定、人生漂泊难测、兄弟团圆难得的情况下，发出"此生此夜不长好，明月明年何处看"的吟叹，实为肺腑之言，意境深远，因而受到名家的青睐，宋杨万里《诚斋诗话》云："五、七字绝，句最少而最难工，虽作者亦难得四句全好者，唯独东坡云'暮云收尽溢清寒，银汉无声转玉盘。此生此夜不长好，明月明年何处看'四句皆好矣"。

钱锺书先生在《谈艺录》中有言："唐诗、宋诗，亦非仅朝代之别，乃体格性分之殊。天下有两种人，斯分两种诗。唐诗多以丰神情韵擅长，宋诗多以筋骨思理见胜。"唐人富有深情，一如王建《十五夜望月》，中秋之夜的月亮既明且圆，更易触动客游他乡者思念亲人、怀念故土的情感。宋代中秋诗词由欣赏、陶醉于自然物象、咏叹亲情友情转为内敛型的对社会和人生的感怀，更多的是融入理致、具有理性色彩的作品，即在写景怀人的基础上升华出有关宇宙或人生的哲理，体现了作者珍惜月圆、珍惜相聚的人生意识，带有强烈的感伤色彩。所谓"此生此夜不长好，明月明年何处看"，诗人从现在推想将来，所忧虑的不仅仅是自然界天气阴晴变化，更包括了因人事变幻、漂泊无定、未来难料所造成的无法与亲人长久相聚的无奈。

五、风俗与文化——中秋节流变及相关诗歌

"中秋"一词最初见于《周礼·天官冢宰·司裘·内树》："司裘掌为大裘，以共王祀天之服。中秋，献良裘，王乃行羽物。季秋，献功裘，以待颁赐。"魏晋时期，民间开始有赏月习俗，《子夜四时歌·秋歌十八首》中大量出现吟咏月亮的诗句。唐朝将中秋正式确定为重要节日，欢度中秋的氛围自上而下，亦开启了女子拜月之风。除了赏月活动的兴盛，唐朝还开启了中秋吃饼的习俗。据《洛中记》记载，唐僖宗曾在中秋宴会新科举子时赏赐用红纸包裹的饼子。不过此时吃的可不是月饼，而是胡饼。到了宋朝，中秋文化发展至顶峰。"中秋节"一词见于南宋吴自牧所著的《梦粱录》中："八月十五日中秋节，此日三秋恰半，故谓之'中秋'。"宋朝的中秋节可谓是火树银花，热闹非凡，除了赏灯，还兴起中秋观潮的习俗。宋朝亦确定了"月饼"的叫法，苏轼在《月饼》中写道："小饼如嚼月，中有酥和饴。默品其滋味，相思泪沾巾。"明朝的月饼已寓意团圆、美满，亦开启了民间祭月的先河。祭月用的果品、月饼皆为圆形，省亲的妇女也要返回夫家，以示中秋团圆之意。清代亦延续了民间祭月的风俗。可见，中秋文化有着深厚的历史渊源。（参阅吴越《中秋节的文化流变及文学书写》，《唐山师范学院学报》2018年第3期）

岁时节令是中国古代诗歌的重要题材之一。中秋诗浓情雅趣的背后隐藏的是诗人的人格、情趣、理想、追求，透露着真趣。以下选录一些关于中秋节的诗句：

云母屏风烛影深，长河渐落晓星沉。嫦娥应悔偷灵药，碧海青天夜夜心。（唐·李商隐《嫦娥》）

昔年八月十五夜，曲江池畔杏园边。今年八月十五夜，湓浦沙头水馆前。西北望乡何处是，东南见月几回圆。昨风一吹无人会，今夜清光似往年。（唐·白居易《八月十五日夜湓亭望月》）

更沽淇上酒，还泛驿前舟。为惜故人去，复怜嘶马愁。云山行处合，风雨兴中秋。此路无知己，明珠莫暗投。（唐·高适《送魏八》）

忆对中秋丹桂丛，花也杯中，月也杯中。今宵楼上一尊同，云湿纱窗，雨湿纱窗。浑欲乘风问化工，路也难通，信也难通。满堂唯有烛花红，歌且从容，杯且从容。（宋·辛弃疾《一剪梅·中秋元月》）

中秋月。月到中秋偏皎洁。偏皎洁，知他多少，阴晴圆缺。阴晴圆缺都休说，且喜人间好时节。好时节，愿得年年，常见中秋月。（明·徐有贞《中秋月·中秋月》）

两小儿辩日

《列子·汤问》

孔子东游，见两小儿辩斗，问其故。

一儿曰："我以日始出时去人近，而日中时远也。"一儿以日初出远，而日中时近也。

一儿曰："日初出大如车盖，及日中则如盘盂，此不为远者小而近者大乎？"一儿曰："日初出沧沧凉凉，及其日中如探汤，此不为近者热而远者凉乎？"

孔子不能决也。

两小儿笑曰："孰为汝多知乎？"

一、作者与背景

列子（约前453—前375），名御寇，郑国人，生活在战国初期，早于庄子而生。《庄子》中有多处提到列子，《战国策》《吕氏春秋》等书中也提到过列子。《吕氏春秋·观世篇》载："子列子穷，容貌有饥色。"高诱注："子列子，御寇，体道人也。著书八篇，在庄子前，庄子称之。"西汉刘向的《列子书录》中载："列子者，郑人也。与郑穆公同时，盖有道者也。其学本于黄帝、老子，号曰道家。道家者，秉要执本，清虚无为，及其治身接物，务崇不竞，合于六经。"柳宗元所著的《辨列子》中也说列子是"郑穆公时人"。钱穆经过详尽的考证，也证明"御寇实有其人"（钱穆《先秦诸子系年》，商务印书馆2005年版）。作为一名隐者，列子虽穷却不肯出仕而"为有国者所羁"，崇尚清静无为，养性体道。

《列子》相传为列子所写，《汉书·艺文志》著录为"八篇"，即《天瑞》《黄帝》《周穆王》《仲尼》《汤问》《力命》《杨朱》和《说符》，晋人张湛为之注。共计有寓言故事近百则，与《庄子》一道，并称先秦道家黄老学派的早期重要著作。《汤问》一篇，载有诸多寓言传说，且多以问答形式表述。如"纪昌学射""薛谭学讴""钟子期知音""愚公移山""夸父追日""杞人忧天"等。列子先借由殷汤与夏革的对话，畅谈时空的无极无尽，难能可贵地表达了"天地亦物"的宇宙观；再通过大禹和夏革的两段言论，说明自然界的生息变幻以及人世间的寿夭祸福，即使博学多识的圣人也未必能够通晓其中的规律与奥秘，不可以凭借有限的耳闻目见来臆断其是非有无。极言天地之广阔无垠，万物之繁荣驳杂，以期突破世人囿于视听的浅陋常识，消除种种流于表象的分歧。

二、文字与音韵

《两小儿辩日》是一篇短小精悍、浅显易懂、富有趣味的文言文，多次被选入语文教材，是经典篇目。

第一段开门见山，点明主要人物：孔子、两小儿，事件：辩斗（辩论，争论）。

第二至第五段写两小儿的辩斗。

第一轮辩斗，先通过语言描述一儿的看法："我以日始出时去人近，而日中时远也。"接下来是转述另外一儿的看法：一儿以日初出远，而日中时近也（若转化为直接语言描述应为"我以日初出时去人远，而日中时近也"）。句意表述清楚而又避免了句式重复，形成叙事节奏的微妙变化。"我"这一人称代词在现代汉语里广泛应用，屡见不鲜，但在文言文作品中却很少出现，更多是"吾""余""予"等。"余""予"出现较晚，"我"与"吾"之间在语法上有细微差别，在表情达意上也有些许不同。"就'吾''我'的主要倾向而言，'我'表示对第一人称代词的强调和加重语气，'吾'则表示礼貌，有自谦意味。"（何乐士《古汉语研究论文集》，北京出版社1984年版）加拿大汉学家蒲立本也认为："'我'比'吾'似乎更富有强调对比的意味。"（蒲立本著、孙景涛译《古汉语语法纲要》，语文出版社2006年版）两小儿在面对一位老人（从文末可知他们是知道孔子的身份的）时，张口自称"我"，丝毫没有谦卑的意思，强调自己的观点，既表现出他们的顽皮大胆、机智聪明，又让我们感受到辩斗的氛围。

第二轮辩斗中，两小儿都运用了比喻的手法，一小儿用"车盖""盘盂"作比，从对大小的视觉角度进行推理；一小儿用"探汤"来形容，通过和"沧沧凉凉"的对比，从对温度的感觉角度推理，具体可感又形象生动。对话中都运用了反问的句式，语气加强，互不相让，进一步表现出"辩斗"的现场氛围。第一轮先说结论，第二轮再讲理由。这种写法层次清晰，对照鲜明，可以让人想象辩斗时的针锋相对，你来我往。

面对两小儿的辩斗，"孔子不能决也"这句话完全可以作为故事的结尾，孰料作者再来一句"两小儿笑曰：'孰为汝多知乎？'"一个"笑"字刻画了两小儿的神态，也是对孔子不能决的态度；"汝"这一第二人称代词并非尊称，通常用于比较随便的场合称呼同辈或晚辈；反问句式则强调了两小儿对孔子的嘲讽的语气。故事峰回路转的同时戛然而止，含义丰富，余味悠长。

三、意蕴与风格

刘勰在《文心雕龙》中说："列御寇之书，气伟而采奇。"柳宗元在其《辩列子》一文中谓《列子》："其文辞类《庄子》，而尤质厚，少伪作，好文者可废耶？"洪迈在《容斋续笔》中亦言："《列子》书事简劲宏妙，多出《庄子》之右。"《列子》作者能展开丰富的想象，大胆构思出一些离奇曲折的寓言故事，以夸张的手法、跳荡的节奏进行叙写，纵横捭阖，色彩斑斓。其寓言题材来源于神话传说、神仙故事以及历史故事、民间故事和社会生活等，涉及诸子之间的学术争辩、学者和策士在各国之间的游说、师生之间的质疑问难等。其主要特点如下：

一是细节渲染，侧面烘托。如"纪昌学射"中"但卧其妻之机下，以目

承牵挺"的细节描写,栩栩如生地描绘出纪昌"学不瞬"的图画;"韩娥善歌"中特于"声"上着力,写其去则"余音绕梁欐,三日不绝",一个"绕"字,就状出声音的轻柔缠绵,以实写虚,极为准确形象。又写韩娥"曼声哀哭",里人"悲愁垂涕相对,三日不食",韩娥"曼声长歌",里人"喜跃抃舞"、"忘向之悲也"。故事中反复写了里人或悲或喜,从侧面烘托渲染,映衬出韩娥善歌,感人至深。

二是叙事完整,语言生动。如"朝三暮四"一则,在《庄子·齐物论》中内容比较简单:狙公赋芧,曰:"朝三而暮四。众狙皆怒。"曰:"然则,朝四而暮三。"众狙皆悦。而在《列子·黄帝篇》中故事更加完整具体:宋有狙公者,爱狙,养之成群,能解狙之意;狙亦得公之心。损其家口,充狙之欲。俄而匮焉,将限其食。恐众狙之不驯于己也,先诳之曰:"与若芧,朝三而暮四,足乎?"众狙皆起而怒。俄而曰:"与若芧,朝四而暮三,足乎?"众狙皆伏而喜。前者简约,相对突兀;后者则完整具体,通过狙公与狙的对话、狙公的心理、狙的神态动作,更形象地阐明事物具有同一性的道理。《两小儿辩日》一文也完整地叙述了辩斗的起因、经过及结果。

三是情节曲折,人物鲜明。如《汤问篇》中的"愚公移山",首先从二山说起,以"方七百里,高万仞"状写山的面积、高度,以突出移山之难,交代故事背景和移山原因。移山的过程也写得曲折有致,先写其妻献疑,反衬愚公的决心,使文章顿起波澜;再写河曲智叟的嘲笑,寥寥数语,使故事一波三折。中间又插进京城氏遗男"跳往助之"的细节,从正面烘托愚公顽强的毅力和战胜困难的信心。结尾则以富有神话色彩的"帝感其诚,命夸娥氏二子负二山",既交代了移山结果,又凸显愚公移山精神的感天动地,进而突出故事主旨。《两小儿辩日》到"孔子不能决也"故事情节已经很完整了,但作者又加上一段"两小儿笑曰:'孰为汝多知乎?'",使得内容又宕开一笔,意味深长。

《列子》寓言不仅为战国寓言的多样化和繁荣提供了丰厚的叙事素材,而且其独特的叙事策略还为后世志怪小说采用虚构性的叙事笔法提供了宝贵的经验。故钱锺书从文学史的角度给《列子》以极高的评价:"使《列子》果张湛所伪撰,不足以贬《列子》,只足以尊张湛。魏晋唯阮籍《大人先生论》与刘伶《酒德颂》,小有庄生风致,外此无闻焉尔。能赝作《列子》者,其手笔驾曹、徐而超嵇、陆,论文于建安、义熙之间,得不以斯人为巨擘哉?"(钱钟

书《管锥编·列子张湛注》，生活·读书·新知三联书店2007年版）

四、比较与探究——关于《两小儿辩日》的寓意

对于《两小儿辩日》寓意的理解，目前较为通行的说法是：表现了古人为认识自然、探求客观事理而独立思考、大胆质疑的精神；赞扬了孔子能正确地对待小儿提出的问题，不知为不知，实事求是的态度；阐述了"学无止境"的道理等。

王丽萍的《列子选译》（巴蜀书社1994年版）中将此篇名拟为"孔子观小儿辩斗"，从拟题来看是着眼于孔子的角度来考虑的，因此其简析说：孔子素以博学多闻著称，可他竟连两个小儿的辩斗也无法判定胜负，以此说明是与非的相对性，难以遽断。

要分析《两小儿辩日》的寓意，有必要先简单了解一下在那个时期，道、儒两家学说的关系。道家与儒家有着较为本质的区别：道家归本于自然，儒家归本于伦理；道家是彻底自然本位，儒家是彻底伦理本位。冯友兰在《中国哲学简史》（北京大学出版社2013年版）一书中论及道家思想的一个重要方向是"强调万物自然本性的相对性，以及人与宇宙的同一"。列子是宇宙论的最早提出者，这显然是道家思想的反映，是先秦道家的创生理论，如前所述，《汤问》篇说明自然界的生息变幻以及人世间的寿夭祸福，即使博学多识的圣人也未必能够通晓其中的规律与奥秘。也就是说，"太阳距离人何时远何时近"这一论题的提出，彻底是道家的学说，完全不在儒家的学说范围内，孔子"不能决"是意料之中的，提出这一论题意在揭示孔子学说的局限性。通过设计"两小儿"形象比成人更具讽刺意味，两个人称代词"我""汝"、三个反问句式，尤其是结尾段则加强了对孔子的诘难和奚落，因而周振甫在《〈两小儿辩日〉鉴赏》中说："《列子》里写这个故事，要讥笑孔子的无知。这是因为《列子》属于道家的著作，孔子是儒家，学派不同，所以道家要讥笑孔子。这点是很明白的。"

事实上道家到庄子时仍多次通过杜撰贬损孔子来彰显自家学说。《庄子》寓言中共有七次述及孔子周游列国四处碰壁的遭遇，除《让王》篇外，六次述及均含有对孔子的贬损之意。在道家人物眼里，孔子要以仁义为武器济世是行不通的，所以孔子在遭受重重磨难之后，精神萎靡，转而求教于道家人物，依归于"道"。《论语》也记载孔子周游列国时遇到一些他称为"隐者"的"避世"的人，这些隐者嘲笑孔子，认为他救世的努力都是徒劳，子路一次回答了这些

攻击:"不仕无义。长幼之节,不可废也。君臣之义,如之何其废之,欲洁其身,而乱大伦?君子之仕也,行其义也。道之不行,已知之矣。"(《微子》)

综上所述,《两小儿辩日》虚构这一寓言故事,对孔子的贬抑之意是显而易见的,当然这并不能说明孔子的无知,所谓"闻道有先后,术业有专攻",这个故事恰恰反映了先秦时期百家争鸣、百花齐放的学术氛围。

五、风俗与文化——关于先秦诸子寓言

"寓言"一词,最早见于《庄子》的《寓言》篇。"寓"乃寄托,即所谓"寓真于诞,寓实于玄"(刘熙载《艺概·文概》)。其特点往往是叙述一个小故事,于具体情节中隐含更为深刻的思想,因而常常语带双关,托喻巧妙,借以阐发哲理,印证概念。初起阶段离奇和夸张是其主要特色,有时近乎神话;到春秋战国时期,其作为雄辩说理的手段,被先秦诸子广泛采用,在《孟子》《庄子》《列子》《韩非子》《吕氏春秋》等著作中都有丰富的寓言故事,可与大约同时期出现的古希腊伊索寓言遥相媲美。比较著名的寓言故事如"揠苗助长""齐人乞墦"(《孟子》)、"佝偻承蜩""庖丁解牛"(《庄子》)、"杞人忧天""疑邻窃斧"(《列子》)、"守株待兔""郑人买履"(《韩非子》)、"刻舟求剑""循表夜涉"(《吕氏春秋》)等。战国末期,社会趋于一统,随着诸子散文的繁荣,寓言也自荒诞虚妄的神话演变为富有深刻严肃社会内容的生活故事,由简短的比喻发展为独立成篇的短篇记叙文体,并逐渐走向完美与成熟。

先秦诸子寓言的主要特色如下:一是富有想象,在虚构的故事中寓有深刻含义,如《列子·愚公移山》的神话结尾,体现克服困难的决心;二是善用拟人化手法论辩和劝惩,如《韩非子·涸泽之蛇》中借助小蛇鞭挞好战分子、吹捧能手的丑态;三是多用夸张手法,如《庄子·匠石运斤》中把匠石运斤成风的绝技描摹得动人心魄。

回乡偶书(其一)

(唐)贺知章

少小离家老大回,乡音无改鬓毛衰。
儿童相见不相识,笑问客从何处来。

一、作者与背景

贺知章(659—744),唐代诗人,字季真。《旧唐书·贺知章传》载:"知章晚年尤加纵诞，无复规检，自号四明狂客，又称秘书外监，遨游里巷。醉后属词，动成卷轴，文不加点，咸有可观。"历来关于贺知章的籍贯之说法有三：

一是明州（今宁波）说。最早提出明州说的是宋人莫将，其在绍兴十四年（1144）任明州太守时，根据李白《金陵与诸贤送权十一序》文句"即四明逸老贺知章呼余为谪仙人，盖实录耳"修建逸老堂，并绘贺知章像置于堂上，进行祭祀。（《四明丛书》收有莫将《逸老堂记》）

二是越州永兴（今杭州萧山）说。《旧唐书·文苑传》载其为"会稽永兴人"；《新唐书·隐逸传》称其为"越州永兴人"。

三是越州山阴（今绍兴）说。《送贺宾客归越》"镜湖流水漾清波，狂客归舟逸兴多。山阴道士如相见，应写黄庭换白鹅。"是李白在长安送别好友贺知章时写的一首诗，诗中的"镜湖"，今称鉴湖，在今浙江绍兴市南，湖上堤桥随设，渔舟时见，远山四周，水清如镜。

教材注释认为贺知章是越州永兴（今浙江杭州萧山）人，早年移居会稽山阴（今浙江绍兴），实际是将上述第二、第三种说法合二为一了。

天宝三年（744），贺知章告老还乡，出家为道。唐代儒释道三教并行，以道教尤为受尊。贺知章皈依道门，既为当时社会风气所染，亦与他那终生狂放的性格相吻合。唐玄宗亲赋《送贺知章归四明（并序）》为其送行：

天宝三年，太子宾客贺知章，鉴止足之分，抗归老之疏，解组辞荣，志期入道。朕以其年在迟暮，用循挂冠之事，俾送赤松之游。正月五日，将归会稽，遂饯东路。乃命六卿庶尹大夫，供帐青门，宠行迈也。岂惟崇德尚齿，抑亦励俗劝人。无令二疏，独光汉册。乃赋诗赠行。

遗荣期入道，辞老竟抽簪。岂不惜贤达，其如高尚心。

寰中得秘要，方外散幽襟。独有青门饯，群英怅别深。

就在这一年，贺知章在故乡的青山绿水之间与世长辞，终年86岁。葬会稽郡城南九里山。后肃宗为感谢贺知章侍读之旧，于乾元元年（758）十一月，加赠贺知章为礼部尚书。

二、文字与音韵

关于"鬓毛衰"的"衰"及《回乡偶书》的押韵，历来有不同的观点：

一是清代沈德潜编《唐诗别裁》注：

原本"鬓毛衰"，"衰"入四支，音司。十灰中"衰"音"缞"。恐是"摧"之误，因改正。

二是《王力古汉语字典》"衰"字条目：

衰 1.shuāi 所追切，脂韵。衰退，衰弱。2.cuī 楚危切，支韵。① 等级次第的差别或依次递减。引申为减少，稀疏。唐贺知章《回乡偶书》诗句："少小离家老大回，乡音无改鬓毛衰。"按，此诗"衰"与"回""来"押韵，用灰（哈）韵，集韵灰韵"衰"字仓回切，当读cuī。② 古代丧服的一种。这个意思后来写作"缞"。

三是金文明《"鬓毛衰"的"衰"不读cuī》（《咬文嚼字》2001年第2期）一文认为，"衰"不读cuī，而应该读成shuāi。因为贺知章是唐代越州人，其家乡在吴方言区，吴语中"回""衰shuāi""来"三字的韵母十分接近，读来相当和谐。

四是林庚、冯沅君主编的《中国历代诗歌选（上第2册）》（人民文学出版社1964年版）中的《回乡偶书（其一）》是"乡音无改鬓毛催"。注释为："鬓毛催"是说催人年老，有"时光飞逝，日月掷人"的意思，并举例孟浩然《归终南山》："白发催年老"。"催"一作"衰"。

五是萧涤非、程千帆、马茂元等撰写的《唐诗鉴赏辞典》（上海辞书出版社1983年版）中的原文是"乡音无改鬓毛衰"，在赏析正文中特别注明：鬓毛衰（cuī催，疏落之意）。

《回乡偶书》是首句入韵的七言绝句，一、二、四句押韵的字分别是"回""衰""来"。如果"衰"读成shuāi，与另外两个字不押韵，这在盛唐是不符合近体诗用韵规则的。王力在其《汉语诗律学》一书"近体诗的用韵"一节里多次强调：近体诗用韵甚严，无论绝句、律诗、排律，必须一韵到底，而且不许通韵；出韵是近体诗的大忌，宁可避免险韵，也决不能出韵。《回乡偶书》的"衰"读音确定的关键，就是看"衰"的所在韵部。首句"回"和尾句"来"都是灰韵，第二句"衰"没有理由出韵。"衰"读cuī，在《集韵》的灰韵里是"缞"义，而"缞"在《释名》里是"摧"义。按照《辞源（修订本）》（商务印书馆1980年版）"摧"字第一条的解释，有"毁灭、崩坏、挫败、挫折"等义，所列出的词"摧颓"在三国魏应场的"远行蒙霜雪，毛羽日摧颓"诗句中就是"衰败、衰老"的意思，可引申理解为《唐诗鉴赏辞典》的"疏落"之意。教材中对"衰"的注释指人老时鬓发疏落变白。

三、意蕴与风格

贺知章的诗歌创作，在唐代诗史中具有特别的价值和意义。他以诗歌创作实践,继承了陈子昂用质朴的语言入诗的优良传统,同时又注意克服了陈子昂诗中所残留的玄言诗的习气,以现实生活中的事物入诗,境界顿感清新,富有生活情趣。诚如清贺裳在《载酒园诗话又编》中所云:"若虚与贺季真同时齐名,遽分初盛,编者殊草草。吾读书至贺秘书,真若云开山出,境界一新,毋宁置张于初,列贺于盛耳!"《全唐诗》"贺知章卷",仅存诗18题(22首),却篇篇充满着盛唐韵味,而其中的几首绝句尤佳,《回乡偶书》二首,是贺知章的代表作,第一首被孙洙选入《唐诗三百首》,排为七绝第一,千百年来广为传颂。宋人刘辰翁称其"说透人情之的"(《唐诗品汇》卷四十六),明人唐汝洵赞曰"模写久客之感,最为真切"(《唐诗解》卷二十五),清人刘宏煦说它"朴实语,无限感慨"(《唐诗真趣编》)、宋宗元认为其"情景宛然,纯乎天籁"(《网师园唐诗笺》卷十四),当代学人亦认为贺知章作此诗是因为"人生易老,世事沧桑""心头有无限感慨"(《唐诗鉴赏辞典》,上海辞书出版社1983年版)。

此诗一、二两句用了对照手法:"离家"时的"少小"与"回"家后的"老大"、"无改"的"乡音"与已"衰"的"鬓毛"相对照,显示了时空嬗变,人生短暂,世事沧桑。中国诗人对时空的嬗替特别敏感,常惊叹光阴如白驹过隙,感慨岁不我与,这两种对照足以引起人生感慨。诗人擅用白描手法,把这样的人生况味借助于朴实无华、明白如话的语言传达给读者,看似十分平静,却已蕴含着深长的苍凉感、不尽的沧桑感慨。

三、四两句则通过设置一个喜剧化的场面来调动读者的情感。诗人离家日久,儿童当然不识,故而"笑问客从何处来"。这里又用了对照手法:"儿童"与老迈的诗人。明明是主人,却被误认为客人,通过儿童之口,写的是自己的感慨;明明是悲凉的感慨,却偏诉诸"笑问"的喜剧场景。使得读者始则会心一笑,继则感慨系之。有问无答,戛然而止,为读者留下了感喟与思索的空间。

短短的四句诗既真实地表现了久别还乡的情感体验,又深刻地表现了对时空嬗替、人生短暂、世事沧桑的感慨,而这些恰恰都是人类普遍具有的情感体验,最易引起人们的共鸣。

四、比较与探究——关于《回乡偶书(其二)》

德国哲学家马丁·海德格尔(Martin Heidegger)曾经说过:"还乡是诗人的天职","还乡就是返回与本源的亲近"(《存在与时间》),这里的故乡已不是一般意义上的家乡、故土,更是精神的家园、心灵的归属。当代中国学者张法

在《中国文化与悲剧意识》中也指出:"中国文化可以说是乡愁文化,甚至一离家就思乡。"家是生命的起点,也是生命的终点,落叶归根是古代士大夫及一般民众的普遍观念。贺知章在朝为官近50年,历经沧桑、深谙世事的老人一朝返乡,其复杂的心情从《回乡偶书二首》中可见一斑。第一首"少小离家老大回,乡音无改鬓毛衰。儿童相见不相识,笑问客从何处来"历来为人称道。直白如话,但近乡之情娓娓道来,当然是一首好诗。但在唐宋时期流传更广的,则是第二首:

离别家乡岁月多,近来人事半消磨。唯有门前镜湖水,春风不改旧时波。

南唐闽僧雪峰义存的法嗣师郁,在回答门人问禅时,举"唯有门前镜湖水,清风不改旧时波"两句作答,可见此诗流传甚广,且诗意蕴藉而含禅趣,故为僧人所引用。北宋文学家苏轼撰《东坡志林》卷二也曾叙述一故事云:虔州布衣赖仙芝言,连州有黄损仆射者,五代时人。仆射盖仕南汉官也,未老退归。一日,忽遁去,莫知其存亡,子孙画像事之。凡三十二年,复归坐阼阶上,呼家人,其子适不在,孙出见之,索笔书壁云:"一别人间岁月多,归来人事已消磨。惟有门前鉴池水,春风不改旧时波。"投笔竟去,不可留。子归问其状貌,孙云:"甚似影堂老人也。"连人相传如此,其后颇有禄仕者。这应该是苏轼贬至南方期间听到的一个传说,虽然与贺知章诗有几处文字出入,但显然是同一首诗。贺诗从五代到宋初传闻如此,且引起苏轼之兴趣,足见其流传之广,影响之大。

起句"离别家乡岁月多"呼应"其一"诗意"少小离家老大回",感叹离家日久,"近来人事半消磨"一句既紧承起句,又关照"乡音无改鬓毛衰""儿童相见不相识"。诗人从离乡别久和自身的衰老,联想到世事的变迁,几十年的宦游生涯,抵挡不住家乡人事的"消磨"变迁。这两句在本诗中只是作铺垫,诗眼在下一联:"惟有门前镜湖水,春风不改旧时波。"这里的"春风"表示时序的更替和时光的流逝,年年春风,四季循环,而湖波依旧。"波"的运动,加上时间的流逝("旧时"),却无法改变"门前镜湖水"的永恒。从镜湖依旧春风涟漪,反衬年光过隙,在诗人流动的时间意识里,萌生永恒不朽的意念,由此而感慨人世沧桑,正如张若虚诗句"人生代代无穷已,江月年年只相似"(《春江花月夜》),诗意更为蕴藉深沉。

五、风俗与文化——贺知章与李白的交游

贺知章为人和善,性格豪放旷达,而且极善谈笑,很得朋友们的爱戴,他的身边经常聚集着一些追慕者。陆象先曾对人说:"贺兄言论倜傥,真可谓风流之士。吾与子弟离阔,都不思之,一日不见贺兄,则鄙吝生矣!"(《旧唐书·贺知章传》)。而他和大诗人李白的"忘年交",可谓一段文坛佳话。

天宝元年(742),三十来岁的李白初到大唐帝都长安之时,就与贺知章相遇。贺知章一见到李白就"奇其姿",两人一见如故。李白先是呈上《乌栖曲》:"姑苏台上乌栖时,吴王宫里醉西施。吴歌楚舞欢未毕,青山欲衔半边日。银箭金壶漏水多,起看秋月坠江波。东方渐高奈乐何!"贺知章一边读一边"叹赏苦吟",并说"此诗可以泣鬼神矣"。随后,李白呈上《蜀道难》。据唐人孟棨《本事诗·高逸》中载:李太白初自蜀至京师,舍于逆旅,贺监知章闻其名,首访之。既奇其姿,复请所为文。出《蜀道难》以示之。读未竟,称叹者数四,号为"谪仙",解金龟换酒,与倾尽醉。期不间日,由是称誉光赫。五代王定保《唐摭言》卷七亦载:李太白始自西蜀至京,名未甚振,因以所业贽谒贺知章。知章览《蜀道难》一篇,扬眉谓之曰:"公非人世之人,可不是太白星精耶?"于是贺知章将李白的人品才华"言与玄宗,召见金銮殿"。在贺知章的推荐和宣传下,李白"名动京师"。对贺知章的赏识与尊重,李白一直难以忘怀。天宝三年,贺知章因病告老还乡,当时任翰林供奉的李白写下《送贺宾客归越》赠送贺知章,表达自己对贺知章的良好祝愿。天宝六年,李白到贺知章的老家探访,却惊闻贺知章已于告老回乡的当年在家中病逝,于是怀着悲痛的心情,赋诗《对酒忆贺监二首(并序)》,以表达自己悲痛之情:

其 一

四明有狂客,风流贺季真。长安一相见,呼我谪仙人。
昔好杯中物,翻为松下尘。金龟换酒处,却忆泪沾巾。

其 二

狂客归四明,山阴道士迎。敕赐镜湖水,为君台沼荣。
人亡余故宅,空有荷花生。念此杳如梦,凄然伤我情。

在这两首诗之前,李白还在"并序"中写道:"太子宾客贺公,于长安紫极宫一见余,呼余为谪仙人,因解金龟换酒为乐。殁后对酒,怅然有怀,而作是诗。"诗中忆贺知章往事,其豪爽风貌,恍若眼前,叙其思念之情,黯然伤神,可见两人相交的情感之深。

闻王昌龄左迁龙标遥有此寄

(唐)李 白

杨花落尽子规啼,闻道龙标过五溪。
我寄愁心与明月,随君直到夜郎西。

一、作者与背景

这首诗约作于唐玄宗天宝八年(749),据詹锳《李白诗文系年》载,"本诗起句云:'杨花落尽(缪本作扬州花落)子规啼',疑是天宝八载春夏间于扬州作"。詹锳认为常建诗《鄂渚招王昌龄张偾》"天海无精光,茫茫悲远君。楚山隔湘水,湖畔落日曛。春雁又北飞,音书固难闻。谪居未为欢,谆枉何由分"亦指王昌龄贬龙标尉事,据此推论李白的这首诗约作于唐玄宗天宝十二年(753)前。朱光潜《谈李白诗三首》则认为这首诗写作时间很晚,当作于李白"从流放获赦去金陵之后",高步瀛《唐宋诗举要》也认为:"是时太白流夜郎,故云。"

天宝元年(742),李白奉召入京供奉翰林时,曾与王昌龄有密切交往。后因得罪权贵,三载赐金还山。此后漫游梁宋、齐鲁,南游吴越,北上幽燕。听到这个消息,便题诗抒怀,遥寄给远方的友人。左迁:贬谪,降职。王昌龄,字少伯,何年贬龙标,史无明文。据《新唐书·文艺传》所载,"第进士,补秘书郎,又中宏辞,迁汜水尉。不护细行,贬龙标(今湖南黔阳)尉"。

二、文字与音韵

课文选自《李白集校注》卷十三(上海古籍出版社1980年版),近人瞿蜕圆、朱金城以清乾隆刊本王琦辑注《李太白文集》为底本,并校以北京图书馆藏北宋本《李太白文集》等重要刊本。《全唐诗》"随君"作"随风"。

这是一首七言绝句。绝句源于汉及魏晋南北朝歌谣,绝句之名则大约起于南朝,"五言绝始汉人小诗,而盛于齐梁;七言绝起自齐梁间,至唐初四杰后始成调"(明胡震亨《唐音癸签》卷一)。绝句发展到唐代而极盛,体式多样,内容丰富,形神兼备,格律齐整,为历代之冠。七绝属近体诗,有较严格的格律要求。一般而言,第一、二、四句平声同韵,第三句仄声不同韵,第二、四句倒数第三字通常为仄声。现存最早的一部诗韵是《广韵》,共有206

韵，宋末平水人刘渊著《壬子新刊礼部韵略》依据唐人用韵情况，合并206韵为107韵，就是后来广为流传的平水韵。本诗押的是上平八齐韵部，韵字"啼""溪""西"皆为平声同韵，这些韵腹开口度较小的韵字将诗人对友人的关切担忧之情娓娓道来，"音节清哀"（《唐诗直解》），声情并茂。

三、意蕴与风格

这首诗即景见时，以景生情。清黄生撰《唐诗摘钞》中评价曰："趣。一写景，二叙事，三、四发意，此七绝之正格也。若单说愁，便直率少致，衬入景语，无其理而有其趣。"

诗篇以比兴手法发端，落笔不凡。于景物独取漂泊无定的杨花、发出"不如归去"啼鸣声的杜鹃，令人顿生飘零之感、离别之恨。"闻道"句不仅交代经过的地方，更突出迁谪之荒远、道路之艰难。詹锳主编的《李白全集校注汇释集评》据《通典》卷一八三："五溪，谓酉、辰、巫、武、陵等五溪也。"指今湖南怀化、黔阳一带。这是战国时大诗人屈原流放之地。本应先写"闻道"句直承诗题，再写"杨花"句，诗人采用倒卷技巧，固然是出于调协平仄的考虑，更是强化首句，创造诗境，先声夺人。无怪乎明人胡应麟《诗薮·内编》卷六曰：太白七言绝，如"杨花落尽子规啼""朝辞白帝彩云间"等作，"读之真有挥斥八极、凌属九霄意。贺监谓为谪仙，良不虚也"。

后两句笔锋一转，采用丰富而奇妙的艺术想象，真切表达诗人主观感受。这种意蕴已现于此前一些名作中，如曹植《杂诗》："愿为南流景，驰光见我君。"谢庄《月赋》："美人迈兮音尘缺，隔千里兮共明月。"张若虚《春江花月夜》："此时相望不相闻，愿逐月华流照君。"李白比之更进一层，明凌宏宪所编《唐诗广选》："梅禹金曰：曹植'愿作东北风，吹我入君怀'，齐澣'将心寄明月，流影入君怀'，此诗兼裁其意，撰成奇语。"清黄叔灿《唐诗笺注》评价说："'愁心'二句，何等缠绵悱恻！而'我寄愁心'，犹觉比'隔千里兮明月'意更深挚。""愁心"二字是诗眼，笼罩全诗。

李白崇尚道家的自然观，认为"万物兴歇皆自然"，反映在创作上，主张自然率真，"清水出芙蓉，天然去雕饰"，其诗语言朴实通达，有的简直如同脱口而出的口语，明白如话，这一点在这首诗上也得以体现。

四、比较与探究——"随君直到夜郎西"还是"随风直到夜郎西"？

历来这两种版本都有。清代王琦注《李太白全集》（中华书局2011年版）中是"随风（一作君）"，《全唐诗》（中华书局点校本1991年版）中是"随风",《唐诗鉴赏辞典》亦如是。朱东润主编的《中国历代文学作品选》(上海古籍出版社1980年版)中是"随君",唐宋诗词专家蔡义江精选、注释并解说的《绝句三百首》中用的也是"随君",认为"若是愁心随风而去,那又何必寄与明月呢"。

那么"君"指谁呢?一种意见为"君"指代明月。古诗中多有以明月和人互动入诗的例子,月亮在李白诗作的意象群里也占有重要地位,相关篇目比比皆是,如《峨眉山月歌》中的"思君不见下渝州"即把明月人格化。再如,"山月随人归""人攀明月不可得,月行却与人相随""举杯邀明月"等。另一种说法是"君"指王昌龄。"我寄愁心与明月"意谓把忧伤的心情寄托给明月,"随君直到夜郎西"则指(承载我忧伤心情)的明月陪伴你(王昌龄)一直到夜郎西部,如影随形的明月如同诗人的化身,亦步亦趋,聊以慰藉被贬失意的友人,更能表达对友人的关切之情,传达出与友人心意相通、风雨同舟的殷殷之意,符合诗人"遥寄情词,心魂渺渺"的心境,如同清代李瑛《诗法易简录》所言:"三四句言此心之相关,直是神驰到彼耳,妙在借明月以写之。"

在李白诗集中,题材为怀人赠别的七绝多达数十首。明代桂天祥《批点唐诗正声》中云:"太白绝句,篇篇只与人别,如《寄王昌龄》《送孟浩然》等作,体格无一分相似,音节风格,万世一人。"沈德潜《唐诗别裁集》评价"桃花潭水深千尺,不及汪伦送我情"说:"若说汪伦之情比于潭水千尺,便是凡语,妙境只在一转换间。""孤帆远影碧空尽,唯见长江天际流"寓情于景,滔滔江水溢满诗人依依惜别之情。"夜发清溪向三峡,思君不见下渝州"情景交融,神韵清绝。无论哪种手法,都能真切传达诗人一片赤诚之心,令人回味无穷。而本诗在同类诗篇中独具一格。

五、风俗与文化

(一)题目中的"左迁"即"降官"

夏商周时,朝官尊左,燕饮、凶事、兵事尊右;战国时朝官尊左,军中尊右;秦尊左。《逸周书·武顺》:"天道尚左,日月西移。"(尚左的传统起源于对天体运行的观察)《左传·桓公八年》:"楚人上左,君必左。"汉代贵右贱左,故将贬官称为左迁。《史记·陈丞相世家》:"乃以绛侯勃为右丞相,位次第一。平徙为左丞相,位次第二。"《汉书·周昌传》"左迁",颜师古注:"是时尊右而卑左,故谓贬秩位为左迁。"唐代是以左为尊的,但人们常把贬官说成"左迁",是因为汉代的习惯用语沿袭至唐。王昌龄被贬为龙标尉,故云"左迁"。

再如韩愈《左迁至蓝关示侄孙湘》中有"一封朝奏九重天,夕贬潮州路八千"的句子;白居易长篇叙事诗《琵琶行》小序云"元和十年,予左迁九江郡司马……感斯人言,是夕始觉有迁谪意"。

(二)关于诗歌中的"杨花"与"子规"意象

"杨花"《辞源》解释为"柳絮",因其飘忽不定的特质被敏感的诗人们捕捉,成为一个有着丰富内涵的诗歌意象。常用来表达以下几种含义:一是惜春伤感。杨花的漫天飞扬,预示着百花将凋、春天将逝,杨花这一意象,也就自然而然地成为惜春伤感的象征。如"杨花榆荚无才思,惟解漫天作雪飞"(韩愈《晚春》);"群芳过后西湖好,狼藉残红,飞絮濛濛,垂柳阑干尽日风"(欧阳修《采桑子》)。二是离恨哀思。古人有折柳送别的习俗,杨花既是柳絮,自然也就成为离愁别绪的代名词。如"杨柳青青著地垂,杨花漫漫搅天飞。柳条折尽花飞尽,借问行人归不归"(隋无名氏《送别》);"细看来,不是杨花,点点是离人泪"(苏轼《水龙吟·次韵章质夫杨花词》)。《闻王昌龄左迁龙标遥有此寄》中首句即取漂泊不定的杨花暗示王昌龄被贬荒僻之地给人带来的飘零流落的离别之恨。三是轻薄无行。杨花不同于一般花瓣片状,而呈絮状,使得其很容易随风飘零,行踪难觅。这一特质常常让诗人们用来表示一种贬义。如"乱条犹未变初黄,倚作东风势便狂。解把飞花蒙日月,不知天地有清霜"(曾巩《咏柳》)。

"子规"是杜鹃鸟的别名,又名蜀魄、蜀魂、催归、杜宇等。传说蜀帝杜宇禅位退隐,不幸国亡身死,死后魂化为鸟,暮春啼苦,至于口中流血,其声哀怨凄悲,动人肺腑,名为杜鹃。《十三州志》谓:杜宇"遂自亡去,化为子规"。常夜鸣,声音凄切,故借以抒悲苦哀怨之情。文天祥《金陵驿二首》:"从今却别江南路,化作啼鹃带血归。"王昌龄被贬龙标,李白为朋友际遇感到悲伤,诗中以"杨花落尽、子规啼鸣"来表达哀婉心情。"规"与"归"谐音,其啼叫又好像是说"不如归去,不如归去",容易触动人们的乡愁乡思,表达思归之情。如"听杜宇声声,劝人不如归去"(柳永《安公子》);"杜宇思归声苦,和春催去"(周邦彦《一落索》)。

《世说新语》二则
咏 雪

谢太傅寒雪日内集,与儿女讲论文义。俄而雪骤,公欣然曰:"白雪纷纷何所似?"兄子胡儿曰:"'撒盐空中'差可拟。"兄女曰:"未若'柳絮因风

起'。"公大笑乐。即公大兄无奕女，左将军王凝之妻也。

陈太丘与友期行

陈太丘与友期行，期日中。过中不至，太丘舍去。去后乃至。元方时年七岁，门外戏。客问元方："尊君在不？"答曰："待君久不至，已去。"友人便怒曰："非人哉！与人期行，相委而去。"元方曰："君与家君期日中，日中不至，则是无信；对子骂父，则是无礼。"友人惭，下车引之。元方入门不顾。

一、作者与背景

《世说新语》是我国魏晋南北朝时期"志人小说"的代表作。编撰者刘义庆（403—444）是刘宋王朝宗室，袭封临川王。《宋书·刘道规传》说他"性简素"，"爱好文艺，文辞虽不多，足为宗室之表"，"招聚文学之士，近远必至"。此书采集前代逸闻轶事，错综比类，分为德行、言语、政事、文学等三十六门类，主要记述东汉末年到两晋时期士人的遗闻轶事和生动言谈，反映当时社会风貌，尤其是士族阶层的生活状况、文化习尚以至精神世界。所以鲁迅说它"乃纂辑旧文，非由自造"，文辞之美，简朴隽永尤为人所称道；"记言则玄远冷峻，记行则高简瑰奇"（《中国小说史略》，中华书局2014年版）。梁时刘孝标为之作注，引用古书四百余种，使得记述更为详备。

《世说新语》始见录于《隋书·经籍志》，称为《世说》；五代所修《旧唐书·经籍志》和北宋所修《新唐书·艺文志》也沿袭这一书名。唐代则比较通行《世说新书》这一书名，余嘉锡在《四库提要辨证》（中华书局2007年版）中认为这与刘向《世说》有关："刘向校书之时，凡古书经向别加编次者，皆名新书，以别于旧本。……刘向《世说》虽亡，疑其体例亦如《新序》《说苑》，上述春秋，下纪秦汉。义庆即用其体，托始汉初，以与向书相续，故即用向之例，名曰《世说新书》，以别于向之《世说》。"

二、文字与音韵

课文选自《世说新语笺疏》（中华书局1983年版）。所选两则分别出自《言语》篇和《方正》篇，题目为编者所加。

（一）《咏雪》

《晋书·列女传》关于谢道韫的记载，取自本文，而略有改动："王凝之妻谢氏，字道韫，安西将军奕之女也。……俄而雪骤下，安曰：'何所拟也？'安兄子朗曰：'撒盐空中'差可拟。道韫曰：'未若'柳絮因风起'。安大悦。"其中，"俄而雪骤"后增一动词"下"字；删去了形容谢安表情的"欣然"一词；问话中删去了"白雪纷纷"，仅保留"何所拟也"；谢安的反应"大笑乐"被改成"大悦"。两相比较会发现，表达的内容几无二致，但课文比《晋书·列女传》的记载更为具体。

（二）《陈太丘与友期行》

此文文字极简，因为多处采用了承前省略的表达方式。如把省略的文字补上，可体会文言文简省的好处：

陈太丘与友期行，期日中。过中（**友人**）不至，太丘舍去。（**太丘**）去后（**友人**）乃至。元方时年七岁，门外戏。客问元方："尊君在不？"（**元方**）答曰："（**家父**）待君久不至，已去。"友人便怒曰："（**太丘**）非人哉！（**太丘**）与人期行，相委而去。"元方曰："君与家君期日中，（**君**）日中不至，则是无信；（**君**）对子骂父，则是无礼。"友人惭，下车引之。元方入门不顾（**友人**）。

省略的多为主语和宾语。

三、意蕴与风格

（一）《咏雪》

魏晋时期，士大夫间很重视人物的品评、赏鉴，《世说新语》反映时人好用简要的语句准确概括描绘人物品性、才能、风范，且常用比喻、夸张等手法。《咏雪》寥寥数笔就将三个人物的特点惟妙惟肖地刻画出来。《世说新语·德行》有这样一则：谢公夫人教儿，问太傅："那得初不见君教儿？"答曰："我常自教儿。"这一方面表现谢安对儿辈注重身教，同时也说明他的教育是不露痕迹的，比如本文写到的在各种家族聚会场合谈论文章，评说人物，以各种方式引导儿辈朝着自己希望的方向发展，本文开头"谢太傅寒雪日内集，与儿女讲论文义"即体现了这一点。谢安的提问是对各人想象力的考验，而对白雪的不同比喻又显示出谢道韫和谢朗（小字胡儿）的不同个性。谢道韫的比喻模拟贴切，可谓"随物宛转"；谢朗的比喻则写出了男孩的独特个性，可谓"与心徘徊"。《续晋阳秋》称谢朗"文义艳发，名亚于玄"，耳濡目染，谢朗的文思也是不错的。两处神态描写"欣然""大笑乐"具体而微地体现了谢安的豪爽和家族长者风范。

（二）《陈太丘与友期行》

《世说新语》的语言准确、简练，有较强的表现力。胡应麟《少室山房笔

丛》称"读其语言,晋人面目气韵,恍然生动,而简约玄澹,真致不穷"。《陈太丘与友期行》中无论是叙述性语言,还是来客与元方的对话描写,都很生动逼真。客人由"怒"转"惭",进而主动"下车引之",含有歉意地和解,遣词用语恰如其分。小小年纪的元方,面对来客的责问毫不畏怯,据理反驳,以"无礼""无信"使客人无言以对;"入门不顾"令人如见其气愤的神态,活画出一个聪明活泼、口齿伶俐的稚童形象。

四、比较与探究

(一)《咏雪》

一是对谢朗和谢道韫关于白雪的比拟,有不同的评价。

多数意见认为"撒盐"的比拟俗,而"柳絮"的比拟雅。如宋代刘辰翁说:"有女子风致,愈觉撒盐之俗。"但宋代陈善的《扪虱新话》中认为:"'撒盐空中',此米雪也。'柳絮因风起',此鹅毛雪也。然当时但以道韫之语为工。予谓《诗》云:'相彼雨雪,先集维霰。'霰即今所谓米雪耳。乃知谢氏二句,当各有谓,固未可优劣论也。"

龚斌《世说新语校释》(上海古籍出版社2019年版)反驳说:"按,以撒盐拟霰粒亦未见佳,何况此时已是'白雪纷纷'矣。且胡儿以撒盐喻骤雪,仅状雪之色,而未得雪之形与质,语俚俗而殊少趣味。道韫以柳絮喻雪,状出雪之洁白、轻盈、飘洒,形、色、质俱备,生动、贴切、雅致,难怪谢太傅'大笑乐'。"

其实,刘辰翁所说"有女子风致"很有道理。他指出了柳絮意象的一大特点,就是轻柔,用来比喻白雪,就具有了显著的女性化特征。后来古典文学中常将柳絮与女性命运联系起来,著名的如苏轼《次韵章质夫杨花词》"似花还似非花"一首,就直接以杨花(柳絮)比喻身世飘零的女子。

二是关于谢道韫的性格行事,《世说新语·贤媛第十九》有三处记载,可以联系这些材料,加深对谢道韫才情的理解:

王凝之谢夫人既往王氏,大薄凝之。既还谢家,意大不说。太傅慰释之曰:"王郎,逸少之子,人身亦不恶,汝何以恨迺尔?"答曰:"一门叔父,则有阿大、中郎;群从兄弟,则有封、胡、遏、末。不意天壤之中,乃有王郎!"

王江州夫人语谢遏曰:"汝何以都不复进?为是尘务经心,天分有限?"(谢遏是谢道韫之弟)

谢遏绝重其姊,张玄常称其妹,欲以敌之。有济尼者,并游张、谢二家,人问其优劣。答曰:"王夫人神情散朗,故有林下风气;顾家妇清心玉映,自是闺房之秀。"

上述三则故事表明谢道韫虽为巾帼,却颇具名士风度。她自视甚高,因而鄙薄自己的丈夫王凝之,指责弟弟谢玄。济尼对她和张玄妹的比较,实际表明她们相去甚远:一为"闺房之秀"——传统女性的德行范围,一为"林下风气"——可与竹林名士一较高下。《晋书·列女传》也记载了谢道韫为小叔王献之解围,可见其具有玄学清谈的素养。

课文中这一咏雪名句,更是为人所传诵,后世因称女子的文学才能为"咏絮才"。曹雪芹《红楼梦》第五回"金陵十二钗正册判词"云:"可叹停机德,堪怜咏絮才。玉带林中挂,金簪雪里埋。"其中即用"咏絮才"来作为林黛玉的判词。

(二)《陈太丘与友期行》

陈纪从小就奉行仁义礼智信等儒家伦理道德准则。他指责父亲的友人"无信"和"无礼",都有出处。关于无信,《论语》中的教诲有:"与朋友交,言而不信乎?"(《学而》)"人而无信,不知其可也。"(《为政》)"民无信不立。"(《颜渊》)关于礼,最著名的教诲是"非礼勿视,非礼勿听,非礼勿言,非礼勿动"和"君子敬而无失,与人恭而有礼"(《颜渊》)。

从《世说新语·政事第三》的一则记载,可以看出他从小对儒家仁德统治思想的推崇:

陈元方年十一时,候袁公(绍)。袁公问曰:"贤家君在太丘,远近称之,何所履行?"元方曰:"老父在太丘,强者绥之以德,弱者抚之以仁,恣其所安,久而益敬。"袁公曰:"孤往者尝为邺令,正行此事。不知卿家君法孤,孤法卿父?"元方曰:"周公、孔子异世而出,周旋动静,万里如一。周公不师孔子,孔子亦不师周公。"

五、风俗与文化

(一)《咏雪》

士族在魏晋南北朝时享有多种特权,一些公认的世家大族由于根基深厚,声望地位具有相对的稳定性,在婚姻上也实行内部通婚制度,以维护既有的等级秩序和世袭权益。清人赵翼在《陔余丛考》中指出:"魏氏立九品,置中正,尊世胄,卑寒士,选举之权遂归右姓,下品无高门,上品无寒士。当其入仕之初,高下已分,迨及论婚之际,门户遂隔。"《咏雪》中称谢道韫"即公大兄无

初中语文读写图式建构

奕女,左将军王凝之妻也",即反映了琅琊王氏与陈郡谢氏的通婚。"七叶之中,名德重光,爵位相继,人人有集"就是梁代王筠在《与诸儿书》中对其家族琅琊王氏的夸耀。陈郡谢氏在东渡之初尚不在一流士族之列,至谢鲲之子谢尚担任豫州刺史,建立谢氏家族地盘,政治与社会地位显著提高,最终由于谢安的努力,谢氏成为东晋的执政家族。

士族家庭对子弟的教育看得很重,尤其一族之长,更担负着在整个家族范围内培育人才、关照提携优秀子弟的责任。《晋书·谢安传》称谢安"于土山营墅,楼馆竹林甚盛,每携中外子侄往来游集"。《世说新语》中更是多处记述了他对子侄辈的家庭教育故事,除上文外,试再举一例:

谢公因子弟集聚,问:"《毛诗》何句最佳?"遏称曰:"昔我往矣,杨柳依依;今我来思,雨雪霏霏。"公曰:"訏谟定命,远猷辰告。"谓此句偏有雅人深致。(《文学》第五十二)

"遏"是谢安之侄谢玄的小字,他对《小雅·采薇》的看法受到普遍赞同。谢安举出的诗句则出自《大雅·抑》,单从文学角度看也许不及谢玄的例句,但谢安此举也许正是为了要培养谢玄政治家的气魄,抑制其文学化的情怀。

(二)《陈太丘与友期行》

骆玉明认为《世说新语》三十六门类存在一种"价值递减"的趋势,即排列在前的门类褒义较明显,排列靠后的常有贬义。如开头的德行、言语、政事、文学四门,即所谓"孔门四科"(《论语·先进》记几位重要弟子各有所长,将诸人分隶于四科之下,后遂有"孔门四科"之说),表明对儒学传统的尊重(《世说新语精读》)。作为特殊的社会群体,士大夫阶层意识到必须坚持自己的政治理想,维护社会秩序和文化价值,因而"有澄清天下之志","欲以天下名教为己任",以理念来规范事实,"使真正的关系、义务和制度尽可能符合它们的理想中的含义"(胡适《先秦名学史》安徽教育出版社2006年版)。正是通过确立各种身份名称、道德观念,要求处于不同等级地位的每个人按照自己的身份名称去实行其对社会、对他人应尽的责任与义务,从而保证社会有序运转。课文中陈纪在指斥父亲友人时的义正词严,一定程度上反映了这一社会背景,因而面对这个"时年七岁"的孩子的指责,友人哑口无言。

当然这并不意味着《世说新语》是以儒学为核心的。全书不以政治和道德为中心,对人物的褒贬也不持严苛的标准,它注意到人性的丰富多彩,诸如品格、性情、趣味、素养等都得到关注,显示出对人物的多视角观察,显得面目

68

新鲜，趣味盎然。它的简约玄澹、富于韵致、既精炼又口语化的特点，对后世产生了深远影响。

狼
（清）蒲松龄

一屠晚归，担中肉尽，止有剩骨。途中两狼，缀行甚远。

屠惧，投以骨。一狼得骨止，一狼仍从。复投之，后狼止而前狼又至。骨已尽矣，而两狼之并驱如故。

屠大窘，恐前后受其敌。顾野有麦场，场主积薪其中，苫蔽成丘。屠乃奔倚其下，弛担持刀。狼不敢前，眈眈相向。

少时，一狼径去，其一犬坐于前。久之，目似瞑，意暇甚。屠暴起，以刀劈狼首，又数刀毙之。方欲行，转视积薪后，一狼洞其中，意将隧入以攻其后也。身已半入，止露尻尾。屠自后断其股，亦毙之。乃悟前狼假寐，盖以诱敌。

狼亦黠矣，而顷刻两毙，禽兽之变诈几何哉？止增笑耳。

一、作者与背景

蒲松龄（1640—1715），字留仙，一字剑臣，别号柳泉居士，世称聊斋先生，山东淄川（今淄博）人。清康熙二十七年（1688），蒲松龄在新修《蒲氏族谱》序言中说："按明初移民之说，不载于史，而乡中则迁自枣、冀者，盖十室而八九焉。独吾族为般阳土著。祖墓在邑西招村之北。"早岁即有文名，其长子蒲箬所撰《柳泉公行述》中说："先父天性慧，经史皆过目能了。"19岁初应童子试，便以县、府、道三试第一进学，成为秀才。后屡应省试，皆落第，年71岁始成贡生。能诗文，善作俚曲。

《聊斋志异》被誉为我国文言短篇小说之王，代表了我国文言小说的高峰。康熙十八年（1679），《聊斋志异》初次结集，蒲松龄在作为序言的《聊斋自志》中说："松落落秋萤之火，魑魅争光；逐逐野马之尘，罔两见笑。才非干宝，雅爱搜神；情类黄州，喜人谈鬼。闻则命笔，遂以成编。久之，四方同人，又以邮筒相寄，因而物以好聚，所积益伙。"由此可见其天性好奇。这种爱好始于何时难考，"余少时，最爱《游侠传》，午夜挑灯，恒以一斗酒佐读"（蒲松龄《题吴木欣〈班马论〉》）。他用毕生精力完成的《聊斋志异》（共8卷、

491篇，约40万字），内容丰富多彩，故事多采自民间传说和野史轶闻，将花妖狐魅和幽冥世界的事物人格化、社会化，充分表达了作者的爱憎感情和美好理想。鲁迅先生在《中国小说史略》中说此书是"专集之最有名者"。

二、文字与音韵

课文选自《聊斋志异》卷六《狼三则》（上海古籍出版社1986年版），这是第二则。本文体现了蒲松龄善于驾驭和创造文言语言进行状物写人的高超本领，全文白描手法运用炉火纯青。

第一段"一屠晚归，担中肉尽，止有剩骨。途中两狼，缀行甚远"五个四字句工整利落，清楚简洁地交代了小说的时间、地点、人物、对象、起因，有关屠户和狼的形象完全略去，"晚""尽""止""缀""甚"等修饰语为下文情节的展开做了准备。

第二段"屠惧，投以骨。一狼得骨止，一狼仍从。复投之，后狼止而前狼又至。骨已尽矣，而两狼之并驱如故"是情节的推进。"惧"点明屠户初始的心理状态，"投以骨"呼应上文"止有剩骨"，"复"字交代屠户与狼周旋过程的回环往复，句末语气词"矣"凸显了屠户陷入空无一物的窘迫境地，转折连词"而"则强调了"两狼"之贪婪，"并驱"之惊险。两狼由"缀行"到"并驱"，从距离和行为上对屠户心理造成逼压，迫使屠户放手一搏。

第三段"屠大窘，恐前后受其敌。顾野有麦场，场主积薪其中，苫蔽成丘。屠乃奔倚其下，弛担持刀。狼不敢前，眈眈相向"是进一步发展。"大窘"和"恐"突出屠户的心理变化，"顾""奔倚""弛""持"等动作一气呵成，交代屠户做好应战准备，与之相应的是狼也在伺机而动，可见其狡猾。

第四段"少时，一狼径去，其一犬坐于前。久之，目似瞑，意暇甚。屠暴起，以刀劈狼首，又数刀毙之。方欲行，转视积薪后，一狼洞其中，意将隧入以攻其后也。身已半入，止露尻尾。屠自后断其股，亦毙之。乃悟前狼假寐，盖以诱敌"分别摹绘两狼之狡诈——其一"犬坐"假寐，时间之久远为同伙创造条件，神态之悠闲足以诱敌；一狼"隧入以攻其后"，前呼后应。

全文几乎都是叙述，最后一段"狼亦黠矣，而顷刻两毙，禽兽之变诈几何哉？止增笑耳"则是作者的感叹议论，表达对两狼狡猾诡诈的嘲讽，从小说角度来说是可以省略的，现代小说更倾向于为读者多元理解留下空间。蒲松龄是一位学识渊博、旧学功底极深的古文家，其字法句法及体式多得《史记》《汉书》等传统之妙，几乎每个故事后都要发表议论，有时用"异史氏"的名义。

全文以散文笔法写就，但多以四言出之，间杂三五言和少量长句，如"后狼止而前狼又至""意将隧入以攻其后也""禽兽之变诈几何哉"等句，句式整齐而又不失变化，语气疾徐有致，声调抑扬和谐，读来朗朗上口。语言简约凝练而又生动形象。

三、意蕴与风格

故事一波三折是《聊斋志异》鲜明的特点，无论长篇还是短篇，蒲松龄都写得摇曳生姿，引人入胜。冯镇峦评论《聊斋志异》说："叙事变化，无法不备。其刻画尽致，无妙不臻。"但明伦评论说："事则反复离奇，文则纵横诡变。"《聊斋志异》深受史传文学影响，得到志怪小说和传奇文学优渥滋养，加之明清之际白话小说与戏剧高度发达，叙述技巧有了丰富积累，体现出故事结构的多变曲折。如《促织》一文，开端由成名的命运低谷入手，接着写到他在驼背巫的指导下得到心仪的促织，抵达人生高峰，后由于儿子调皮弄死促织，情节反转，接着孩子死了变成促织，与别的促织试斗得胜，又为鸡逐逼，最终竟然斗鸡得胜，可谓一波三折。课文《狼》虽是短篇小说，同样写得摇曳多姿。二百余字的短文，不仅情节曲折完整，而且形象鲜明生动。围绕屠户遇狼—避狼—毙狼展开故事的叙述，展现了屠户由畏惧、窘迫到奋起杀狼的心理变化过程，表现了狼的贪婪狡诈。

蒲松龄的家乡淄川古属齐地，是北方神仙方术和浪漫文化的渊薮，这为他的创作提供了文化背景。他长期生活在农村，熟悉农村生活，因而善于运用民俗组织编织情节。本文中屠户的行为经历、故事的环境背景，另两则中"钩肉挂树"诱狼、"吹豕之法"杀狼等都体现了农村生活特色。英国学者翟理斯（H. Giles）在其翻译的《聊斋志异选》中就说："《聊斋志异》增加了人们了解中国民间传说的知识，同时它对于了解辽阔的中华帝国的社会生活、风俗习惯是一种指南。"

四、比较与探究

《聊斋志异》中以狼为主角的故事还有《梦狼》《于江》《黎氏》《车夫》等篇，在动物故事中仅次于狐狸，这一方面可能因为当时在丘陵地带的淄川县狼的数量之多，对人的生活影响之大，另一方面也与作者的写作意图相关。其《聊斋自志》云："集腋成裘，妄续幽冥之录；浮白载笔，仅成孤愤之书。"可见抒发情怀、寄托忧愤、观照世情是其主导的创作意识。20世纪初，易宗夔在其所撰的《新世说》中说："蒲留仙精研训典，究心古学，目击清初乱离时

事，思欲假借狐鬼，纂成一书，以抒孤愤而稔识者。"如《梦狼》一文，在对无止境地榨取民脂民膏的官吏进行变形夸张描写基础上，提出了著名论断"官虎吏狼比比也"——遍布社会的官员像吃人猛虎，小吏像食人恶狼。这不由让人想起孔子"苛政猛于虎"和柳宗元"赋敛毒于蛇"的名言，苛政的执行者如狼似虎，其中深意不言而喻。不妨看看另外两则故事：

其 一

有屠人货肉归，日已暮。歘一狼来，瞰担中肉，似甚涎垂，步亦步，随屠尾行数里。屠惧，示之以刃，则稍却；既走，又从之。屠无计，默念狼所欲者肉，不如悬诸树而蚤取之。遂钩肉，翘足挂树间，示以空空。狼乃止。屠即径归。昧爽往取肉，遥望树上悬巨物，似人缢死状。大骇。逡巡近视，则死狼也。仰首细审，见口中含肉，肉钩刺狼腭，如鱼吞饵。时狼皮价昂，直十余金，屠小裕焉。缘木求鱼，狼则罹之，亦可笑也。

其 三

一屠暮行，为狼所逼。道旁有夜耕者所遗行室，奔入伏焉。狼自苫中探爪入。屠急捉之，令不可去。顾无计可以死之，惟有小刀不盈寸，遂割破狼爪下皮，以吹豕之法吹之。极力吹移时，觉狼不甚动，方缚以带。出视，则狼胀如牛，股直不能屈，口张不得合。遂负之以归。非屠，乌能作此谋也！

三事皆出于屠；则屠人之残，杀狼亦可用也。

三则故事既独立成篇，又相互关联。

第一则写狼的贪吃导致被活活吊死在树上，结尾的议论"缘木求鱼，狼则罹之，是可笑也"采用肯定的陈述句式，点明作者对狼缘木求鱼的嘲讽。"缘木求鱼"出自《孟子·梁惠王上》："以若所为，求若所欲，犹缘木而求鱼也"，寓意"方向或办法不正确，无法达到目的"。比较一、二两则故事会发现它们的相似之处：语言简约而精炼，故事曲折而生动，屠户和狼的形象在文中都有所变化和发展，结尾都以议论直接表明作者的观点。但也有细微的差别：第一则故事中屠户面对狼时比较被动，最后的结果也多少带有偶然和意外的因素；第二则故事中屠户的反击虽出于无奈，但更多的是主动出击，因此结尾的议论态度更明确，"狼亦黠矣，而顷刻两毙，禽兽之变诈几何哉？止增笑耳"

一句中,"黠""禽兽""变诈"等实词爱憎分明,"亦""矣""而""哉""耳"等虚词加强了语气,疑问句式和感叹句式把对狼的嘲讽推向了高潮。

相对于前两则故事,第三则故事的情节似乎缺少了波澜起伏。写屠户割破狼爪,以吹豕之法杀狼,结尾以一反问句发出感慨"非屠,乌能作此谋也",感叹号强化了情感。应该说"吹豕之法"确实是屠户所独有的技能和计谋,因而作者议论感叹的对象由前两则的"狼"变为"屠"可以理解。令人费解是最后对上述三则故事的总结句"三事皆出于屠,则屠人之残,杀狼亦可用也",似乎是强调了"屠人之残",这就和前两则不协调了。固然"残"一词一般用作贬义,但这里的"残"更多是由屠户的职业特点决定的,因而在面对步步紧逼的狼时,不得已采用这种手法,故云"杀狼亦可用也"。注意这句议论句采用的是陈述句式,可见作者在发表议论时是客观而理性的,旨在告诉读者"屠人之残"除了职业需要外,在特定情况下亦可用于"杀狼"。当然造成第三则和前两则写法上的差异或许也有写作时间的差异,毕竟《聊斋志异》成书经历多年,版本也分为"抄本系统"和"印本系统"。

序言强调《聊斋志异》有着现实的劝惩和明确的批判目标,"狼"的形象在不少篇目中都有,且一般都是作者批判的对象,比如前文所述《梦狼》,再如《黎氏》中的"引狼入室"。事实上这也符合读者的审美习惯和心理,成语中与"狼"有关的一般都是贬义的,如"狼心狗肺""狼子野心"等。《狼三则》中的"狼"也是贪婪、凶残、狡诈的化身,用以影射现实生活中的一类人,对待这类恶人,也许需要的正是"屠人之残"。

五、风俗与文化

我国小说的渊源最早可追溯到古代的神话传说,演至六朝而为志怪志人小说,唐代有传奇文,至宋代话本应运而生,明代在话本基础上日臻成熟的长短篇白话小说成为主流,正是在这种形势下出现了蒲松龄的《聊斋志异》。鲁迅先生认为:"清蒲松龄作《聊斋志异》,亦颇学唐人传奇文字,而立意则近于六朝之志怪,其时鲜见古书,故读者诧为新颖,盛行于时,至今不绝。"(《唐传奇体传记》)"《聊斋志异》虽亦如当时同类之书,不外记神仙狐鬼精魅故事,然描写委曲,叙次井然,用传奇法,而以志怪。变幻之状,如在目前;又或易调该弦,别叙崎人异行,出于幻灭,顿入人间;偶叙琐闻,亦多简洁,故读者耳目,为之一新。"(《中国小说史略》中华书局2014年版)《聊斋志异》的成书固然有传统小说的影响,同时也不应忽视作者本人的创作个性。蒲松龄

在《〈庄列选略〉小引》中说"千古之奇文,至《庄》《列》止矣……余素嗜其书",可见其对奇谲浪漫风格的偏爱。蒲松龄在《聊斋自志》序言中谈及作品渊源时直称"披萝戴荔,三闾氏感而为骚;牛鬼蛇神,长爪郎吟而成癖。自鸣天籁,不择好音,有由然矣",溯源于屈原和李贺。小说中不乏优雅华美的语言和新奇独特的意象,强烈的抒情性迥异于"张皇鬼道、称道灵异"的六朝小说和"尽幻设语、作意好奇"的唐代传奇,不但在意蕴上,而且在形式上将文言短篇小说推向前无古人、后无来者的境地,在当时及后世都产生了深远影响。清代名位甚高的王士禛曾评价说:"聊斋文不斤斤宗法震川,而古折奥峭,又非拟王、李而得之,卓乎大家,其可传后无疑也"。嘉庆、道光年间,《聊斋志异》已是"风行天下,万口传诵"(冯镇峦《读聊斋杂说》),"几于家有其书矣"(喻焜《聊斋志异合评》卷首序)(袁世硕、徐仲伟著《蒲松龄评传》,南京大学出版社2000年版)。

秋词(其一)

(唐)刘禹锡

自古逢秋悲寂寥,我言秋日胜春朝。
晴空一鹤排云上,便引诗情到碧霄。

一、作者与背景

刘禹锡(772—842),字梦得,排行二十八。匈奴族后裔,北魏孝文帝时改汉姓。安史之乱时避居嘉兴,自称"余少为江南客"(《金陵五题》引)。贞元九年(793),登进士第,又登宏词科。十一年,登吏部取士科,开始走上仕途。顺宗即位,任用王叔文改革弊政,刘禹锡时任屯田员外郎,为革新之核心人物。后改革失败,于永贞元年(805)被贬出京,初贬朗州司马,后任夔州刺史等职。这首诗即写于被贬朗州司马期间。

刘禹锡以诗文称,哲理亦佳。评者谓其"无体不备,蔚为大家"(清管世铭《读雪山房唐诗钞序例》)。其诗以雄浑爽朗、明快流畅为基本风格。"开朗流畅,含思宛转"(明胡震亨《唐音癸签》)。

二、文字与音韵

课文选自《刘禹锡集》卷二十六《秋词二首》(中华书局1990年版),这是第一首。刘禹锡的诗,律诗、绝句比古诗成就高,白居易称其为"诗豪",

"七言尤工"（宋张戒《岁寒堂诗话》卷上）。"绝句尤工"（宋刘克庄《后村诗话前集》卷一）。"运用似无甚过人，却都惬人意，语语可歌"（明胡震亨《唐音癸签》）。依据平水韵，这首诗押下平二萧韵部，韵字"寥""朝""霄"平声同韵，韵腹开口度较大，适合表达开朗豁达的情感，有助于表达诗人在仕途失意时依旧充满昂扬乐观的壮志豪情。

三、意蕴与风格

这首诗不同于中国传统文人的"悲秋"之作，表现了独特的美学观点和艺术创新精神。诗人懂得古来悲秋的实质是志士失志，因对现实失望、对前途悲观，故而从秋天的景象中体会到的是伤感和寂寥。诗人却一反常态，开宗明义，旗帜鲜明地指出"秋日胜春朝"。秋高云淡，在秋日晴空的背景之上，诗人选取振翅高举的"鹤"这一意象，着一"排"字，有力量感，形象描绘其排云直上、矫健凌厉、奋发有为的姿态。在空旷高远的背景下，这只鹤是孤单而独特的，但它的顽强奋争冲破了秋天肃杀的氛围，如同一位不屈的志士，"便引诗情到碧霄"，别开生面。

另一首《秋词》则着力描绘了秋天的色彩。"山明水净夜来霜，数树深红出浅黄。试上高楼清入骨，岂如春色嗾人狂。"相对前者，这首诗选取的意象更丰富，色彩更明丽，流露出高雅闲淡的情韵，泠然有君子之风。欣赏地点放在高楼上，不仅有物理的高度，更有开阔的视野、精神的高度。两首诗既独立成章，又相得益彰。法国大作家巴尔扎克说："艺术作品就是用最小的面积惊人地集中了最大量的思想。"前人说"刘禹锡诗以意为主"（胡震亨《唐音癸签》），他写诗注重立意，选材构思、塑造形象都能从表达丰富深刻思想出发，善于熔形象与哲理于一炉。如"芳林新叶催陈叶，流水前波让后波"（《乐天见示伤微之、敦诗、晦叔三君子》），"沉舟侧畔千帆过，病树前头万木春"（《酬乐天扬州初逢席上见赠》）包含了事物发展变化、新陈代谢的规律；"兴废由人事，山川空地形"（《金陵怀古》）使人明了人事对于国家兴废的决定因素；"莫道桑榆晚，为霞尚满天"（《酬乐天咏老见示》）揭示不利因素与有利因素相辅相成的关系。饱含哲理的片言只语见解精辟，且富有审美意蕴。

四、比较与探究

我国古典诗歌在楚辞时代就确立了悲秋的母题。"袅袅兮秋风，洞庭波兮木叶下。"（屈原《九歌·湘夫人》）"悲哉，秋之为气也，萧瑟兮草木摇落而变衰。"（宋玉《九辩》）"秋风吹不尽，总是玉关情。"（李白《子夜吴歌·秋歌》）

这些因秋天引起的悲愁是有真切内涵的，但也多少有点封闭、凝固的套路，而诗人要打破这种窠白是要有勇气的。王维在《山居秋暝》中发现了秋天的清新恬淡，杜牧在《长安秋望》中表现了秋天的澄澈明净。刘禹锡则更进一步提出秋天比春天更美好，这种坚持自己个性的勇气在其诗歌创作上一以贯之，难能可贵。

一年容易又秋风，从中年时期的"我言秋日胜春朝"，到去世前一年的"骥伏枥而已老，鹰在韝而有情。聆朔风而心动，盼天籁而神惊。力将痑兮足受绁，犹奋迅于秋声"（《秋声赋》），刘禹锡多次唱出了昂扬奋厉的秋之歌。如这首写于其晚年的《始闻秋风》："昔看黄菊与君别，今听玄蝉我却回。五夜飕飗枕前觉，一年颜状镜中来。马思边草拳毛动，雕眄青云睡眼开。天地肃清堪四望，为君扶病上高台。"诗中"今""昔"对举，"别""回"对应，从秋风着墨，采用拟人化手法变换角度表达诗人情感，诗境奇谲，妙趣横生。转写自我，欲扬先抑，秋风使诗人浮想联翩，壮心不已。寥廓江天，玉宇澄清，登高"四望"，激起男儿的四方之志，"便引诗情到碧霄"。开阔的诗境，硬朗的风格，给人以积极向上的审美熏陶。

《秋词》因为反对悲秋而得到崇高评价，"正是在反潮流的思绪这一点上，这首诗有了不朽的价值，虽然在艺术上很难列为唐诗中最杰出的作品"（孙绍振《月迷津渡》，上海教育出版社2015年版）。

五、风俗与文化——诗歌中的"鹤"意象

中国古代很早便注意对鹤的研究，特别是它的叫声，《诗经》中有"鹤鸣九皋，声闻于天"的描绘。由于鹤形貌出众，有高人隐士之风，被视作仙禽和长寿之物，又因鹤舞姿态美妙，所以古时王公贵胄和文人雅士很爱养鹤以供玩赏。最早记载养鹤的事要属《左传》："卫懿公好鹤，鹤有乘轩者。"至如陆机为成都王司马颖所诛，临死时犹顾左右而叹曰："今日欲闻华亭鹤唳，不可复得。"可见其爱鹤心切。至于文人雅士以鹤为题材的作品，如白居易《池鹤》、杜牧《别鹤》、苏轼《鹤叹》等，更是多不胜数。"鹤"这一意象在古诗文中常被赋予以下象征意义：一是离别之思，如"渐无黄鹤翅，安得久相从"（鲍照《与荀中书别》）；二是品行清高，如"鸣鹤，美君子也"（陆云《鸣鹤诗序》）；三是凌云之志，如"云间有玄鹤，抗志扬哀声。一飞冲青天，旷世不再鸣"（阮籍《咏怀》）；四是隐逸之风，如宋代林逋"梅妻鹤子"的典故；五是长寿之物，如"山瘦松亦劲，鹤老飞更轻。逍遥此中客，翠发皆长生"（司马退之《洗心》），等等。

夜 雨 寄 北

（唐）李商隐

君问归期未有期，巴山夜雨涨秋池。
何当共剪西窗烛，却话巴山夜雨时。

一、作者与背景

李商隐（约812—858），字义山，号玉谿生，又号樊南生，排行十六。祖籍怀州河内（今河南沁阳），自祖父起迁居郑州，郡望陇西成纪。文宗大和三年（829）谒令狐楚于洛阳，开成二年（837）登进士第，三年应试不取，娶王茂元女。宣宗大中五年（851）妻王氏卒，复任太学博士，十二年病废还郑州，未几卒。李商隐一生与牛、李两党重要成员均有交往，为晚唐大诗家与骈文名家，与杜牧并称"小李杜"，与温庭筠并称"温李"。其诗颇多忧怀国运、慨讽时事之作，亦多抒写怀抱、感慨身世之篇。其咏史、咏物、无题诸篇，及七绝、七律二体，成就尤高。其诗渊源颇广，而受宋玉之伤感、杜甫之沉郁、李贺之象征影响尤深。

此诗约作于大中二年（848）秋，诗人北归途中，淹留荆巴，妻子来信询问归期，乃作此诗。一说为大中六年（852）作于东川柳仲郢幕府，其时作者之妻已故，"寄北"则为寄北方亲友。

二、文字与音韵

诗歌题目有"寄内"和"寄北"两种说法。宋洪迈《唐人万首绝句》题作《夜雨寄内》，"内"指"内人"，即妻子，创作时间应在妻子王氏去世前。清沈德潜《唐诗别裁》云："此寄闺中之诗。"清冯浩《玉谿生诗集笺注》："语浅情深，是寄内也。然集中寄内诗皆不明标题，仍当作'寄北'。"事实上，《全唐诗》以"寄内"为题的也只有十三首。诗人当时远在巴蜀间，妻子王氏在长安，故曰"寄北"。唐汝询曰："题曰'寄北'，此必私昵之人。就景生意，为后人话旧长谈。"也有学者考证，此诗作于妻子王氏死后，故"寄北"应指寄给在长安的朋友。清俞陛云在《诗境浅说》里点评《夜雨寄北》说："清空如话，一气循环，绝句中最为擅胜。诗本寄友，如闻娓娓清谈，深情弥见。"

三、意蕴与风格

诗歌首句于归期无日中透出黯然神伤，次句则用巴山、夜雨、秋池等物

象推开一层,渲染了凄寂萧瑟的羁旅之情。第三句意脉突转,完成了时间、空间的大幅度转换,从眼前遥想异日重逢、西窗剪烛、重话巴山夜雨情景,使诗境于回环映照中更添深永情韵,融凄清与温煦、寂寥与慰藉于一体。清何焯用"水精如意玉连环"形容此诗风格,清纪昀曰"作不尽语每不免有做作态,此诗含蓄不露,却不似一气说完,故为高唱"(《李义山诗集辑评》)。清桂馥所撰《札朴》评价说:"义山'君问'云云,眼前景反作日后怀想,意最婉曲。"李商隐的诗往往表现出深婉精丽、情思婉转、意境含蓄的特点,形成了一种低回反复、一唱三叹、词工意深的艺术风格,擅长刻画细腻而有层次的心理过程,故清代刘熙载在《艺概》卷二《诗概》中评价其诗"深情绵邈"。这种风格对宋代西昆体及婉约派词人产生了深远影响。

四、比较与探究——是重复拖沓还是婉曲蕴藉?

绝句发展到唐代而极盛,体式多样,内容丰富,形神兼备,格律整齐,为历代之冠。清王士禛《唐人万首绝句选序》云:"唐三百年以绝句擅场,即唐三百年之乐府也。"李商隐、杜牧等均是七绝高手,自然深谙其中规律。一般而言,绝句的每个字都要有用处,通常不能像在古体诗中那样使用虚词,更不用重复的字词。而这首诗打破常规,起句"期"字两见,二、四句"巴山夜雨"重出,故《增订评注唐诗正声》引用一位评论家的话说:"两叠'巴山夜雨',无聊之至。"而清代王尧衢在《古唐诗合解》中则认为"此诗内复用'巴山夜雨',一实一虚",虚实相生,产生更深广的意蕴。清杨逢春编注《唐诗绎》认为"三、四句于寄诗之夜,预写归后追叙此夜之情,是加一倍写法"。顾随认为"此诗如燕子迎风,蜻蜓点水,方起方落","技术非常成熟,情调非常调和,可代表义山"(《顾随诗词讲记》,中国人民大学出版社2010年版)。

通过画面的想象,表达思念亲人之情是诗人常用手法。如杜甫"何时倚虚幌,双照泪痕干"(《月夜》),白居易"料得家中夜深坐,还应说着远行人"(《邯郸冬至夜思家》),贾岛"无端更渡桑乾水,却望并州是故乡"(《渡桑乾》)。《夜雨寄北》以时间和空间的双重跳跃转换表现情感的转折,构成曲折而婉转的意脉,"圆转如铜丸走阪,骏马注坡"(《唐人万首绝句选评》),清空微妙,情意隽永。

五、风俗与文化——古诗中的"烛"影摇红

在中国古典诗人笔下,灯烛是一种富有审美意蕴的艺术形象,是反映诗人独特的情感活动的经典意象之一。独坐窗下,烛影摇红,是一种迷离温馨的情怀。《全唐诗》共有900多次写到烛光意象，构成独特的艺术风韵：光明是灯烛最为基本艺术品格，如"终宵处幽室，华烛光灿烂"（韩愈《江汉答孟郊》）；浓浓夜色衬着一点红烛构成的优美意境是久别重逢的见证，如"夜阑更秉烛，相对如梦寐"（杜甫《羌村》）；"洞房红烛"成为人们的爱情理想，如"只恐夜深花睡去，故烧红烛照红妆"（苏轼《海棠》）；灯烛映照之处，洋溢着快乐壮丽的气氛，如"隔座送钩春酒暖，分曹射覆蜡灯红"（李商隐《无题》）；尤能表现灯烛悲剧意蕴的是"烛泪"，如"蜡烛有泪还惜别，替人垂泪到天明"（杜牧《赠别》）等。

十一月四日风雨大作（其二）

（南宋）陆　游

僵卧孤村不自哀，尚思为国戍轮台。
夜阑卧听风吹雨，铁马冰河入梦来。

一、作者与背景

陆游（1125—1210），字务观，号放翁，越州山阴（浙江绍兴）人。父亲陆宰是有爱国思想的士大夫。"儿时万死避胡兵"，环境的熏陶从小培养了陆游忧国忧民思想，立下了"上马击狂胡，下马草军书"（《观大散关图有感》）的壮志。自幼好学，绍兴二十三年（1153），赴临安应进士第被取为第一，第二年试于礼部名列前茅，触怒秦桧遭黜落。孝宗即位赐进士出身，乾道六年（1170），入蜀任夔州通判，一路游览名胜，凭吊李杜等人遗迹。两年后到南郑，得以身临前线，激发其爱国热情，扩大诗歌领域，领悟到"诗家三昧"，形成宏丽悲壮的风格，是其诗歌成熟的关键时期，后把诗集题名为《剑南诗稿》，以纪念这段生活。随后任职范成大幕府，因"不拘礼法"，同僚"讥其颓放"，遂自号"放翁"。此后去蜀东归，先后在福建、江西、浙江等地做官。绍熙元年（1190）后二十年间，基本在山阴度过，晚年写了大量反映农村生活及田园风光的诗歌，风格趋于平淡，但爱国初心不改。嘉定二年（1210），抱着"死前恨不见中原"的遗恨与世长辞。

这首诗写于1192年农历十一月，时诗人68岁。诗人64岁时，由于一再上书建议备战被免职，从此一直隐居山阴。尽管诗人深味"人情薄似纱"，但仍不忘驰骋疆场，杀敌报国。适值风雨大作，"白头书生未可轻，不死令君看太

平"的豪情壮志再次流露笔端，赋成此诗。

二、文字与音韵

前人评陆游诗"意在笔先，力透纸背"，"无意不搜，而不落纤巧，无语不新，而不事涂泽，实古来诗家所未见也"（赵翼《瓯北诗话》）。陆游自己也说"煅诗未就且长吟"，"剪裁妙处非刀尺"。其诗长处在遣词浑成，随时随物，触手成吟，绝不矫揉造作，不以辞害意，亦不以意害辞。诗中以"僵"修饰"卧"，形体可谓衰朽；以"孤"修饰"村"，处境可谓艰难，却反衬了诗人"不自哀""戍轮台"之意志坚定。"轮台"原系汉代西域地名，这里借指宋代北方边境。"尚思"是针对"僵卧孤村"而言，年近古稀犹有当初马革裹尸的"平胡壮志心"，副词"尚"强化了这种忧国忧民的拳拳之心。诗人怀恢复之念，伤金瓯有缺，恨壮志难成，而今垂垂老矣，从戎无日，每于夜阑人静之际感慨唏嘘，形诸歌咏。有所思亦有所梦，"冰河"泛指北方严寒之地，"铁马"是战争场景的高度浓缩，诗人因曾亲临前线，故对此刻骨铭心，在其诗作中频现，如"楼船夜雪瓜洲渡，铁马秋风大散关"（《书愤》）；"忽闻雨掠蓬窗过，犹作当时铁马看"（《秋雨渐凉有怀兴元》）；"三更骑报冰河合，铁马何人从我行"（《夜寒》）。"铁马冰河"闯入梦境，曲折反映了现实的可悲，但诗歌的基调是高昂向上的，诗中强烈的报国情感、豪迈的诗风，使人读之足可"发扬矜奋，起痿兴痹"（清姚范《援鹑堂笔记》）。

三、意蕴与风格

"诗界千年靡靡风，兵魂销尽国魂空。诗中什九从军乐，亘古男儿一放翁"（梁启超《读陆放翁集》）。陆游的一生充满了请缨无路、壮志难酬的悲愤，其诗毫无保留地表现自己的肝胆肺腑。年轻时便有万里从戎、以身报国的豪情："平生万里心，执戈王前驱。战死士所有，耻复守妻孥"（《夜读兵书》）。步入壮年后，坐卧所思仍是抗敌立功、洗雪国耻："丈夫五十功未立，提刀独立顾八荒。京华结交尽奇士，意气相期共生死"（《金错刀行》）。诗人爱国热情永不衰竭，即使82岁照样"一闻战鼓意气生，犹能为国平燕赵"（《老马行》），临终更是擎起如椽巨笔，写下光耀千古的绝唱《示儿》，字字句句，气壮山河。诗人满怀对理想执着追求的热情——"尚思为国戍轮台"，而现实却是一道无法逾越的鸿沟，于是，只好通过活力充沛的想象，借助饱浸激情的梦境，运用奇妙独特的夸张，来驰骋恢复中原的理想——狂风呼啸犹如战马奔腾，急雨敲窗恰似战鼓咚咚，自然界气势磅礴的"交响乐"激起报效祖国的万丈豪情。顾随认为陆游忠实于自己,"一触即发,可爱在此,不伟大也在此"(《顾随诗词讲记》,中国人民大学出版社2010年版)。钱锺书在《宋诗选注》中也认为陆游的诗歌不但写爱国、忧国的情绪,并且声明救国、卫国的胆量和决心,这种爱国热情一以贯之,难能可贵。

四、比较与探究

《十一月四日风雨大作》是诗人陆游创作的七言绝句组诗作品。组诗是指同一诗题、内容互相联系的若干首诗组成的作品,这种联系可以是主题相同,也可以是内容相关,还可以是空间或时间上的相近,力求全面、透彻地反映事物的内涵和作者的情感。组诗少则两首一组,多则几十首一组。课文选择的是第二首,且看同题另一首诗作:

十一月四日风雨大作(其一)
风卷江湖雨暗村,四山声作海涛翻。
溪柴火软蛮毡暖,我与狸奴不出门。

这首诗前两句以夸张手法写暴雨如注,惊天动地,直接点明题意"风雨大作"。动词"卷""暗""翻"使人如见其势,如闻其声。联系第二首诗中"孤村",渲染出一种悲凉的处境。后两句转写近处,"溪柴"指若耶溪所出的小束柴火,"蛮毡"是中国西南和南方少数民族地区出产的毛毡,"狸奴"指被人驯化的猫。室内的"火软""毡暖"与户外的风狂雨骤形成反差,自然引出"不出门",末句明白如话,自然天成。耐人寻味的是诗人特意点出与自己相伴的只有一只"狸奴",其孤独寂寞之情不言而喻。整首诗特定的情境为第二首诗内容的展开蓄势,在这样"风雨如磐暗故园"的夜晚,诗人所思所想的依旧是"为国戍轮台",凸显其报国之志。这一组诗时间上有延续渐进,结构上有前后呼应,情感表达上有铺垫深入,"悲愤积于中而无言,始发为诗"(《渭南文集》卷十五)。

五、风俗与文化

爱国情怀是中国古典诗词的传统主题之一,从第一部诗集《诗经》开始,诗人们的诗行里火热的爱国激情一以贯之。如"修我戈矛,与子同仇"(《诗经·秦风》);"身既死兮神以灵,子魂魄兮为鬼雄"(《九歌·国殇》);"捐躯赴国难,视死忽如归"(曹植《白马篇》);"欲为圣明除弊事,肯将衰朽惜残年"

（韩愈《左迁至蓝关示侄孙湘》）；"待从头，收拾旧河山，朝天阙"（岳飞《满江红》）；"人生自古谁无死，留取丹心照汗青"（文天祥《过零丁洋》）；"金瓯已缺总须补，为国牺牲敢惜身"（秋瑾《鹧鸪天》）。这种爱国情绪饱和在陆游的整个生命里，洋溢在他的全部作品里——"他看到一幅画马，碰见几朵鲜花，听了一声雁唳，喝几杯酒，写几行草书，都会惹起报国仇、雪国耻的心事，血液沸腾起来，而且这股热潮冲出了他的白天清醒生活的边界，还泛滥到他的梦境里去"（钱锺书《宋诗选注》），跳动着时代的脉搏，吟唱出激昂的乐章。

潼 关
（清）谭嗣同

终古高云簇此城，秋风吹散马蹄声。
河流大野犹嫌束，山入潼关不解平。

一、作者与背景

谭嗣同（1865—1898），湖南浏阳人，字复生，号壮飞，我国近代著名政治家、思想家，维新派人士，"戊戌六君子"之一。因身世的缘故，谭嗣同童年起就已养成忧患愤激、才智奋发的独特个性，"备极孤孽苦，故操心危，虑患深，而德慧术智日增长焉"（梁启超《饮冰室合集》）。从少年开始，他卓尔不群，倜傥有大志，淹通群籍，能文章，好任侠，善剑术。《清史稿》亦称其"少倜傥有大志，文为奇肆"。谭嗣同30岁前因随父宦游而到处迁徙，尤其与陇上关中的山川风景、人物习俗结下不解之缘，并将其大量入诗，形成与众不同的风貌与气质。著有维新派第一部哲学著作《仁学》以及《寥天一阁文》《莽苍苍斋诗》《远遗堂集外文》等，后人将其著作编为《谭嗣同全集》。光绪二十四年（1898）6月11日，光绪皇帝颁布《定国是诏》，决定变法。同年8月，谭嗣同被征召入京参与变法。后变法失败，于光绪二十四年（1898）9月28日英勇就义，年仅33岁。梁启超称其为"中国为国流血第一士"。

这首诗作于谭嗣同14岁随赴甘肃就职的父亲北上西行时，"四年春，赴甘肃，舟至长沙，易舟流湘泛洞庭，流江径湖北，溯汉至襄阳，陆径洛阳入函谷、潼关至陕西。秋，至兰州，回抵秦州"（谭嗣同《三十自纪》）。

二、文字与音韵

此诗首句即入韵，韵字为下平八庚部的"城""声""平"。"终古"极言时间之久远,"高"和"簇"突出地势之高峻,动词"簇"烘托出"城"之气势磅礴、境界开阔。"秋风吹散马蹄声"化静为动,虚实相生,写秋之苍凉却又暗含雄壮,再次突出潼关之险要。前两句概写阅尽沧桑、险峻绵邈的山川形貌。三、四两句对仗工整,节奏和谐:河流/大野/犹嫌束,山入/潼关/不解平。"犹嫌束"对"不解平",采用拟人化手法,写出了河流湍急、山形逼仄、雄关耸峙的景象。整首诗以雄踞半山的潼关为视角,写出浩荡黄河不甘束缚、欲冲决堤岸之伟力,连绵山脉高峻不平、直刺苍天之气势,表达少年诗人之壮怀。

三、意蕴与风格

梁启超在《饮冰室诗话》中如此评价谭嗣同:"谭浏阳志节学行思想,为我中国二十世纪开幕第一人,不待言矣,其诗亦独辟新界而渊含古声。"其英才天纵、诗格高标的艺术精神,在《潼关》中表现出鲜明的特征,即以山水之形抒发胸中奔腾汹涌的豪情,借自然风光寄寓奋发有为的心志,"察视风土,物色豪杰"(梁启超《谭嗣同传》)。谭嗣同一生以"冲决罗网"(《仁学》)为己任,这种壮志豪情在《潼关》一诗中初显锋芒,诗中喷涌而出的不羁情怀正是其日后"冲决罗网"的体现。《潼关》中用"河流大野"和"山入潼关"等客观景物来隐喻诗人冲决束缚、一往直前的主观心志。尽管这种志向的具体内涵在《潼关》中还比较模糊,但欲有所作为的向往是明确的,在后来的诗歌中则日渐明晰,如"东南形胜雄吴楚,今古人才感栋梁"(《览武汉形势》)的兼济天下,"欲回飞瀑千年后,奈此狂澜九派多"(《由武昌而建业》)的忧国忧民,"他年击楫浑闲事,曾向中流炼胆来"(《汉口遇风》)的猛志常在。

王揖唐在《今传是楼诗话》中说:"谭复生嗣同,天才卓越,诗笔瑰伟。"李肖聃在《星庐笔记》中评之曰:"其幽光照于天地,足以动人心魄,其健气入于玄杳,而不可方物。覃思冥冥,乃合道真。"谭嗣同自评其诗歌时尝云:"嗣同于韵语,初亦从长吉、飞卿入手,旋转而太白,又转而昌黎,又转而六朝。近又欲从事玉溪,特苦不能丰腴。大抵能浮而不能沉,能辟而不能翕。拔起千仞,高唱入云,瑕隙尚不易见"(《谭嗣同集·卷一·报刘淞芙书二》)。其诗中忧患意识和悲壮风格与杜甫是一脉相承的,因此孙宝瑄在《忘山庐日记》中说:"悲壮苍凉,有杜少陵、白香山之意。"

四、比较与探究

谭嗣同在《三十自纪》称"五岁受书,即审四声,能属对。十五学诗,二十学文",可见天资聪颖。其短暂而悲壮的一生,留下的160余首诗歌中,大部分写于30岁前,30岁后受维新派"诗界革命"思想所作的"新学之诗"与黄遵宪等"以旧风格含新意境"之作的成就不可同日而语,诚如梁启超所言:"复生三十以后之诗,未必能胜三十以前之诗也。"(梁启超《饮冰室诗话》)。

谭嗣同写于光绪十五年(1889)的《出潼关渡河》描写范围和表现力度超过了《潼关》一诗:"平原莽千里,到此忽嵯峨。关险山争势,途危石坠窝。崤函罗半壁,秦晋界长河。为趁斜阳渡,高吟击楫歌。"这是一首五言律诗,首联的视线由远及近,由莽莽苍苍的千里平原写到眼前的高峻的群山。形容词"莽"在此活用作动词,增添了动感,"嵯峨"形容山高耸绵延,"忽"字极言潼关险要,拔起千仞。颔联和颈联以工整的对仗描绘了潼关的地理位置和独特的地形特点。尾联点明题意"渡河","高吟击楫歌"用晋代祖逖中流击楫的典故,抒发诗人面对山河险胜、困难当前,不畏艰险、奋发有为、澄清玉宇、勇往直前的远大抱负。崇山峻岭、惊涛骇浪裹挟着诗人汹涌澎湃的激情,寄寓着诗人哀时济世的志向,与《潼关》相比,诗人的视野更加开阔,其中寄寓的心志更为明确。

五、风俗与文化

潼关地处陕西、山西、河南三省交界处,建在华山山腰,上凭华山,下临黄河,南邻华山群峰,东望豫西平原,地势十分险要。古为桃林寨,东汉时设潼关,自古即为兵家必争之地,东西交通之要塞,雄绝一方。历代亦有许多文人借对潼关的描摹歌咏抒发情志,如"士卒何草草,筑城潼关道。大城铁不如,小城万丈余"(杜甫《潼关吏》)显示出潼关既高峻又威武的雄姿;"都城三百里,雄险此回环。地势遥尊岳,河流侧让关"(张祜《入潼关》)描绘了潼关城池高峻、气象险绝;"尘土长安古道深,潼关依旧接桃林。使君骢马来何后,道士青牛去莫寻"(晁补之《潼关道中》)表达了诗人仕途失意壮志难酬的悲愤之情;"峰峦如聚,波涛如怒,山河表里潼关路"(张养浩《山坡羊·潼关怀古》)借山河雄伟、道路奇险引出家国兴亡之思等等,不一而足。

望　岳

(唐)杜　甫

岱宗夫如何?齐鲁青未了。造化钟神秀,阴阳割昏晓。
荡胸生曾云,决眦入归鸟。会当凌绝顶,一览众山小。

一、作者与背景

杜甫（712—770），字子美，排行二，河南巩县（今巩义市）人。其十三世祖杜预乃京兆杜陵（今陕西长安）人，故杜甫自称"杜陵布衣"，即指其郡望。十世祖杜逊，东晋时南迁襄阳（今属湖北），故或称襄阳杜甫。杜甫一度曾居长安城南少陵附近，故又自称"少陵野老"，世称"杜少陵"。杜甫是在诗歌创作上具有集大成和承先启后作用的诗人。《新唐书·杜甫传》中称："甫又善陈其事，律切精深，至千言不少衰，世号'诗史'。"宋代秦观在《韩愈论》中说："杜子美之于诗，实积众家之长，适其时而已。"

开元二十三年（735），举进士，不第。青年时代的杜甫，胸襟开阔，性格豪爽，自期颇高。虽"忤下考功第"，却并未丧失意气，依旧是"放荡齐赵间，裘马颇清狂。春歌丛台上，冬猎青丘旁"（《壮游》）。在长期的壮游中，诗人接触到无比丰富的文化遗产和壮丽河山，不仅充实了生活，也扩大了视野和心胸，为他早期诗歌带来浓厚的浪漫主义色彩。一路经行的风土形胜，历历如绘，凡所经过，皆可按图寻索，不失其序，故昔人有"杜陵诗卷是图经"的赞誉。《望岳》即为杜甫下第后漫游齐赵初经泰山时所作，流露出诗人的雄心壮志。杜诗以"望岳"为题者共三首，分咏东岳泰山、西岳华山、南岳衡山，此为望东岳泰山。

二、文字与音韵

（一）对"夫"字的不同理解

对"岱宗夫如何"中"夫"字的理解，一般认为是虚字。用作助词的"夫"通常有以下作用：用于句首，有提示作用：夫秦有虎狼之心——《史记·项羽本纪》；用于句中或句尾，表示停顿、感叹：乃歌夫"长铗归来"者也——《战国策·齐策》，逝者如斯夫——《论语》。"岱宗夫如何"一句中"夫"在句中作为语助词，与"如何"连用，是作者设问：泰山是怎样的一番景色呢？既是从诗歌音节考虑，也增强了诗人初见泰山时的由衷感叹语气，虽无实在意义，却不可或缺。

但也有认为是实字的，一般理解为指示性代词。清翁方纲在《石洲诗话·卷六》中评说："'如何'二字虚，'夫'字实，从来皆误解也。此一'夫'字，实指岱宗言之。即下七句全在此一'夫'字内。"徐仁甫在《杜诗注解商榷》（《四川师范大学学报（社会科学版）》1977年第3—4期）一文中也认为："今谓'夫'犹'彼'，即指代'岱宗'，谓岱宗之为山，彼竟如何呢？此句自

问，下句乃就远望言之。"

"夫"，也作"大"。清梁章钜的《浪迹丛谈》中说："章钜忆少时所见杜诗旧本，乃作'岱宗大如何'。'大如何'与'青未了'，字则偶对，意则相生，气象更为雄实，似较'夫如何'为胜。"

（二）这是一首五言古体诗

近体诗形成前，除楚辞体外之各种诗体，通称"古体诗"，亦称"古风"，以五言古诗和七言古诗最为常见。古体诗格律较自由，不拘平仄对仗，押韵亦宽，一般隔句押韵。这首诗中间两联对仗工整，平仄也有些合律，字数亦与律诗符合，形式上很接近五言律诗，但律诗一般押平声韵且不得换韵，而《望岳》的韵字即为双句末尾的"了、晓、鸟、小"，属仄声韵。清代仇兆鳌《杜诗详注》谓曰："格似五律，但句中平仄未谐，盖古诗之对偶者。而其气骨峥嵘，体势雄浑，能直驾齐梁以上。"

三、意蕴与风格

这首诗写尽泰山之高峻雄伟，境界阔大，造语警拔，字里行间洋溢青年诗人蓬勃向上之朝气。清代浦起龙曰："公集当以是为首。""取为压卷，屹然作镇。"（清浦起龙《读杜心解》）全诗无一"望"字，却句句向岳而望，空间是自远及近，时间是从朝至暮，写法是由实（望岳）到虚（登岳）。

首联以设问手法描摹乍见泰山时的惊叹，别出心裁地写自己的体验，以距离之远烘托泰山之高。明代高棅《唐诗品汇》云："起句之超然者也。"清代沈德潜《唐诗别裁》曰："'齐鲁青未了'五字，已尽太山。"齐鲁为周代两大诸侯国名，"泰山之阳则鲁，其阴则齐"（《史记·货殖列传》）。次联极言泰山神奇秀丽和巍峨高大。"钟"字突出造化之有情，"割"字凸显泰山之高峻，用字奇险。三联读之使人心胸为之激荡，"归鸟"点明时已薄暮。末联是虚写，是想象中的极目远望。"会当"是唐人口语，意即"定当、一定要"，表现了诗人的胸襟抱负。

历代诗评家对此诗评价甚高，明人周珽编纂的《唐诗选脉会通评林》中曰："只言片语，说得泰岳色气凛然，为万古开天名作。句字皆能泣鬼磷而裂鬼胆。"清代施补华在《岘佣说诗》曰："《望岳》一题，若入他人手，不知作多少语，少陵只以四韵了之，弥见简劲。"清乾隆御定的《唐宋诗醇·卷九》评价道："四十字气势，欲与岱岳争雄。"

四、比较与探究

（一）关于这首诗的脉络及写法

清代仇兆鳌《杜诗详注》对本诗有较为详尽的分析："此望东岳而作也。诗用四层写意：首联远望之色，次联近望之势，三联细望之景，末联极望之情。上六实叙，下二虚摹。少陵以前，题咏泰山者，有谢灵运、李白之诗。谢诗八句，上半古秀，而下却平浅；李诗有六章，中有佳句，而意多重复。此诗遒劲峭刻，可以俯视二家矣。"据此分析，除末联外，其余皆为诗人目力所及，观察角度由远而近，由整体而细部，这种说法为众多诗歌鉴赏者所采纳。

但清代浦起龙在《读杜心解》中提出了不同看法："仇（兆鳌）氏《详注》以远望、近望、细望、极望，分配四联，未见清楚。""越境连绵，苍峰不断，写岳势只'青未了'三字，胜人千百矣。'钟神秀'，在岳势前推出；'割昏晓'，就岳势上显出。'荡胸'、'决眦'，明逗'望'字。末联则以将来之凌眺，剔现在之遥观，是透过一层收也。"明代王嗣奭的《杜臆》则认为："'齐鲁青未了'、'荡胸生云'、'决眦入鸟'，皆望见岱岳之高大，揣摩想象而得之，故首用'夫如何'，正想象光景，三字直管到'入归鸟'，此诗中大开合也。"清代金圣叹《杜诗解》曰："盖此题非此三字（按指'夫如何'）亦起不得……五字（按指'齐鲁青未了'）何曾一字是'岳'？何曾一字是'望'？而五字天造地设，恰是'望岳'二字。二句写'岳'。'岳'是造化间气所特钟，先生望'岳'，直算到未有岳以前，想见其胸中咄咄！'割昏晓'者，犹《史记》云'日月所相隐辟为光明'也。一句写其从地发来，一句写其到天始尽，则十字写'岳'遂尽。……翻'望'字为'凌'字，已奇；乃至翻'岳'字为'众山'字，益奇也。如此作结，真有力如虎。"简而言之，整首诗虚实相间，大开大合，"杜子心胸气魄，于斯可观"。

（二）"望岳"与"登岳"有什么不同？

"望"（会意字），甲骨文字形"𦣠"，像一个人站在地上远望。小篆"望"又加"月"字，表望的对象。本义即"远望"。如《望庐山瀑布》《望洞庭湖》等。"登"（象形字），甲骨文字形"𤼌"，本义指"上车"，可引申为"上、升、由下而上"。如《登高》《登泰山记》。

从诗歌内容来看，整首诗所写景物是从远处观望所见，结句"会当凌绝顶"更是点明诗人立志将来定要登上泰山绝顶，"一览众山小"故清代查慎行曰："句句是望，移作登岳不得。"（《杜诗集评》卷一引）清代乔亿也认为"句

句是望,不是登。"(《杜诗义法》)《杜诗言志》曰:"夫望岳与登岳不同。登岳即须细详岳麓中之奇特,巉岩岸伟,不可端倪。若望岳,则又不得若是,必须就其涵盖体统处,写其挺出物表。"

五、风俗与文化

诗中"岱宗"指泰山,泰山是五岳之首,位于山东泰安。又称岱山、岱宗、岱岳、东岳、泰岳等。《尚书·舜典》:"岁二月,东巡守,至于岱宗。"《史记·五帝本纪》:"东至于海,登丸山,及岱宗。"《五经通义》云:"宗,长也,言为群岳之长"。"泰山"之称最早见于《诗经》中《鲁颂·閟宫》:"泰山岩岩,鲁邦所瞻。""泰"意为极大、通畅、安宁。

泰山自古便被视为社稷稳定、政权巩固、国家昌盛、民族团结的象征。根据古文献记载,先秦时代曾经有七十二君到过泰山,祭告天地。秦始皇、汉武帝也都到此举行封禅大典。封禅是一种帝王受命于天下的典礼,这种仪式起源于春秋战国时期,当时齐、鲁的儒士认为泰山是天下最高的山,帝王应当到此祭祀至高无上的神灵,而泰山是齐、鲁分界。后来在齐、鲁祭祀泰山的仪式扩大为统一帝国的望祭,并定名为"封禅"。汉代班固《白虎通义》说:"王者受命,易姓而起,必升封泰山。何?教告之义也。始受命之时,改制应天,天下太平,物成封禅,以告太平也。"

四、古诗文比较阅读的问题及对策

(一)一堂公开课上的意外

这是九年级的一堂语文公开课,教学内容为阅读欣赏元代散曲家马致远的《天净沙·秋思》和白朴的《天净沙·秋》。这两首元曲通过描绘秋景,抒发情感,体现了中国古典诗歌音韵和谐、情景交融、意境幽远的特点,但又各具特色。教材的"学习建议"中要求从色彩、画面、情感等方面说说两者的异同,因此,在对两首小令的内容有了整体感知的基础上,教师设计了这样一个教学环节:要求学生选择自己喜欢的一首元曲读一读,并说说喜欢的理由。一石激起千层浪,大家各抒己见。一位男同学迫不及待地站起来发表意见:我喜欢前一首,因为它主要描写了"枯藤""老树""昏鸦"等景物,感觉比较悲凉,把作者对家乡亲人的思念之情淋漓尽致地表现了出来。紧接着,一位女同学也说《秋思》色调冷峻,令人油然而生忧郁哀伤之情。教师又叫了一位性格比较开朗外向的学生回答,谁知,似乎商量好一般,这位平时一贯嘻嘻哈哈的大男生挠挠头,说:"我更喜欢《秋思》,特别是最后一句'夕阳西下,断肠人在天涯',似乎把那种思乡的愁绪无限延伸了,令人回味无穷。"颇感意外的教师似乎很不甘心,又启发说:"那有没有同学喜欢《秋》呢?这首元曲意境也很优美呀。"教室里沉默了片刻后,大概为了给老师解围,班长慢吞吞地站了起来,说:"后一首也挺好,景物明朗、绚丽,读后令人心情愉悦。"教师这才如释重负,转入了对这两首元曲的比较……

看得出来,这位教师似乎对学生更钟情于马致远的小令始料未及。那么,为什么会出现意料之外的"一边倒"现象呢?

这节课的教学目标之一就是比较两首元曲在写景抒情方面的异同。通过学生自己的感悟体验,在比较的基础上加深对诗歌内容的理解,原本是一个能充分体现学生阅读个性、增强鉴赏能力的教学设想,但实际情况却与教师的初衷相违背。难道是因为前者更加脍炙人口,更能引起学生的共鸣吗?如果从学生的年龄和心理因素考虑,后者相对欢快明朗的格调似乎更贴近他们生活实际。究其原因,主要有以下因素影响了他们的选择,从而导致这意外的"一边倒"现象:

1. 阅读基础的差异性

课堂上教师问题的提出是建立在学生对两首元曲有了整体感知的基础上的,但还未对内容做深入的探究,而曲子的内容又决定了学生对它们的阅读基础是不一致的。先看《天净沙·秋思》,开篇便描绘了一幅寂寥萧瑟的暮秋晚景图,营造了凄清衰颓的氛围,烘托了作者内心的悲凉:枯萎的藤蔓缠绕着黄叶凋零的老树,天空中点点寒鸦,声声哀鸣。"小桥流水人家"句虽给人幽静安逸之感,但用语平淡质朴,以清静和谐的安居景象映衬天涯游子的孤单落寞,为下文感情的抒发蓄势,恬淡而不张扬,与前后的氛围并无强烈的反差,因而对学生理解小令的内容不会造成太大的障碍。接着,作家再次以白描手法勾勒场景,渲染气氛:萧瑟秋风中,寂寞古道上,饱尝乡愁的游子骑着一匹瘦弱的老马,在沉沉暮色中向着远方踽踽独行,此时,夕阳西下,撒下凄冷的余晖,本是倦鸟归林的团圆时刻,而游子却独在天涯,此情此景,令人油然而生思乡的愁绪。结句中"断肠人"一词充分展现了游子悲怆凄苦的内心世界,使得整首曲子笼罩在悲秋思乡的愁绪中,这样的景和情是学生整体感知小令内容后能够感受到的。而在《天净沙·秋》中，开头两句作者撷取了六种自然景物，并用六个感情色彩一致的形容词加以点染，使得整个画面笼罩着萧瑟的氛围，令人感到浓浓的秋意，几乎与《秋思》的开篇如出一辙。但随着"一点飞鸿影下"，不仅把静态的画面化作动态，且引出后面"青山绿水，白草红叶黄花"两组色彩鲜明的意象，与前文形成强烈的反差。为什么会出现这样的反差？作者借此想要抒发什么样的情感？这对于刚刚初通文意的学生来说是理解的盲点，也是鉴赏的难点，因而也难怪学生倾向于选择《秋思》来谈自己的阅读感受。

2. 审美心理的选择性

《秋》把迟暮萧瑟之景与明朗绚丽之景巧妙地融合在一起，感情基调由低沉抑郁而积极乐观，有一定的喜剧色彩；《秋思》则全篇笼罩着寂寥、悲怆的气氛，体现出悲剧艺术特色。鲁迅先生在论及悲剧的社会性质时指出，悲剧是"将人生有价值的东西毁灭给人看"。一般来说，悲剧艺术带给人的审美心理效应是哀恸、悲伤、恐惧等不快的精神反应。怜悯和恐惧是人与人互动时最鲜明的情感，欣赏悲剧则能够让人把情感展现，然后加以净化，使自己的心灵回到原始的、纯真的、真诚的一面，因而，它所带来的审美感受更能使人的心灵受到强烈震撼，情感受到异常激荡。正如韩愈在《荆潭唱和诗序》中所说："夫和平之音淡薄，而愁思之声要妙；欢愉之辞难工，而穷苦之言易好也。"处在"为赋新词强说愁"这一年龄阶段的初三学生，承受着繁重的学习压力，情绪上时常会因外在的压力而波动，心理上也因过重的负担而脆弱。特定条件下的个人心境会使审美感受蒙上特有的情绪色彩，心境的好坏，不仅能强化或钝化感受能力，而且可能引起完全相反的感受，他们对这首被誉为"秋思之祖"的《天净沙·秋思》更易引起情感的共鸣和心理的认同，也就不足为怪了。

3. 教学设计导向性

这节课预设的教学目标之一是比较两首元曲在写景抒情方面的异同。要达成这一目标，需要让学生对所写之景与所抒之情有深入的了解，在此基础上，应考虑到学生对于诗歌的比较阅读较为生疏，因此要先对比较的方法和角度作具体阐释，并根据学生的实际情况选择最适合的角度切入。教学设计中，教师未充分考虑到学情的复杂性，目标设计较为单一。而在教学过程中，针对这一教学目标，教师设计的问题是"选择自己喜欢的元曲读一读，并说说喜欢的理由"。受以上诸多因素的影响，学生也许原本并非都偏爱《秋思》，但在公开课上，为了更好地表现自己、配合老师，也只能删繁就简，"被迫"喜爱《秋思》，从而有意无意地忽略了《秋》，自然就谈不上比较了。

（二）教学对策

语文课程要重视学生情操的陶冶和文化品位的提升，引导学生在学习我国优秀传统文化过程中，吸取精华，充实底蕴，形成审美意识、审美情趣和审美能力，树立正确的价值观，培养并提高比较鉴别能力和鉴赏评价能力。要能用分析、归纳、比较等方法发现问题、思考问题并自觉探求解决问题的方法和途径，具有初步的鉴别能力和评价能力。

古典诗歌作为中华优秀文化的代表、传统价值观的绝佳载体，对陶冶情操、提升文化品位的作用是不言而喻的。而要加深对作品内容的理解，提高鉴赏能力，增强思辨能力和质疑能力，比较阅读不失为一条很好的途径。

针对在比较阅读两首元曲中出现的"一边倒"现象，仍以这两首元曲为例，笔者认为不妨从以下几方面尝试改进：

1. 挖掘文本内涵，奠定比较基础

诗歌的比较鉴赏，前提是对诗歌内容的深入理解。如上文所述，《秋思》开篇奠定了低沉悲凉的感情基调，接着步步蓄势，层层铺垫，结尾更以"断肠人"形象展现在读者面前，淋漓尽致地抒发了天涯游子的思乡情怀，学生易于把握。而《秋》"一点飞鸿影下"一句前后的反差及其原因、整首元曲要抒发的感情是理解的难点，对此应做深入挖掘理解。曲子在一组静的景物之中，增添了一个动的景物，使得整个画面充满了生机和活力。而在古典诗词曲中，"飞鸿"常作为自由与隐逸的象征，如"手挥五弦，目送飞鸿"（嵇康《赠秀才入军》），"举手指飞鸿，此情难具论。同归无早晚，颍水有清源。"（李白《送裴十八图南归嵩山二首》）曲中抒情主人公的视线离开了"孤村落日残霞，轻烟老树寒鸦"的黯淡孤寂，专注忘情地"目送飞鸿"，直到"飞鸿"的影子变成一点，渐渐消逝在天际，不由得展开联想——希望自己就像那自在的"飞鸿"一般飞离这萧瑟、冷清、毫无生气的地方，飞向那"青山绿水，白草红叶黄花"的美丽而自由的所在，那是自己心中的乐土，理想中的桃花源。青、绿、白、红、黄，五种景物色彩斑斓，相互错杂、映衬，给原本肃杀的秋景增添了明丽和绚烂，寄托了作者对自由隐逸生活的向往和热爱之情。

2. 提升审美层次，拓宽比较思路

美的欣赏活动，是通过个体的直接感受和情感反应实现的，美感的门户是感知，审美感知带有浓厚的感情色彩，伴随着敏锐的选择力，不可避免地带有一定的主观倾向性。而审美情感要求于对象的，已不单纯是个人主观需要的满足，而是审美需要的满足，其中包含了主体对审美对象理性的评价。上述公开课上的"一边倒"现象说明学生对作品的理解还只是初步的审美感知，因此，需要在师生共同赏析或教师点拨讲解中，充分感受审美对象的美感，发挥审美移情作用，使得审美心理由初步感知向更高级别的理解过渡。这一过程中，要充分发挥想象联想的作用，因为想象联想能借助情感的推动，把审美感知和理解联结起来，既得到感知的相对自由，又取得更为深广的理解内容。对于这两首元曲，不妨引导学生在头脑中想象画面的内容，采用改写的方法，把自己当作抒情主人公融入作品之中，进而联系与之相应的自身境况，从而获得深刻的审美体验。如《秋思》，有一位学生这样改写："这条被残阳斜照的荒凉古道上，只有我迎着萧瑟的秋风，牵着瘦马踽踽独行。耳边的溪水声像是远方父母的叮咛，一句又一句，伴随着秋风触痛我思乡的心……"再如《秋》："我踏着秋的脚步一路走去，伴随我的是青翠的树木，碧绿的水，梦幻般的红叶，质朴而美丽的黄花，我只是一个旅人，只是这里的匆匆过客，我还要去往那个梦中的地方。秋天虽然萧瑟、凄凉，却充满生命力，内心爱着的世界，永远是最美的……"经过这样的拓展，化抽象为具体，变无形为有形，使学生对两首元曲都有了深入的理解。此外，还可引导他们从多角度、多方位去感受美，如画面的色彩、构图、视线等。只有当审美心理由感知过渡到理解，由感性提升到理性，才能拓宽思路，才能有相对客观公允的比较，而不至于出现"一边倒"现象。

3. 优化设计流程，掌握比较方法

针对公开课上出现的问题，教师不妨对设计流程作相应的调整和优化，使之与学情相吻合，以利于教学目标的达成。可以"选择自己喜欢的一首元曲读读，说说喜欢的理由"作为导入，引导学生进入特定氛围，激发起他们潜在的、蕴蓄的审美情趣，具有初步的审美感知。同时关注这一过程中呈现出的学习难点和盲点，在后一教学环节——深入挖掘文本内涵中重点解决，在充分了解学生审美心理的前提下，针对初中学生的实际，引导学生从以下几个角度比较鉴别，求同存异：

一是从诗歌写作背景角度比较。这里的背景，既指创作的时代背景，也包含作家的生活背景。所谓"诗者,志之所之也,在心为志,发言为诗",孟子也曾提出"知人论世"的诗歌阅读原则。政治环境的变迁,使元代文人更注重和强调"主观的意兴心绪",自然景物成了他们寄托情思、抒写心曲、排忧解愤的重要途径。马致远曾热衷功名,但未能得志,漂泊二十余载,五十岁入仕,因看不惯官场黑暗,退而隐居,《秋思》是他漂泊旅途的作品之一,自然而然流露出失意、孤独、悲凉、痛苦的情绪。白朴的父亲曾是金朝显贵,金末,与家人离散,饱经丧乱,金亡后,常郁郁不乐,拒绝仕元,徙居金陵,常从诸遗老放情山水之间,每以诗酒为乐。《秋》是其四季风景图中的第三首,情调开朗平和,表现了作者对隐居生活的向往之情。背景的比较有利于加深对诗歌主题的理解,正如鲁迅先生在《"题未定"草》中所说:"我总以为倘要论文,最好是顾及全篇,并且顾及作者的全人,以及他所处的社会状态,这才较为确凿。要不然,是很容易近乎说梦的。"

二是从诗歌的情感主旨角度比较。情感主旨可通过诗歌的标题、题材、关键词句等把握。例如,从标题来看,两首元曲内容都和秋天有关,《天净沙·秋思》中"思"旧读"sì",有"愁思"的意思,由此可知本曲要表达的情感;而《天净沙·秋》则不能直接体现这一内容。

三是从诗歌的艺术形象角度比较。诗词中的艺术形象是指寄寓作者思想感情和生活理想的具体形象,可分为人物形象和景物形象(即意象)。诗人表情的主要手段是创造和选取与情相吻合的意象,往往有固定的象征意义。《秋思》中的意象有枯藤、老树、昏鸦、古道、西风、瘦马等,众多意象集中笔墨渲染了作者思乡的孤寂和难以言说的惆怅。《秋》中前半部分也有类似的意象,格调近似《秋思》,但"飞鸿"这一关键意象的出现改变了画面的氛围和色彩,青山、绿水、白草、红叶、黄花等色彩鲜明、旋律轻快的意象,使得人物轻松愉悦的心情跃然纸上。

此外,从诗歌的写作风格、手法技巧、艺术境界等角度都可加以比较,鉴于初中学生的认知水平,这里不再赘述。

(三)结语

生活中并不缺少美,而是缺少发现;学生并不缺乏生活,而是缺乏对生活的感悟。有比较才有鉴别,"比较是一切理解或思维的基础,我们正是通过比较来了解世界的一切"(乌申斯基)。阅读古典诗歌,通过比较诗歌的内容情感、语言形式，可以帮助学生巩固强化诗歌阅读图式，体会到优秀作品的语言魅力，感受到中华文化的博大精深，提升对传统文化的认同感，达到学会学习、学会创新之目标。

五、紧扣关键字词　读懂词人情感
——《词四首》教学设计[①]

（一）设计说明

《词四首》是统编版语文教材九年级下册第三单元的课文，本单元选文都是传统名篇，内涵丰富深刻，单元学习目标之一是注意把握古诗文的意蕴，领悟作者的思想情感，在诵读中增强语感。

词作为一种文学体裁，有一定的格律要求，在句数、字数、平仄上大多都有规定。每首词都有词牌，规定了词的格律要求，大多数和词的内容无关，但也有些词牌有其适合表现的内容，比如"满江红"这一词牌一般适合表达慷慨激越的情感。有的词还有题目，往往和词的内容密切相关，比如《密州出猎》这个题目概括了词的主要内容，《为陈同甫赋壮词以寄之》交代了写作的缘由，揭示了全词的感情基调。和诗一样，词也是一种抒情性强的文体，因而在阅读时需要把握词作表达的情感，以及词人是如何表达这种情感的。教学时围绕以下问题链展开：

（1）四首词分别围绕哪个字展开？

（2）上阕内容与下阕内容之间是什么关系？

（3）作者借此想表达什么？

阅读时要紧扣关键字词，可从题目入手，也可以抓住词作中的关键词句，理解词作描述的景物或场景特点，理清思路，进而体会词人寄寓其中的情感，以及表情达意的形式或手法。

紧扣四首词中"思""狂""壮""烈"这四个关键词，梳理词作上下阕之间的关系，或通过层次的重新划分组合，感受词人笔下理想与现实的冲突、壮志难酬的复杂心情，这样的情感借助于"词"这一文体的独特形式得以充分体现。

---

① 为"空中课堂"讲稿。

（二）教学目标

（1）了解词的形式特点，背诵默写四首词。
（2）理解四首词的主要内容及作者的思想感情。
（3）分析四首词的写作思路及表现手法。

（三）教学过程

第 一 课 时

一、复习关于"词"的知识

词作为一种文学体裁，又称"诗余""长短句""曲子词"。每首词都有词牌，在句数、字数、平仄上大多都有规定。有的词还有题目，甚至小序。一般按照创作风格不同，分为婉约派和豪放派，婉约派代表人物有柳永、李清照等，豪放派代表人物有苏轼、辛弃疾等。

本课所选的四首词，因作者境况、历史背景等不同，所表达的情感、体现的风格既有共性，也有个性差异。阅读时可以思考以下问题：

（1）四首词分别围绕哪个字展开？
（2）上阕内容与下阕内容之间是什么关系？
（3）作者借此想表达什么？

二、讲解《渔家傲·秋思》

（一）朗读全词，读准字音，注意字形

嶂 zhàng　　浊 zhuó　　燕 yān 然　　羌 qiāng 管　　寐 mèi

渔家傲·秋思
范仲淹

塞下秋来风景异，衡阳雁去无留意。四面边声连角起，千嶂里，长烟落日孤城闭。　浊酒一杯家万里，燕然未勒归无计。羌管悠悠霜满地，人不寐，将军白发征夫泪。

（二）围绕以下问题解析全词

1. 全词围绕哪个字展开？

这首词的题目是"秋思"，可以知道词中描写的是秋天的景象，上阕侧重

写秋景；下阕侧重展现的是"思"。全词围绕题目中的"思"字展开。

那么，范仲淹在这首词里描写了秋天哪些景物，又表达了什么呢？

2.上阕紧扣哪个字写景？突出了景物什么特点？

请大家通读一下词的上阕，找出上阕中的关键字，圈画出所写的景物，体会一下景物的特点。

上阕紧扣"异"字写景。以"塞下秋来风景异"总领，"塞下"点明地点，"秋来"点明题意和季节，"异"字点明风景的特点及带给人的感受。异在何处呢？

视觉：雁无留意——寒冷　　　　听觉：边声四起——悲凉
　　　层峦叠嶂——闭塞
　　　长烟落日——空旷
　　　孤城紧闭——寂寥

"衡阳雁去"是"雁去衡阳"的倒装，为了符合格律。秋季北雁南飞，传说至湖南衡阳城南的回雁峰而止。边塞的大雁早早向衡阳飞去，毫无稍事逗留之意，可见塞下天气极其寒冷。大雁南飞的景象每每牵动游子的思乡之情，故在古典诗词中，"雁"这一意象常常被用作表达乡愁。"边声"，指风吼、羌笛、马嘶等边塞特有的声音，"四面"则写出了"边声"充斥环绕在四周，与不断起伏的号角声混杂在一起，形成浓厚的悲凉氛围。"千嶂里"，一个"里"字写出群山包围的地势，突出了环境的偏僻闭塞，越发显出孤城之孤，"长烟落日"很容易让人联想起王维的名句"大漠孤烟直，长河落日圆"，写出了塞外的壮阔与空旷，点明了时间正是夕阳西下、倦鸟归林的黄昏时分，坐落在层峦叠嶂中的孤城紧紧关闭了城门，越发显得寂寥。按照常理，此时应该是城门大开、人员进出的时候，却已早早紧闭城门，这也隐隐透露出这座城处于孤立状态，表现了军事形势的严峻。词的上阕营造了悲凉孤寂的氛围。

3.下阕围绕哪句话抒情？如何抒发？

词人在下阕转为抒情，通读一下，思考下阕围绕哪句话抒情？作者是怎样表现情感的？

浊酒一杯家万里，燕然未勒归无计。

在上阕写景营造出氛围的基础上，下阕集中抒发了征人之情。"浊酒一杯家万里，燕然未勒归无计"是全词的核心，正面揭示了征人的矛盾心理。"浊酒一杯""家万里"是两个并列的意象，"万里"极言遥远，渲染了边塞和家乡的空间距离非同寻常，这些意象组合起来却让我们想象到这样的画面：独自一人面对眼前的一杯浊酒，想要借酒消愁排遣孤独，却不由自主地想到了远在万里之外的家乡和亲人，什么时候才能功成名遂，回到家乡与家人团聚呢？那将是多么令人高兴的事啊！然而现实却是"燕然未勒归无计"，还不能回去。"燕然未勒"化用了《后汉书·窦融列传》中"勒石燕然"的典故：东汉时窦宪率兵打败匈奴，一直追击到燕然山，刻石记功而还。"燕然未勒"表明还没有建功立业，因而"归无计"，但是，在当时的条件上，打退外敌，确保边境的安定，又谈何容易，所以只能借一杯浊酒排解对家乡亲人的思念。"羌管悠悠霜满地"一句中，"羌管"即羌笛，是出自古代西部羌族的一种乐器，声音凄切，呼应上片的"边声"，叠音词"悠悠"写出了声音的悠远绵长，满地白霜，不言冷而自带寒气，呼应了"秋来"边塞的寒冷。抒情中插入一句写景，不仅使情感显得更悠长更感伤，给人回味的余地，而且暗示时间在流逝，从上阕的"长烟落日"到这里的"霜满地"，夜已深，天更凉，自然引出"人不寐"。人为什么不寐？也许是边地的苦寒，也许是守边的辛苦和对家人的思念，也许是壮志难酬的愁闷，令人无法入眠，这些都留给读者去想象，词人则把复杂的思绪凝聚在了将军的白发和征夫的眼泪中，犹如特写镜头般定格，推己及人，把个体的思乡之情转化为戍边将士的共同心声，情调苍凉而悲壮。抒情点到即止，收放自如，留有余味。

4. 全词表达的情感是什么？

词的上阕侧重写景，但又景中含情，紧扣"异"字，抓住边塞秋天特有的景物，着眼于最常见的视觉和听觉感受，通过罗列种种意象连缀成一幅"塞下秋景"图，营造出悲凉寂寥的氛围。下阕在此基础上侧重抒情，但又情中有景，有放有收，进一步突出边塞特点和征人之思。上下阕紧扣边塞秋天的特点，既有时间上从黄昏到夜深的推移，也有空间上从边塞到家乡的跨越，更有情感思绪上的延宕起伏，意境悲凉壮阔，形象鲜明生动，语言质朴凝练。

这首词的作者范仲淹，是北宋政治家、文学家。北宋时边境常常受到辽和西夏的侵扰。宋仁宗康定元年（1040），宋与西夏交兵，范仲淹被任命为陕西经略副使兼知延州（今陕西延安），担起西北边疆防卫重任。作为镇守边关的将领，词人并不掩饰对家乡亲人的思念，着力表现了爱国激情与浓重乡思构成的复杂又矛盾的情绪，这样的思绪又是具有普遍性的，增强了艺术感染力。

词牌与原始内容大都无关，但因字数、节奏、押韵的不同，具有适宜表现不同内容的特点,这首"渔家傲"都是仄声韵,有低沉压抑之声情,呈现出范仲淹豪健而又悲慨的词风。

三、讲解《江城子·密州出猎》

(一)朗读全词,读准字音,注意字形

聊 liáo　　擎 qíng　　貂裘 diāo qiú　　酒酣 hān

江城子·密州出猎

苏　轼

老夫聊发少年狂,左牵黄,右擎苍,锦帽貂裘,千骑卷平冈。为报倾城随太守,亲射虎,看孙郎。　酒酣胸胆尚开张。鬓微霜,又何妨!持节云中,何日遣冯唐?会挽雕弓如满月,西北望,射天狼。

(二)围绕以下问题解析全词

1. 全词围绕哪个字展开?

整首词围绕"老夫聊发少年狂"中的"狂"字展开,如何具体表现"狂"呢?词人借此想要表达什么样的情感?首先看看词的上阕。

2. 上阕描绘了怎样的场景?表现了词人怎样的形象?

"密州出猎"这个题目告诉我们词作涉及的主要内容,词的上阕紧承题意,集中描绘了密州出猎的情形,表现了词人的意气风发,豪情万丈。

"老夫聊发少年狂",苏轼此时大约40岁,自称老夫颇有自嘲之意,"聊"是姑且、暂且,言下之意是老夫本不该狂,现在暂且发发少年人的狂气,所谓年少轻狂;另外对于苏轼这样的文人来说,出猎或许只是一时豪兴。

"狂"的具体表现 ——┬— 行:左牵黄,右擎苍,锦帽貂裘,千骑卷平冈
　　　　　　　　　└— 言:为报倾城随太守,亲射虎,看孙郎

"左牵黄,右擎苍,锦帽貂裘"可见打猎装备之齐全,"千骑卷平冈"中的"千骑"突出随从人数众多,动词"卷"指席卷而过,极言速度之快,也写出平冈之上人马之多。"左/牵黄,右/擎苍",读来感觉踌躇满志;"锦帽/貂裘"两字一顿,非常整齐;"千骑/卷平冈"节奏富有变化,突出了"千骑"和"卷",这样就写出了出猎的场面热闹、盛大以及出猎者的情绪高昂,精神抖

撅。大家可以把这几句连读体会一下。

"为报倾城随太守,亲射虎,看孙郎"用了《三国志》中孙权射虎的典故,射虎乃壮举,孙权射虎在风华正茂之年,词人以孙权自喻,可见英雄豪气不减当年孙郎。"报"注释为"报知","为我报知全城百姓,使(其)随我出猎",突出太守的意气风发、豪情万丈——"报知"百姓,其狂一;"倾城"随猎,其狂二;猎必射虎,其狂三;自比孙郎,其狂四。

3. 下阕围绕哪句话抒情?抒发了词人怎样的情感?

西北望,射天狼。

下阕以"酒酣胸胆尚开张"作为过渡,可以想见心情愉悦、开怀痛饮的情形,在词中直接由上阕打猎的场景过渡到"酒酣","打猎""喝酒"两者都透露出"豪气",上阕与下阕的过渡,既换头另起新意,又延续词曲的脉络,可谓"岭断云连"。"酒酣"意味喝酒尽兴,"尚",还;"开张"指开阔雄伟。词人本就豪放不羁,再加上饮酒尽兴,就更加胸襟开阔、胆气豪壮了,"还"加强了语气。如前所述,此时的苏轼大约40岁,故说"鬓微霜","又何妨"用了感叹号加强了疑问的语气,强调鬓边虽然增添了几根白发,却根本不会妨碍词人施展抱负。"持节云中,何日遣冯唐"意思是朝廷什么时候派遣冯唐到云中来赦免魏尚呢?据《史记》记载:汉文帝时,云中郡守魏尚抵御匈奴有功,却因多报战功而获罪削职。冯唐为之辩白,文帝即派冯唐持节去赦免魏尚,复为云中郡守。这里作者以魏尚自许。苏轼在熙宁四年,因对王安石变法持不同政见而自请外任,朝廷派他去当杭州通判,三年任满转任密州知州,这首词是熙宁七年冬天与同僚出城打猎时所作,所以用典"持节云中,何日遣冯唐"表达自己的心志,希望得到朝廷重任。结句紧承前句,假设如果得到朝廷重任,"会挽雕弓如满月","会"表明愿望"终将","挽雕弓如满月"既呼应了上片出猎"射虎",又引出了"射天狼",传说中天狼星"主侵掠"(《晋书·天文志》),这里喻指侵扰西北边境的西夏军队,表达了自己企望报效国家的壮志。

4. 全词表达的情感是什么?

词的上阕描绘出猎场景,从言行两方面表现了词人外在的豪迈狂放,为下阕的抒情蓄势。词的下阕以抒情为主,抒发了词人由出猎"射虎"引发的壮志豪情,勾勒了一个挽弓劲射、保家卫国的英雄形象。整首词紧扣"狂"字,表达了自己渴望报效国家的情怀。

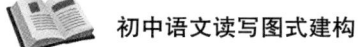

词的韵脚如"狂""黄""苍""冈"等字，与词人的意气风发吻合。

四、课堂小结

这节课我们复习回顾了词的特点，并通过对两首词的阅读，掌握鉴赏词的一般路径，作为抒情性较强的文体，阅读时要紧扣关键字词，可从题目入手，理解词作描述的景物或场景特点，理清思路，进而体会词人寄寓其中的情感，以及表情达意的形式或手法。

第 二 课 时

一、讲解《破阵子·为陈同甫赋壮词以寄之》

（一）读准字音，注意字形

麾 huī 下　　炙 zhì　　弦 xián　　的 dì 卢　　霹雳 pī lì

赢 yíng 得　　生前身后

破阵子·为陈同甫赋壮词以寄之
辛弃疾

醉里挑灯看剑，梦回吹角连营。八百里分麾下炙，五十弦翻塞外声，沙场秋点兵。　　马作的卢飞快，弓如霹雳弦惊。了却君王天下事，赢得生前身后名。可怜白发生！

（二）围绕以下问题解析全词

1. 全词围绕题目中哪个字展开的？又是如何表现的？

全词围绕题目中的"壮"字展开。"破阵子"是词牌名，"为陈同甫赋壮词以寄之"是题目。陈同甫，名亮，南宋思想家、文学家，是辛弃疾志同道合的朋友，两人经常书信往来，诗词唱和，这首词就是寄给陈亮的。那么，词作中是如何表现"壮"的？要解决这个问题，需要对词做具体分析。

2. 如果打破上下阕的局限，本词的内容可分为几个层次？分别写了什么？

第一层次：现实（第1句）

第二层次：梦境（第2～9句）

第三层次：现实（第10句）

（1）第一层次写现实：

"醉里挑灯看剑"六个字含义丰富：万籁俱寂，举杯独饮，不是一般气氛；喝醉闷酒，把玩宝剑，不是一般动作；把灯光拨亮，把宝剑看了又看，不是一般心情。两字一顿,"醉里"表示状态,为什么喝醉?留白;"挑灯"表明时间是晚上,目的是为了更好地"看剑",所以朗读的重音要放在"看剑"上。古典诗词中写剑,往往寄托着雄心,辛弃疾的另一首词《水龙吟·过南剑双溪楼》开头也写到"举头西北浮云,倚天万里须长剑",都是借剑以抒怀。冷兵器时代,剑是非常重要的武器之一,简单的六个字却刻画出一个战士形象,因有所思,故有所梦,这样就自然引出下面梦境的内容。

(2)第二层次(第2~9句)写梦境:

以"梦回"总领这八句内容,主要写军旅生活和战斗场面,描绘了一个爱国战士驰骋沙场、志遂功成的全过程。

前四句写战地生活和战前准备:古代军中清晨吹角,"吹角连营"写出角声此起彼伏,连成一片,从听觉角度写出了庄严而雄壮;"八百里分麾下炙,五十弦翻塞外声,沙场秋点兵"三句写分炙、奏乐、点兵,"八百里"典出《世说新语》,"五十弦"原指瑟,这里泛指乐器。"八百里/分/麾下炙,五十弦/翻/塞外声"两句中的前句写视觉,极言气概豪迈,后句写听觉,极言军乐悲壮,对仗工整,每句七字节奏比较特别,加上数量词的修饰,读来似乎豪迈雄壮的军旅生活如在眼前。"沙场/秋/点兵"五个字高度概括地交代了地点、时间和事件。这四句写出了战前的雄壮、肃穆、热烈、豪放,自然引出后面的战斗场面并营造了气氛。

紧接着两句写战斗场面:一写视觉,战马像的卢马那样跑得飞快,"的卢"典出《三国志》;一写听觉,"霹雳"用了比喻手法,喻指射箭时弓弦的响声如雷,这两句抓住战场上最具典型特征的战马和弓箭来写,一方面表现了战斗的紧张激烈,另一方面也从侧面衬托了人的意气风发、英勇无畏。与前四句雄壮肃穆不同,这两句两字一顿,节奏峻急明快,从气氛上预示着战事的胜利,自然过渡到后两句的直抒胸臆。

八、九句写痛歼顽敌,激战获胜,完成收复北方失地的国家大事,实现青史留名的壮志。这是作战的目的,更是词人的理想;是梦境的结局,也是情节的高潮。同样是七字一句,与上阕对等位置的七字句停顿不同,"了却/君王/天下事,赢得/生前/身后名",笔调轻快,节奏明快,读来意气昂扬、酣畅淋漓,充分体现了实现理想的愉悦。全词如果到这里结束,功成名就,该是何等意气扬扬啊。

(3)第三层次(第10句)回到现实:梦中叱咤风云、英姿勃发,现实却

让人无奈。梦中的功成名就抵不过现实中的一句"可怜白发生"。两鬓染霜，还有没有机会实现理想呢？"可怜"一词加上句末的感叹号，那种报国无门的无奈转化为一位失意英雄内心深处的喟叹，从前面的斗志昂扬一转而为凝重深沉，先扬后抑，雄壮顿失，悲壮陡显。读到这里，我们才明白前面的种种都是为这末一句蓄势，在力重千钧的转笔中，在理想与现实的巨大反差中收尾，震撼人心。

3. 这几个层次组合起来想表达什么？

词人由现实中看剑而自然转入梦境，感情的洪流奔腾直泻，酣畅淋漓，不可遏止，故前九句只是在文字的排列上保留分片形式，内容上却一气贯注，这样可以写足豪情壮志，但一接触到眼前现实，一下子由豪壮急转为悲壮，完成情绪上的"分片"，所以末句急速收尾，犹如豹尾般结实有力，又如撞钟般清音有余，豪放中有节制，这种独创的形式造成鲜明强烈的对比，凸显出理想与现实的巨大落差，给人新奇不凡的艺术享受。

再从最后一句"可怜白发生"回看开头"醉里挑灯看剑"，我们是不是又读出了一些不一样的意味？人和剑一样，在现实中英雄无用武之地，只能在梦境中驰骋沙场，这种报国欲死无疆场的悲愤，通过挑灯看剑表露无遗，因此，题目中的"壮词"既指雄壮，更是悲壮。

辛弃疾，出生于南宋高宗绍兴十年（1140），出生时，家乡历城（今山东济南）沦陷在金人之手已有十年之久，他不仅是词人，更是一名爱国将领，积极主张抗金北伐，但不断遭受主和派的排斥诬陷，有二十多年是被免官闲居在家，收复失地的理想始终没有实现。《破阵子·为陈同甫赋壮词以寄之》就写于词人退居江西上饶之时，因而我们也就不难理解词人空有雄心壮志却报国无门的悲愤之情了。

二、讲解《满江红》

（一）读准字音，注意字形

拭shì　　屑xiè　　胸襟　　莽mǎng

满　江　红

秋　瑾

小住京华，早又是中秋佳节。为篱下黄花开遍，秋容如拭。四面歌残终破楚，八年风味徒思浙。苦将侬强派作蛾眉，殊未屑！　　身不得，男儿列，心却比，男儿烈。算平生肝胆，因人常热。俗子胸襟谁识我？英雄末路当磨折。莽红尘何处觅知音？青衫湿！

（二）结合以下问题解析全词

1. 全词是围绕哪个字展开的？又是如何表现的？

读完整首词，我们会对词中一句话留下深刻印象："身不得，男儿列，心却比，男儿烈"，一个"烈"字，足以概括词人情感和词作基调。词中如何表现这样一种感情的呢？

2. 这首词表达上最大的特点是什么？

通读全词，大家会发现，这首词最大的特点是运用了大量抒情议论性的语句，据此我们先划分一下词作层次，并分析具体内容。

第一层次：叙事写景（第1～4句）

第二层次：抒怀（第5～14句）

（1）第一层次叙事写景（第1～4句）：

"小住京华，早又是中秋佳节"两句交代了特定的地点——京城和特定的时间——中秋佳节。从"小住"可以推断词人住在北京时间不长，故称"小住"；中秋节是家人团圆的美好时光，当时作者与丈夫寓居北京，但"早又是"似乎表现出对中秋佳节的到来并没有特别的欣喜，这是为什么呢？再往下看，"为篱下黄花开遍，秋容如拭"两句写中秋节前后的景致。"黄花"即菊花，秋天特有的花卉，"开遍"写出菊花开得繁茂；一个"拭"字写出了北国秋天明净如洗、秋色澄明的状态。篱下开满黄花，头上碧空如洗，赏心悦目的美景，阖家团圆的佳节，应该是令人愉悦的。然而诗歌历来就有"悲秋"的传统，以乐景写哀情则倍增其哀伤，不妨从第二层次找找答案。

（2）第二层次抒怀（第5～14句）：

这部分的抒怀又可以分为两个层次，从"四面残歌终破楚"到"因人常热"表明词人不是男儿胜似男儿的热血肝胆，最后四句则发出了知音难觅的感慨。

"四面残歌终破楚"一句典出《史记》：项王军壁垓下，兵少食尽。汉军及诸侯兵围之数重。夜闻汉军四面皆楚歌。项王乃大惊曰："汉皆已得楚乎？是何楚人之多也！"这就是历史上有名的"垓下之战"，"四面楚歌"一般喻指四面受敌、孤立无援的困境。秋瑾用这个典故，意在形容19世纪以

来列强环伺下的中国，特别是八国联军侵华后，腐朽的清政府统治下的晚晴陷入四面受敌的困境。这一句写国家的局势，下一句"八年风味徒思浙"则写个人的身世，"风味"即况味，值此中秋佳节，格外思念阔别八年的故乡，一个"徒"字突出了这种感受，这两句分别从空间和时间角度写国家与个人的境况。然而这种忧国思乡之情却又无法排遣，因为"苦将侬强派作蛾眉，殊未屑"，"蛾眉"借指女子，只是苦于我是女儿身，极为不甘心，"强派"和"殊"以及感叹号强烈表达了这种不屑之情，因为不甘心受到种种束缚，表现了词人与天命抗争、与传统决裂的勇气与决心。"身不得，男儿列，心却比，男儿烈"这一组三字短句铿锵有力，掷地有声，"列""烈"同音，通过身与心的对比，理想与现实的冲突，写出了词人的豪迈气概，壮怀激烈，突出忧国之心，是巾帼英雄的写照。"算平生肝胆，因人常热"的意思是我平生对国对民赤胆忠心，常为他人而热血沸腾，意在表明自己素有的济世情怀。

词的最后四句感慨知音难遇，无法施展抱负。"俗子胸襟谁识我？"用了疑问句，语气强烈，表明凡夫俗子的眼光是无法懂得我的内心情感的。家庭和社会环境就像一张无形的罗网，笼罩在词人身上，英雄的末路磨难重重。因此发出对现实极度失望的悲叹"莽红尘何处觅知音？青衫湿！"一个问号，一个感叹号，写尽了知音难觅的伤感。"青衫湿"的典故出自唐代诗人白居易的《琵琶行》，白居易贬谪九江郡司马时，听到琵琶女的讲述，联想到自己的遭遇，发出"同是天涯沦落人，相逢何必曾相识"的感叹，泪湿青衫，后人常用"司马青衫"或"青衫泪"来形容悲伤到极点，秋瑾用这个典故，充分表达了难觅知音的孤寂与苦闷。

3. 词人用这样的方式表达了什么？

整首词文气跌宕，笔势起伏。起笔叙事写景，从"四面楚歌终破楚"开始陡生波澜，基调高亢，气势昂扬，"俗子胸襟谁识我"两句，昂扬中有悲愤。结尾三句则包含了无限悲情与惆怅，余音袅袅。词作中既有坚定的理想追求，又有巾帼英雄的豪迈气概。

秋瑾，字璇卿，号竞雄，别署"鉴湖女侠"，山阴（今浙江绍兴）人。中国民主革命烈士。这首词创作于1903年，当时作者与丈夫寓居北京，目睹民族危机的深重和清政府的腐败，词人并没有沉溺于个人的伤感中不能自拔，后来她离家出走，从此投身当时的民主革命中，寻求救国之道，于1904年东渡日本留学，后来回国组织起义被杀害。

三、课堂小结

通过抓住关键字词，我们从这四首词中分别读到了"思""狂""壮""烈"这样四种情绪，从范仲淹的卫国杀敌与燕然未勒，苏轼的"射天狼"与"鬓微霜"到辛弃疾的"了却天下事"与"可怜白发生"，秋瑾的"心却比，男儿烈"与"身不得，男儿列"，穿越时空，可以感受到词人们因为理想与现实的冲突，而产生的壮志难酬的复杂心情，这样的情感借助于"词"这一文体的独特形式得以充分体现。不同时代、不同性别的词人没有沉浸于一己之感怀，而是把个人的情感与国家、民族的命运融为一体，使得原本"剪红刻翠"的小词意蕴更为丰厚。

六、借助层次组合　读懂诗歌主旨
——《诗词曲五首》教学设计①

（一）设计说明

《诗词曲五首》是统编版语文教材九年级下册第六单元的课文，本单元课文从不同角度反映了古人的政治、军事生活，单元学习目标之一是感受古人的智慧，体会其责任感和担当精神。《诗词曲五首》所选的诗歌类型多样，有古乐府、歌行、律诗，还有词和曲，阅读时需要体会它们的不同特点。教学时通过对这几首诗歌内部层次的划分，组合相关内容，理清相互关系，进而读懂诗歌表达的情感。

课文所选的诗词曲五首，或写征战的残酷，或写送别的感怀，或写王朝的兴衰，或写慷慨激昂的爱国热情，或写对历史的思索和对人民的同情。《十五从军征》以老兵回乡的经历见闻组合全诗，表达了对老兵的同情和对战争的厌恶；《白雪歌送武判官归京》以送别前、饯行时、临行时、送别后转换时空，展现西北边塞的奇丽雪景，使得离愁别绪中蕴含豪迈气概；《南乡子·登京口北固亭有怀》以三问三答来结构全篇，相互呼应，在慨叹历史兴亡中表达对英雄的仰慕，对南宋朝廷的失望与愤慨；《过零丁洋》将个人命运与国家命运联系

---

① 为"空中课堂"讲稿。

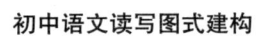

在一起，表现了忠贞为国、视死如归的决心和崇高的民族气节；《山坡羊·潼关怀古》将写景、抒情、议论融为一体，揭示出兴亡背后的历史真谛。

"作家思有路，遵路识斯真"，从叙述顺序、句式结构、表达方式等角度划分层次，理清写作思路，进而通过层次组合读懂诗歌主旨，建构起阅读诗歌的形式图式。

（二）教学目标

1. 了解诗词曲的形式特点，背诵五首诗词曲。
2. 理解五首诗词曲的主要内容及作者的思想感情。
3. 分析五首诗词曲的写作思路及表现手法。

（三）教学过程

第 一 课 时

一、复习诗词曲的基本形式特点

古诗源远流长，分为古体诗和近体诗。古体诗又称古风，一般不拘篇幅长短，句数可奇可偶，有四言、五言、七言、九言及杂言等，不讲究平仄，押韵宽松，如《十五从军征》《白雪歌送武判官归京》。近体诗是与古体诗相对而言，指唐代形成的格律诗体，在字数、平仄、押韵上都有严格的规定，比如《过零丁洋》是七言律诗。

词是诗的别体，兴盛于宋代，有"诗余""长短句"等别称，每首词都有词牌，在句数、字数、平仄上都有规定，有的有题目甚至小序。按照字数的多少，大致分为小令、中调和长调。如《南乡子·登京口北固亭有怀》是词。

曲兴盛于元代，通常称为"元曲"，元曲包括杂剧和散曲，初中阶段学习的主要是散曲，如《山坡羊·潼关怀古》。

二、讲解《十五从军征》

（一）朗读全诗，读准字音，注意字形

冢 zhǒng　　累累 léi　　狗窦 dòu

雉 zhì　　舂 chōng 谷　　羹 gēng

十 五 从 军 征

十五从军征，八十始得归。道逢乡里人："家中有阿谁？""遥看是君家，松柏冢累累。"兔从狗窦入，雉从梁上飞。中庭生旅谷，井上生旅葵。舂谷持作饭，采葵持作羹。羹饭一时熟，不知饴阿谁。出门东向看，泪落沾我衣。

（二）围绕以下问题解析全词

1. 这首诗主要写了什么内容？按照怎样的顺序叙述？

诗歌主要写了一位应征多年的老兵的回乡见闻，表现了主人公家破人亡的凄惨遭遇。

通读整首诗，从"始得归"→"道逢"→"出门"等词语可以看出，诗歌是以老兵的返乡经历为序叙述的，据此可以把诗歌分为三个层次：

第一层次老兵回乡（第1～2句）：简要交代老兵从军多年返回家乡。

第二层次道逢乡人（第3～6句）：通过老兵与乡人的对话，从乡人的角度交代老兵家破人亡的悲惨遭遇。

第三层次返回家中（第7～16句）：通过描述家中境况，从老兵的角度表现其悲惨遭遇。

2. 在此过程中人物的情感有何变化？

（1）第一层次老兵回乡（第1～2句）：

十五从军征，八十始得归。

诗歌开头两句以非常凝练质朴的语言交代了老兵从军多年一朝返乡的经历。这两句看似不经意间道来，却耐人寻味。"十五"交代从军的年龄，出征奔赴何处，诗中未作说明；其军旅生活以及战况如何，也均未交代，这就给读者留下了想象的空间。但有一点是明确的，那就是他"从军征"一去就是数十年，"八十"与"十五"对举，交代回乡的年龄，可见其"从军征"时间之久；"始得归"与"从军征"呼应，"始"意为"才"，表明他中途一直未能回来，强调了归乡不易，可见兵役之繁重。多年在外从军，对家中境况应该一无所知，一旦能够回乡，其心情之迫切、期盼、激动、欣喜可以想见，自然引出下文老兵在归乡途中与乡里人的对话。看似冷静客观的叙述，却蕴含着丰富的意蕴。

（2）第二层次道逢乡人（第3～6句）：

道逢乡里人："家中有阿谁？""遥看是君家，松柏冢累累。"

这一层写了老兵与乡里人在路上的对话。

正因为十五从军、八十方回，其间数十年与家人失去联系，老兵才急切地

想知道家中的情况,所以在路上遇见乡里人,就迫不及待地询问:"家中有阿谁?"诗中略去了对他风餐露宿、匆匆赶路、与乡亲邂逅情形的描摹,直接切入正题询问"我家里还有谁?"六十多年了,岂敢奢望阖家无恙、亲人健在,能有一二幸存者已是不幸中之万幸了,所以他只问,家中还有谁侥幸存活下来,这热切的期望背后饱含着辛酸与悲凉。

面对这多年征战回到家乡的老兵,"乡里人"没有明言老兵家中还有谁,而是用手指着远处说:"遥看是君家,松柏冢累累。"冢,指坟墓;累累,意为众多的样子。远远看去,那长满松柏、坟冢累累的就是您家,言下之意是:您的家中已无他人了。其实,"乡里人"委婉的回答,实在是出于不忍心,怕老兵一下子承受不了家破人亡的痛楚。"乡里人"的回答把老兵仅存的一点希望之火完全浇灭了,在这动乱的年月,亲人们竟无一幸存。听到这样的回答,老兵必定是心如死灰的,他有怎样的反应和表现,又是如何回到家中的,诗歌中留白给读者去想象。

大家可以试着读一读人物的对话,注意读出不同的语气。

这一层是从乡人的视角来表现老兵家破人亡的悲惨遭遇。

(3)第三层次返回家中(第7～16句):

兔从狗窦入,雉从梁上飞。中庭生旅谷,井上生旅葵。舂谷持作饭,采葵持作羹。羹饭一时熟,不知饴阿谁。出门东向看,泪落沾我衣。

终于回到家中了,可是这还能称之为"家"吗?摆在他面前的现实是:"兔从狗窦入,雉从梁上飞;中庭生旅谷,井上生旅葵。"由遥看到近观,家中光景更显荒凉凄楚。狗窦,指给狗出入的墙洞;雉,指野鸡;旅谷,指野生的谷子;旅葵,指野生的葵菜。诗句不说室空无人,而是抓住野兔见人钻进狗洞、野鸡受惊飞到屋梁上两个场景;不写庭院荒芜杂乱,只是摄取了庭院中长满野生的谷子、井台上长满野生的葵菜两个画面,四个"镜头"组合在一起,人去屋空、人亡园荒的凄凉惨伤景象跃然纸上。

面对"兔从狗窦入,雉从梁上飞。中庭生旅谷,井上生旅葵"的荒凉景象,老兵内心的凄凉无处诉说,希望做点事情排解心中的痛楚,于是他"舂谷持作饭,采葵持作羹"。"羹饭一时熟,不知饴阿谁",一时,指一会儿;饴,同"贻",意为送给。羹饭不一会儿就烧熟了,老兵这才醒悟过来不知道该给谁吃。"不知饴阿谁"与"家中有阿谁"遥相呼应,前面以疑问语气表现老兵仅存一线希望,这里以陈述语气表明家中已空无一人的事实,勾勒出老兵由希望、失望到绝望的情感历程。

于是，茫茫然"出门东向看"，想看什么呢？不知道；看到什么呢？也许什么也没有看到，家破人亡的惨痛最后凝结在"泪落沾我衣"一句上，那凝聚着六十多年的思念、期盼，直至最终的哀伤与绝望的老泪，沾湿了满布征尘的衣服。"泪落沾我衣"五个字，饱含了丰富、深厚、沉痛的感情内涵，前面积蓄的情感至此达到了顶点。

这一层从老兵的视角，描述老兵的所见所感、所行所思。

把整首诗三层内容结合起来，我们可以感受到老兵从归途中满怀希望、急切想要与家人团聚到希望落空、彻底失望直至哀伤绝望的情感变化过程。

3. 作者通过写老兵返乡经历及其情感变化，到底想要表达什么呢？

全诗围绕老兵的返乡经历及其情感变化谋篇结构，开头两句简朴而意蕴丰厚，高度浓缩了老兵自身的遭遇，接着从乡人角度侧面交代老兵家人的悲惨遭遇，再以老兵的视角详写家中境况。无一字描写战争场面，无一言控诉战争之罪恶，但是描述了老兵为国征战六十多年却有家不能回，等到归时却又无家可归的不幸遭遇，以个人悲哀展现社会悲哀，反映了战争和兵役制度给普通百姓带来的深重灾难，表达了对战争的厌恶。诗歌运用白描手法绘景写人，句式整齐，语言朴素自然，叙事和抒情很自然地融合在一起，情真意切，充分体现了汉乐府民歌"缘事而发"的艺术特色。

三、讲解《白雪歌送武判官归京》

（一）朗读诗歌，读准字音，注意字形

狐裘 qiú　　锦衾 qīn　　着 zhuó　　瀚 hàn 海

阑 lán 干　　饮 yìn　　羌 qiāng 笛　　掣 chè

白雪歌送武判官归京

岑　参

北风卷地白草折，胡天八月即飞雪。忽如一夜春风来，千树万树梨花开。散入珠帘湿罗幕，狐裘不暖锦衾薄。将军角弓不得控，都护铁衣冷难着。瀚海阑干百丈冰，愁云惨淡万里凝。中军置酒饮归客，胡琴琵琶与羌笛。纷纷暮雪下辕门，风掣红旗冻不翻。轮台东门送君去，去时雪满天山路。山回路转不见君，雪上空留马行处。

（二）围绕以下问题解析全词

1. 这首诗主要写了什么内容？

诗歌题目是《白雪歌送武判官归京》，从中可知，这是一首咏雪诗，也是一首送别诗，主要写了诗人雪天送友人武判官归京的场景。诗歌以边塞雪景为背景，以咏雪为主线抒发了送别之情。

名曰"白雪歌"，汉魏以后的乐府诗，题名为"歌""行"的颇多，后遂有"歌行体"，是古体诗的一种，形式自由，句式灵活，多为七言。诗中也先后四次写到了雪，主要以空间转换为序：第一次是开头漫天飞雪，第二次写帐幕内看见的雪，第三次写辕门口看见的雪，第四次写送别路上的雪。前八句侧重写塞外雪景，后八句侧重写雪中送别，中间以"瀚海阑干百丈冰，愁云惨淡万里凝"两句过渡，据此，我们可以把诗歌分成两个层次来解读：

第一层次塞外雪景（第1～8句）

第二层次雪中送行（第9～18句）

2. 诗歌是如何描写雪景的？

（1）第一层次对塞外雪景的描写（第1～8句）：

先看前四句：

北风卷地白草折，胡天八月即飞雪。忽如一夜春风来，千树万树梨花开。

首句"北风卷地白草折"中用了两个动词"卷"和"折"，"北风卷地"写出风势急猛，令人顿生寒意；白草，指一种牧草，干熟时变成白色，间接点出地处边塞；折，指折断，被风吹断。草是矮小而柔软的，风一吹，倒而不折是草的一般特点，但这里的草却断了，表明非常干寒，草已经干枯得发脆了，可见北风虐杀之威。第二句点明地点和时间，"胡天"指塞北一带的天空，"八月"是农历，在中原地区还是仲秋，"即飞雪"，就下雪了，这一句写出了特定地点的特异景象，胡天八月，北风突降，飞雪满天。这两句句末都是仄声字，加上用了两个动词，朗读时应该重读，语气急促。

这样的异地奇景使诗人产生了独特的审美感受，现实的"北风"幻化为温暖的"春风"，"忽如一夜春风来，千树万树梨花开"，好像是突然之间吹了一夜春风，吹开了千树万树梨花一样。梨花色白，早春开放，一般是陆续开放的，但在诗人笔下，却是一夜之间突然绽放的，这个比喻打破了时空的限制，宛如来到春天的江南，形象地描绘出了飞雪挂满枝头，远远望去既美丽有壮观的特点，给人新奇的感受，"忽如"两字尤其可以突出惊喜和愉悦之情，"来"和"开"都是平声字，朗读时可以读得慢一些，充分体现诗人对这塞外奇丽雪景的喜悦之情。

这四句是在大自然的广阔视野中表现塞外飞雪的奇丽之美，接下来的四句转入到将军的营帐内，以"珠帘"和"罗幕"作为过渡：

散入珠帘湿罗幕，狐裘不暖锦衾薄。将军角弓不得控，都护铁衣冷难着。

"散入"写出雪花飞舞的情状，将宕出的神思收拢，回到雪花打湿罗幕的现实，天寒地冻，以至于"狐裘不暖锦衾薄"，不能拉开弓弦，铁衣也很难穿上身。这几句选取睡眠、拉弓、穿衣等日常活动来进一步渲染军营的苦寒。

这一层随着视线的变化，由远及近，由户外到室内描绘西北边塞的奇寒雪景，为下面的雪中送别营造氛围。

（2）第二层次对雪中送行的描写（第9～18句）：

先看第9～10句：

瀚海阑干百丈冰，愁云惨淡万里凝。

诗人的视线再次扩展到室外，前一句写地面，"瀚海"指沙漠，再次点明"胡"地。阑干，意为纵横交错的样子。大漠纵横，冰雪百丈。后一句写天空，"愁"字赋予云以人的情感，惨淡，意为暗淡；凝，意为凝滞。愁云暗淡，万里阴凝。这两句对仗工整，"百丈"和"万里"写出了边塞的广袤无垠，"冰"和"凝"写出了天气奇寒带来的冰冻和凝滞的感觉。"愁"字隐约对离别分手作了暗示。室外如此，室内怎样呢？请看第11～12句：

中军置酒饮归客，胡琴琵琶与羌笛。

中军，指主将；饮，指宴请；归客，指归京的武判官。这一句点明题意"送别"。"胡琴"泛指西域的琴，和"琵琶""羌笛"都应该泛指西域的乐器。主将设宴为归客饯行，频频劝饮抵御严寒，乐曲声声营造出欢腾热闹的氛围。与外面的奇寒相比，营帐内不说温暖如春，但至少可以消解离愁。然而离别的时候终于还是来了，就像这纷纷扬扬的雪花一样，不因人事而改变。请看第13～14句：

纷纷暮雪下辕门，风掣红旗冻不翻。

"暮雪"点明时间已是傍晚时分，"辕门"指领兵将帅的营门。掣，意为拉、扯；翻，意为飘动。暮色浓郁，雪花纷纷飘落在营门外，旗帜的特点是随风飘扬的，但在北风的拉扯下，竟然无法飘动，天气的寒冷不言而喻，呼应

了前面的"北风卷地"和"百丈冰"。由此，可以想见主将与归客结束酒宴，步出营门的场景，引出下面的送别。请看第15～18句：

轮台东门送君去，去时雪满天山路。山回路转不见君，雪上空留马行处。

"轮台东门"点明分别的地点，"送君去"再次点明题意，最后四句第四次写到雪，"雪满天山路"呼应开头，"空留"与"不见"呼应，雪上的马蹄印痕表明"君"已渐行渐远，直至消失在视线中。诗人借助无声的画面表现微妙的、难以言说的离愁，送别的过程和语言都留在空白中。

这一层同样有视线范围的变化，先写营帐外的天地，次写帐内宴饮场景，再写辕门外，最后写送行路上，以雪景烘托离情。

3.全诗表达的主旨是什么？

这首诗不断变换白雪画面，转换时空，以奇丽多变的雪景交代送别背景，烘托人物心情，抒发了诗人对友人依依惜别之意和因友人归京而产生的惆怅之情，但又不乏豪情，刚柔相济，是一首边塞诗佳作。

四、课堂小结

这节课我们复习回顾了诗词曲的特点，学习了两首古体诗，并分别通过理清叙述顺序、把握景物特点体会人物情感变化，进而体会诗人想要表达的主旨。

第 二 课 时

一、讲解《南乡子·登京口北固亭有怀》

（一）朗读诗歌，读准字音，注意字形

南乡子·登京口北固亭有怀
辛弃疾

何处望神州？满眼风光北固楼。千古兴亡多少事？悠悠。不尽长江滚滚流。　年少万兜鍪，坐断东南战未休。天下英雄谁敌手？曹刘。生子当如孙仲谋。

（二）围绕以下问题解析全词

1.这首词主要写了什么？

词牌规定了一首词的字数、平仄、押韵等，而题目则和词的内容密切相关。"南乡子"是词牌名，"登京口北固亭有怀"是题目。京口，今江苏镇江；

北固亭,在镇江东北的北固山上,下临长江。从题目可以知道,这首词主要写的是,词人辛弃疾在北固亭登高望远,有所感而抒怀。

2. 这首词在写法上最大的特点是什么?

这首词在写法上最大的特点是采用了三问三答的形式来结构全词,上阕两问两答,下阕一问一答,分别是:

何处望神州?满眼风光北固楼。

千古兴亡多少事?悠悠。不尽长江滚滚流。

天下英雄谁敌手?曹刘。生子当如孙仲谋。

下面我们围绕这三组问答,结合词作内容来具体分析一下。

(1) 上阕第一组问答:

何处望神州?满眼风光北固楼。

神州,指中原地区。东晋时王导说:"当共戮力王室,克复神州。"南宋和东晋类似,都因外族入侵而偏安江南。宋朝都城原在河南开封,后因金人南下而迁都临安(今浙江杭州)。南宋与金以淮河分界,镇江是与金人对垒的第二道防线,词人登上北固楼,自然而然就想要望到中原沦陷的故土。然而能够望到吗?在北固楼上,满眼看到的都是美好的风光,却无法望见中原大地。第一组问答点明题意,从空间角度写词人所见。

(2) 上阕第二组问答:

千古兴亡多少事?悠悠。不尽长江滚滚流。

北固楼的"满眼风光"里似乎隐隐弥漫着历史的烟云,这不禁引起了词人千古兴亡之感。因此,词人接下来再问一句:"千古兴亡多少事?"世人们可知道,千年来在这块土地上经历了多少朝代的兴亡更替?这句问语纵观千古成败,意味深长。往事悠悠,英雄往矣,只有这无尽的江水依旧滚滚东流。"不尽长江滚滚流",借用杜甫《登高》句:"无边落木萧萧下,不尽长江滚滚来。"答句中叠词"悠悠",读来感觉悠远绵长,兼指时间之漫长久远,和词人思绪之无穷,并再进一步,将这种抽象的时间流逝和思绪无穷转化为眼前具象的滚滚长江水。这一组问答紧承前句,从时间角度写词人所思。

上阕两组问答,从时空角度拓宽了视野,营造出深沉幽远的意境。请同学们把上阕朗读一下,加以体会。那么,这两组问答又是如何与第三组问答联系起来的呢?我们再来看下阕。

年少万兜鍪,坐断东南战未休。

先看过片的这两句。京口是三国时孙吴一度建都之地,"年少万兜鍪",指孙权年轻时就统率千军万马。兜鍪,古时作战时士兵所戴的头盔,这里以物代人,指代士兵,很形象。"坐断东南战未休"中的"坐断"指占据,三国时吴国君主孙权占据整个东南地区,这和当时的南宋形势相似;"战未休"是说孙权凭借江东之险不停地与曹操、刘备作战争雄。这两句承接上阕对千古兴亡事的感慨,自然联想到了吴主孙权,以极简练的语言刻画出孙权的年少有为,不畏强敌,引出第三组问答。

(3)下阕第三组问答:

天下英雄谁敌手?曹刘。生子当如孙仲谋。

像孙权这样的少年英雄,天下又有谁是他的对手呢?只有曹操和刘备。据《三国志·先主传》载,曹操曾经对刘备说:"天下英雄,唯使君(刘备)与操耳!"这里辛弃疾化用来作答,意指除了曹操和刘备,天下再也没有人能与之匹敌,体现对孙权独霸一方的英雄气概的赞颂。"生子当如孙仲谋"则直接引用了曹操的原话,进一步表达词人对孙权的肯定与称赞。据《三国志·吴书·吴主传》注引《吴历》,曹操率大军南下,见孙权军容整肃,感叹道:"生子当如孙仲谋",仲谋是孙权的字。第三组问答运用典故,充分表达了词人对像孙权这样的英雄豪杰的赞美之情。我们把下阕连起来朗读一下。

3.作者想要表达怎样的思想感情?

词人登上北固亭的感怀就是对历史上英雄人物的仰慕之情吗?联系三组问答及背景来看一看词人想表达什么思想情感。

三组问答,从形式上看,二、三组一致,都是先问后答,并且都借用现成的句子进行补充回答;从内容上看,一、二组问答虽然都作出了回答,但答案是不肯定、不明确的,中原大地无处可望,兴亡之事无法计数;只有第三组问答的答案是肯定且明确的,毋庸置疑,像孙权这样的英雄豪杰,唯有曹刘可堪匹敌。把这三组问答结合起来,我们能读出什么呢?时过境迁,神州无处可望,因为缺少了孙仲谋这样的英雄人物。我们学过辛弃疾的《破阵子·为陈同甫赋壮词以寄之》,知道辛弃疾不仅是词人,更是一名爱国将领,一生积极主张抗金北伐,但不断遭受主和派的排斥诬陷,有二十多年是被免官闲居在家,收复失地的理想始终没有实现,因此,颂扬孙权是委婉地表达对朝廷的不满和讽刺,借古喻今,一以贯之的是他的满腔悲愤和爱国情怀。

二、讲解《过零丁洋》

（一）朗读诗歌，读准字音，注意字形

寥 liáo 落　　飘絮 xù　　惶 huáng 恐

过 零 丁 洋
文天祥

辛苦遭逢起一经，干戈寥落四周星。山河破碎风飘絮，身世浮沉雨打萍。惶恐滩头说惶恐，零丁洋里叹零丁。人生自古谁无死？留取丹心照汗青。

（二）围绕以下问题解析全诗

1. 诗歌是如何将个人命运与国家兴亡联系起来的？

诗歌题目《过零丁洋》，是文天祥被元军所俘、次年过零丁洋时写下的。零丁洋即广东珠江口外伶仃洋，西面就是南宋流亡朝廷所在地崖山。这是一首七言律诗，先看首联：

首联：辛苦遭逢起一经，干戈寥落四周星。

"遭逢"指遇到朝廷选拔，"起一经"指因精通某一经籍而通过科举考试得官。文天祥在宋理宗宝祐四年（1256）中进士第一名，这一句是写自己早年历经千辛万苦由科举入仕。"干戈"以兵器借指战争，"寥落"是稀少的意思，指宋朝抗元战事逐渐消歇，"四周星"指四周年，从德祐元年（1275）起兵抗元至被俘恰是四年，这一句追述了自己的战斗生涯。

颔联：山河破碎风飘絮，身世浮沉雨打萍。

"山河破碎"与"风飘絮"并举，中间有所省略，意思是山河破碎如同风中的飘絮，"风飘絮"形容大宋国势像风中的柳絮一样失去根基，即将覆灭。写此诗后不久，南宋流亡朝廷就覆灭了。下一句也是一样的形式，用"雨打萍"比喻自己身世坎坷，如同雨中浮萍，漂泊无根，时起时沉。这两句按照律诗的格式要求，对仗工整，用形象化的比喻表现国事的艰危和个人的艰辛。

颈联：惶恐滩头说惶恐，零丁洋里叹零丁。

这一联也遵循律诗对仗的规范，语义双关。"惶恐滩"在今江西万安境内赣江中，水流湍急，极为险恶，1277年文天祥在江西兵败，经惶恐滩退往广东，后一个"惶恐"是说自己的心境。"零丁"是孤苦无依的样子，如今兵败被俘，经过零丁洋，自然感叹孤苦伶仃，与上一联"雨打萍"呼应，同样是心

境的写照。这一联前后两句在词性、语义和平仄上构成工整对仗,点明题意,抒发了国破家亡、孤苦伶仃的沉痛之情。

尾联:人生自古谁无死?留取丹心照汗青。

这一联以磅礴的气势收束全诗。人生自古以来哪有不死的呢?既然难免一死,那么就留下我的一颗丹心照耀在史册上。"丹心"指爱国的忠心,"汗青"这里指史册。提问发人深思,回答斩钉截铁,和他在被囚期间所写的《正气歌》中"时穷节乃见,一一垂丹青"一样,是其生命的宣言:人生不免一死,但最高的价值,在历史的评价。这是诗人以生命谱写的庄严誓词,表明以死殉国的心志。

通过上面的分析可以发现,诗歌首联写诗人出身和四年抗元经历,颔联总写国破家亡和身世坎坷,颈联选取典型事例写艰险的战斗生活和兵败被俘,尾联表明捐躯报国的坚定决心。个人的命运与国家的命运紧密相连。

2. 诗人是在怎样的背景下写作此诗的?整首诗又表达了什么情感?

文天祥于宋末帝赵昺祥兴元年(1278)被元军所俘,次年,元军元帅张弘范把文天祥拘于船上,经过零丁洋时,逼迫文天祥写信招降在崖山抗击元军的张世杰、陆秀夫等人,文天祥奋笔疾书此诗严正答复,以明心志。从中我们看到了一个至死不渝的爱国志士形象。诗歌饱含沉痛悲凉,既叹国运又叹自身,把家国之恨、艰危困厄渲染到极致。尤其是尾联由悲而壮、由郁而扬,慷慨激昂、掷地有声,以磅礴的气势、高亢的语调表达了诗人舍生取义、为国捐躯的豪情壮志。同学们再把整首诗朗读一下加以体会。

三、讲解《山坡羊·潼关怀古》

(一)朗读诗歌,读准字音,注意字形

峰峦 luán　　潼 tóng 关　　踌躇 chóu chú　　宫阙 què

山坡羊·潼关怀古
张养浩

峰峦如聚,波涛如怒,山河表里潼关路。望西都,意踌躇。伤心秦汉经行处,宫阙万间都做了土。兴,百姓苦;亡,百姓苦。

(二)围绕问题解析全诗

1. 这首小令主要写了什么内容?

"山坡羊"是曲牌名,"潼关怀古"是这首元曲的题目,由题目可知,这是一首经过潼关的怀古之作。小令内容可以分成三层：

第一层次描写潼关险要的地势（第1～3句）

第二层次写作者在潼关遥望西都，凭吊古迹（第4～7句）

第三层次通过议论表达自己对历史的看法（第8～11句）

2. 作者是如何将写景、怀古与议论抒情结合在一起的。

（1）第一层次（第1～3句）：

峰峦如聚，波涛如怒，山河表里潼关路。

第一句写山，潼关东有崤山，北有中条，西接华岳三峰，形势险要，作者对此作了形象的描绘，一个"聚"字，不仅写出峰峦众多，而且表现了它们向潼关聚集的动态，仿佛从不同方向聚拢来拱卫潼关。第二句写河，潼关上可俯视黄河，黄河从龙门直泻而来，汹涌澎湃，奔赴关下。一个"怒"字，不仅概括了黄河波翻浪滚、奔腾咆哮的气势，而且赋予它以人的情感。第三句总括山、河，归到潼关。"山河表里"指潼关一带外有黄河，内有华山，是为表里，可见地势险要，历来为兵家必争之地，关系着在关中建都的那些王朝的兴亡。

以上三句主要从空间角度描写潼关地理形势，展现出一种雄浑苍莽的境界，身临此境不由令人视通万里，思接千载，自然转入追忆历史，抒发感慨。

（2）第二层次（第4～7句）：

望西都，意踌躇。伤心秦汉经行处，宫阙万间都做了土。

"西都"指长安，西汉曾建都于此，秦都城咸阳和西汉都城长安都在潼关西面。这里的"踌躇"形容心潮起伏。这句是说在潼关远望西都长安一带，不由得心潮起伏，为什么呢？因为"伤心秦汉经行处，宫阙万间都做了土"。"秦汉经行处"是途中所见的秦汉宫殿遗址，秦都咸阳的万间宫阙已随着秦朝的灭亡化为焦土，汉都长安的万间宫阙是汉朝兴起后修建的，此后，王朝有兴有亡，宫阙也有成有毁，这一切又怎不令人触目伤怀呢？

这一层主要从时间的角度回顾历史，追忆往事，抒发怀古情思。然而作者只是因为宫阙万间化为烟土而伤心吗？或者是为了朝代更迭而伤怀吗？

（3）第三层次（第8～11句）：

兴，百姓苦；亡，百姓苦。

作者吊古抒怀，并不是为了那些王朝的灭亡而伤心，而是看到了在朝代更迭背后的历代百姓的深重苦难。"兴"和"亡"都是一字为一句，分别指历代王朝的兴起与灭亡。"兴"则大兴土木、骄奢淫逸，百姓苦不堪言；"亡"则穷

兵黩武、战火频仍，百姓亦苦不堪言。作者从一兴一亡两个相反方面考察历朝历代的兴衰更替，得出了同一结论——"百姓苦"，揭示了兴亡后面的历史真谛，显示出不同于常人的胸襟和眼光。

这四句开拓和深化了曲子的思想内容，含义深邃丰富，情感悲愤沉郁。

通过以上分析我们发现，作者先描写潼关雄伟险要的形势，然后从关中宫阙万间化为废墟产生深沉的感慨，最后得出结论。雄浑苍茫的景色、真挚深沉的情感与精辟深刻的议论有机结合，使得全曲具有强烈的艺术感染力。

3.作者借怀古表达了怎样的思想情感？

张养浩，字希孟，号云庄，元代文学家。这首小令是作者路过潼关时所写，时"关中大旱，饥民相食"，因而曲中所揭示的人民苦难，既是对以往历史的概括，也是现实的写照，既是怀古，也是伤今，深邃的历史感和强烈的现实感有机统一。表现了诗人对历史清醒的认识，表达了他对百姓疾苦的深切同情与人文关怀。一起朗读一下这首元曲，体会其中蕴含的情感。

四、课堂小结

课文所选的诗词曲五首，或写征战的残酷，或写送别的感怀，或写王朝的兴衰，或写慷慨激昂的爱国热情，或写对历史的思索和对人民的同情，我们在学习时通过诵读、分析，把握诗词曲的形式特点，理解内容，进而体会作者寄寓其中的情感。

七、从人物前后态度对比中把握小说主旨
——《范进中举》教学设计

（一）设计说明

《范进中举》是统编版语文教材九年级上册第六单元的一篇选文，本单元课文都是从明清经典长篇小说中节选的精彩片段，如《智取生辰纲》《三顾茅庐》等，情节引人入胜，人物形象鲜明，充分体现了传统白话小说的魅力。单元学习重点之一就是把握人物形象，探讨其性格形成的原因。

《范进中举》节选自清代长篇讽刺小说《儒林外史》。《儒林外史》主要描写明清时期科举制度下读书人及官绅的活动和精神面貌。以对比作为切入点，既关注主要人物范进在中举前后的变化及原因，也关注次要人物的态度变化，并将这

些不同阶层的人物表现联系在一起深入探究，从而抽象出小说的主旨，即批判科举制度对读书人的毒害和对趋炎附势的社会风气的影响。当然也可以把"范进中举发疯"和"周进头撞号板"联系起来，使学生理解范进并非特例，中举可改变命运，一步登天，对当时社会读书人的重要性不言而喻。课后作业进一步探讨整本书的主旨，打通单篇和整本书阅读，为阅读《儒林外史》一书奠定基础。

（二）教学目标

（1）比较范进中举前后的表现，分析背后的原因。
（2）比较其他人在范进中举前后的态度变化，理解小说主旨。

（三）教学过程

1. 课前准备

自读教材名著导读《儒林外史》相关内容及小说第三回，了解范进中举的前因后果。

2. 比较范进中举前后的表现，分析范进中举的原因以及他中举后喜极而疯的情节是否合乎情理

从小说相关内容看，范进是个并无多少真才实学的老童生。小说第三回写周进因为自身的遭遇，对范进充满同情，但初次用心用意地把范进的卷子看了后，心中不喜："这样的文字，都说的什么话！怪不得不进学。"后因无其他人交卷，又把范进的卷子看了一遍，觉得有些意思。第三次再看，居然感叹："天地间至文，真乃一字一珠！"要知道范进连苏轼是谁都不知道，可见其能中举实属运气。

范进屡试不中，已近乎麻木。在中举前已家徒四壁，受到丈人胡屠户的辱骂，唯唯诺诺，卑微至极。所以乡邻去报喜时，他的本能反应是乡邻在欺骗他，等到确认自己确实中举后，狂喜的情绪冲击了他，因而一下子发了疯。这样的情节是合情合理的，可以想见他平日的憋屈和压抑之深。小说从范进中举前后自身的表现形象地揭示了造成这种现象的根源在于科举制度对读书人的毒害，婉而多讽。

3. 比较胡屠户、张乡绅、众乡邻在范进中举前后的不同表现，分析产生这种变化的根本原因

（1）胡屠户。如对范进中举前后称谓的变化、对范进中举前后的外貌评

价、对范进中举前后的动作细节等，刻画出一个趋炎附势、前倨后恭的典型形象。

（2）张乡绅。张乡绅有一定社会地位，其赠钱、赠屋的行为直接由范进中举引发，说明中举可以改变读书人的社会地位，同时也揭露了当时社会趋炎附势的风气。

（3）众乡邻。众乡邻在范进中举之前不曾帮助范进一家，在范进中举之后却赶紧拿出财与物来巴结范进。

胡屠户、张乡绅、众乡邻在范进中举前后的变化，从不同侧面体现了中举对范进地位的提升和生活的影响，他们代表的是当时社会的不同阶层，表明巴结有地位、有身份的人这种做法不是个体现象，而是一种社会普遍现象。进而表明科举制度影响的不仅是某个个体，而且影响了整个社会风气，从而加深了小说的讽刺意味和批判力度，达到指摘时弊的效果。

4. 归纳小结

从上面的对比分析中归纳出小说的主旨。

5. 布置作业

课外阅读《儒林外史》中关于王冕、杜少卿、虞育德等人的故事，并将其与书中反面人物进行对比，进一步体会整本书所寄寓的作者的情感。

八、情动于衷　辞发于外
——格式塔心理学理论在小说《桥》的教学中的运用①

格式塔心理学发源于德国，后在美国传播发展，代表人物有马克斯·韦特海默（Max Wertheimer）、沃尔夫冈·柯勒（Wolfgang Kohler）和库尔特·考夫卡（Kurt Koffka），是西方现代心理学的主要流派之一。"格式塔"是德文"整体"的音译，根据其原意也称为完形心理学。该学派认为：人的感知过程综合了人的期望、动机、感情、兴趣等高级心理活动，是一个内外交融的发育过程。外在的信息被内化，为人的心灵吸收，人心灵的元素外化，成为自己体会的意象。人的心理内部相互关系的整体是不断变化的，在主客观的相互作用

---

① 获长宁区教育学会第十届教育论文评比二等奖。

下,不断打破平衡,经过调节产生新的平衡。他们认为在事物的根本性质中,有某种"完形"的存在,因此,人们通过感官知觉得到的是一些整体的"形式",即一种自主体的知觉活动组成的整体。

格式塔心理学关于学习的主要理论有:直觉性、整体性、完形趋向、异质同构等。

如何使心理学理论和语文学习规律实现无缝对接,这是摆在语文教师面前的重要课题。语文是工具性和人文性的有机统一。语文课程要有利于学生语言潜能的开发和语文素养的全面提高。要充分考虑学生的已有能力和发展可能,引导学生不断通过已知认识、探求未知,让学生在动态语言实践过程中,掌握语言运用的规范,感受、体验语言魅力。重视学生情操的陶冶和文化品位的提升,形成正确的价值观和审美观。

小说《桥》通过叙述主人公汤连池"倾力造桥"到日寇入侵时"舍身炸桥",塑造了一个深明大义的人物形象,赞颂了主人公舍生取义的崇高品质。结合初三学生语文学习的实际需要,设计了这样的教学目标:通过设计拐点,续写小说结尾,把握故事情节和人物形象,进而学习人物以民族大义为重、舍生取义的爱国情怀。为达成这一目标,充分借助格式塔心理学理论设计教学环节,具体过程如下:

(一)直觉顿悟

格式塔学派认为:思维过程从紧张到解除紧张,是在问题情境的不断改组中得以解决。人们在学习时,凭借自己的智慧,使得外在信息和主观心灵猝然遇合,灵犀一点,豁然开朗,从而产生直觉感受活动——顿悟。也即知觉意识由显意识扩大到潜意识,潜意识经过加工形成新信息后,再通向显意识而产生。语文阅读教学中语感就是一种直觉思维,是人们在长期言语活动中逐渐形成的对语言符号的一种直觉,运用顿悟学习理论,可培养学生敏锐的语言感知能力。

在教学《桥》时,结合"续写"这一教学目标,先把小说的结尾略去,一开始,为了增强直觉性,教师绘声绘色地范读了课文。语调时而低沉,时而高亢,时而舒缓,时而急促,反复吟读产生的直觉形象促使学生引起心灵的颤动,欲罢不能,唤醒其潜意识。在形成强烈认知冲突基础上,再让学生默读课文,揣摩玩味,反复诵读,将其带入作品情境,再结合文末"刹那间,奔马扑倒了，悬崖崩塌了……"的诱导信号，使其跃入显意识，部分学生自然而然地凭借主观直觉有所顿悟——结尾"桥被炸了"。

（二）整体感知

格式塔学派认为：对于客观事物的完整知觉是人人都有的。客观事物对于神经的刺激容易自发形成一个统一的整体。学习不是个别反应，而是对学习对象作出反应，即一种整体性的把握，对部分的分析只是达到对学习对象整体认知的手段。因为文学作品的统一整体的构成原则与格式塔心理学所说的神经组织作用，使我们感知到的事物部分与部分之间都倾向于组成整体性极其类似。在文学作品中，文学形象的连续性往往是感情、心理上的因果链，因此，要从整体上全面感知理解文章内容，正所谓"倾国宜通体，谁来独赏眉"。

在学生对小说结尾有所顿悟的前提下，再引导学生从结构、内容和语言方面整体感知文本。先把握结构思路：小说以"桥"为线索，先写了主人公汤连池"造桥"，再写他拒绝"炸桥"，据此推断，结尾也应与"桥"相关。再分析人物形象：汤连池"造桥"，既为告慰亡父在天之灵，更为造福乡梓，体现其以"民生"为重，是个深明大义的老人。因而在日寇大举压境的危急关头，尽管他开始时拒绝炸桥，但他深知"皮之不存，毛将焉附"，最终他以"民族大义"为先，同意"炸桥"。最后品味语言表达：如对汤连池的描绘，从"勃然大怒→怒目相视→声色不动→直直站了一宿→呆呆地看着→软软地挥挥手"，暗示了人物的心理情感变化过程；结尾的环境描写隐喻了人物最终的行动。在对文章思路及人物形象整体感悟的基础上，得出结论——"炸桥"是小说的必然结局——也就顺理成章、水到渠成了。

（三）完形趋向

格式塔派心理学家认为：只要条件允许，神经组织作用总是趋向完整。他们强调"完形"，认为事物的信息经过组织作用，就"整齐、对称、简单"，就变完善了，这"完形式样"是由问题情境中的紧张产生的，一个不完全的形，能带动心理上追求"完整"的倾向。运用完形理论有利于激发学生学习语文的兴趣，这也是课堂教学的基本任务之一，"在教学过程中，教师要引发学生的好奇心和求知欲，不断满足学生的期待心理，让学生不断产生跨越障碍的愉悦感，促使学生自觉调整学习动机"。

教学时，多设"悬念"，创造"紧张"，强化学生积极参与填补缺形，便能激发学生的求知欲，达到强化感知能力的教学效应。前面已得出"炸桥"的结论，那么，到底是谁"炸桥"？是汤连池还是其子汤云龙？面对这个问题，大家议论纷纷，莫衷一是。通过讨论，学生深入分析了汤连池对石桥非同一般的感情，联系文中"百年之后是其葬身之所"，结合对人物形象的分析，最后明确：汤连池舍身炸桥，与石桥共存亡。在此基础上，为小说"完形"——续写结尾，激发了学生参与的热情，积蓄已久的情感不吐不快。一位学生这样写道："汤连池缓缓地垂下了头，一双枯黄的手摸索出了火柴，他颤颤地伏下身，点燃了引线，猛然间一声巨响，石桥倒塌了，黄蛇没了，汤连池不在了，只留下依旧宽阔的唐河和那抹烧得正急的斜阳。"

（四）异质同构

格式塔心理学派认为：在外部事物的存在形式、人的视知觉组织活动和情感及视觉艺术形式之间有一种对应形式，一旦这几种不同领域的"力"的作用模式达到一致时，就有可能激起审美体验，这就是"异质同构"。同样，文学作品中的"形象"也是源于生活又高于生活的，比如"昔我往矣，杨柳依依""感时花溅泪，恨别鸟惊心""大江东去，浪淘尽，千古风流人物""夕阳西下，断肠人在天涯"，人的知觉综合了人的情感，使客观的"景"和"物"失去了独立性，成为人的感情的投影，人们在客观物质世界中找到传情达意的审美意象，同时也使客观物质更丰富饱满，充满人性。

小说《桥》的结尾，通过续写，学生明确"石桥"被炸，不复存在了。这时，进一步引导学生思考："桥"是不是真的不存在了？这样，使得学生的思维不仅停留在直观的表层意义上的理解，而是更深入地体会"桥"所具有的丰富的审美内涵：物质层面的石桥已然不复存在，但在人们心中，汤连池老人深明大义的爱国精神长存，为我们架起一座坚不可摧的"民族之桥"——这座"桥"，连接着历史和未来，沟通着理想和现实。正是因为拥有这样一座"桥"，才能使我们的民族立于不败之地。于是，大家进一步改写、续写结尾——"毁灭的是桥身，永存的是桥魂，民生桥永远屹立于中国人心中"——这样将对作品的理解与社会、历史、现实联系起来，打破了感知的"旧平衡"，建立起"新平衡"，感知层次加深了，审美感受也更丰富了。

这节课巧妙运用格式塔心理学理论，以"续写"为切入口，通过小说

《桥》所提供的文字信息，强化感知，培养学生"目既往还，心欲吐纳"的直觉性和整体性，设置悬念，展开联想，使得学生提升了对作品的欣赏层次，丰富了情感体验。这种思想与心理同构而形成心理与作品意蕴的同形同构，正是语文阅读教学力求达到的目的。

九、从伏笔看欧·亨利式结尾的艺术魅力
——《二十年后》教学设计

（一）设计说明

《二十年后》为原沪教版语文教材八年级上册第八单元"外国短篇小说选读"中的课文，编写意图是了解"世界三大短篇小说巨匠"。课前导读揭示文本的核心价值是关注作者及其小说特色，课后"学习建议"提示注重结尾及人物形象。

在众多文学体裁中，学生对小说兴趣最浓。但在阅读过程中，一般关注情节，而对作者为什么写、人物命运如何发展等不做过多思考。

欧·亨利一生困顿，只有生命的最后十年才在纽约定居，他曾经直言不讳地说："我是为面包而写作的。"平时所接触的多属社会底层的小人物，其中多是工人、店员、流浪汉、警察、骗子甚至盗贼，他是用幽默的笔调，饱含着同情心写这些小人物的生活不幸的。其小说常常描写美国民众的日常生活以及他们对浪漫和冒险生活的追求，他认为生活里充满意想不到的事，因而常有出乎意料的结尾。欧·亨利小说中人物的思想相对来说都比较简单，动机也比较单一，矛盾冲突的中心似乎都是贫与富。欧·亨利笔下的善与恶并不那么泾渭分明，它们之间有着一个广阔的中间地带，其中存在着良心发现、幡然悔悟、重新做人的种种可能性。如小说《二十年后》中的鲍勃和杰米，很难用二分法来对人物作出评价，隐含了作者的复杂情感，这对涉世未深的八年级学生来说是个理解的难点。

本课设计了从了解情节、赏析结尾、分析人物等入手，体验情感、理解作者意图，由表及里，从人物故事到社会生活，从中得到人生的启示和艺术的享受。抓住结构上最鲜明的特色——欧·亨利式结尾，仔细品味对人物的描写，结合个人阅读体验对人物作出合乎情理的评价，进而感受人物复杂情感，领悟

作者写作目的。

聚焦小说结尾,细读文本,找出前文的伏笔,构建起"欧·亨利式结尾"的形式图式,既是理解小说主旨的切入口,也为九年级上册学习《贤人的礼物》做好铺垫。

(二)教学目标

(1)梳理故事情节,赏析"欧·亨利式结尾"独特的艺术魅力。
(2)分析人物形象,了解欧·亨利小说对小人物的关注和同情。

(三)教学过程

1. 课前预习
(1)借助工具书通读课文两遍,了解小说主要内容。
(2)查阅资料,结合课前导读,了解欧·亨利短篇小说的特点。

2. 导入新课
根据课前导读,概括欧·亨利短篇小说的主要特点:
(1)思想内容——关注小人物。
(2)艺术特色——欧·亨利式幽默(含泪的微笑);欧·亨利式结尾(意料之外,情理之中)。

3. 概括大意,梳理情节
(1)试用简洁的语言概括主要内容,注意区分现实和回忆部分。
鲍勃和杰米约定会面,二十年后履行约定。(第18段"践约")
(2)根据对话内容概括人物二十年间的经历。
鲍勃——去西部挣家业;
杰米——在纽约过日子。

4. 赏析小说结尾独特艺术魅力
(1)结尾出人意料——鲍勃是通缉犯,杰米就是之前的巡警。
(2)试从上文找到"情理之中"的伏笔。
小组讨论,找出前文伏笔:情理之中——前文伏笔(雪茄、肖像、身高、表现等)。

5. 结合相关描述分析人物形象,体会复杂情感
(1)分角色朗读人物对话。

（2）结合语言、肖像等描写分析人物形象。

鲍勃——敢于冒险、自高自大、圆滑善变；

杰米——埋头苦干、忠于职守；

共同点——重情守诺。

6. 归纳小结，感受作者对小人物的关注与同情

我的目的在于指出：每个人的内心都有过上体面生活的愿望，即使那些沦于社会最底层的人，只要力所能及，都愿意回到比较高尚的生活，人性的内在倾向是弃恶趋善的。——欧·亨利

7. 布置作业

课外阅读欧·亨利短篇小说，从内容（关注小人物）或结构（欧·亨利式结尾）方面任选一个角度，向同学推荐一篇小说。

十、从标题入手梳理文章思路
——《从百草园到三味书屋》教学设计

（一）设计说明

《从百草园到三味书屋》是一篇经典的回忆性散文，选自鲁迅先生带有自传性的散文集《朝花夕拾》，编入义务教育教科书《语文》七年级上册第三单元。这一单元选文主要是写学习生活的，旨在让学生了解不同时代儿童的学习状况和成长经历，感受永恒的童真、童趣、友谊和爱。重点学习默读，关注标题、开头、结尾及关键语句。名著导读内容则是《朝花夕拾》（消除与经典的隔膜）。

本文结构思路清晰，从标题和过渡句段入手，可以很快理清文章脉络，建构起阅读散文的形式图式。七年级学生即将告别童年，文章内容可以引发共鸣，但如何透过字面意思读懂深刻内涵，进而把握主旨有一定难度。为达成教学目标，设置了两个看似矛盾的问题：百草园是"荒园"还是"乐园"？三味书屋的生活"有味"还是"无味"？依据文本品味语言，关注儿童视角，理解字里行间蕴含的童真童趣，感悟成长历程。再回顾标题和首尾段中关键词句，借助《朝花夕拾》小引了解写作背景，探究主旨，跟随成年鲁迅走进一个充满童趣的精神家园。布置的作业既是拓展延伸，也为名著阅读奠定基础。大

致思路如图1-10-1所示。

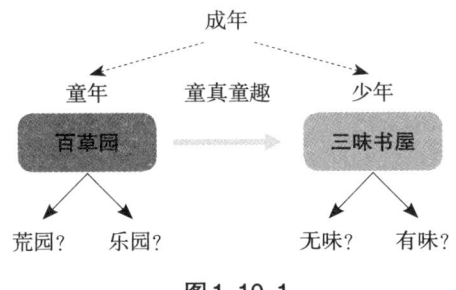

图1-10-1

(二)教学目标

(1)根据标题及过渡语段梳理文章思路。
(2)品味准确生动的语言,理解童年的美好与成长的意义。

(三)教学过程

1. 课前预习

课前阅读《朝花夕拾》小引,了解写作背景。

2. 导入新课

自读"单元导语",明确单元学习目标:

(1)了解不同时代儿童的学习和成长经历,感受童真童趣。
(2)学习默读,关注标题及关键句段,了解文章大意。

被誉为"民族魂"的鲁迅先生有过怎样的童年时光?小时候的他玩些什么、学些什么、想些什么呢?成年后的鲁迅回望这段时光又想表达什么呢?一起来学习他的回忆性散文《从百草园到三味书屋》。

3. 梳理思路

默读课文,结合标题及关键段理清文章结构思路。

明确:标题提示文章主要写了"百草园"和"三味书屋"两大部分内容,根据过渡段第9自然段"我不知道为什么家里的人要将我送进书塾里去了……总而言之:我将不能常到百草园了……",可知文章第1～8段写百草园,第10～24段写三味书屋。

4. 理解内容

(1)"荒园"?"乐园"?(分析"百草园"部分)

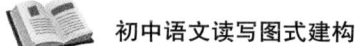

第一，细读第1~8段可知，百草园实际是个"荒园"，找找文本依据。

第1段——似乎确凿只有一些野草

第2段——写各种动植物，暗示人迹罕至

第3段——长的草里是不去的

第7段——这是荒园，人迹罕至

第二，在童年鲁迅的眼中，"但那时却是我的乐园"，"乐"在何处？

第2段——百草园探秘

概括写：

不必说碧绿的菜畦，光滑的石井栏……（静）

也不必说鸣蝉在树叶里长吟……　　　（动）

具体写：

单是周围短短的泥墙根一带，就有无限趣味……

这部分描述了童年鲁迅对百草园中动植物的细致观察，以及在园中的活动，可见逗留时间之长、频率之高，表现百草园对一个孩子的吸引力之大、乐趣之多，充分体现了孩子的天真、好奇和顽皮。

第3~6段——听长妈妈讲故事

把故事讲给同学听听，想一想这个故事有哪些荒谬之处。

① 老和尚从"气色"断定书生为"美女蛇"所迷，有杀身之祸。

② 小盒子里的飞蜈蚣把美女蛇治死了。

③ 倘有陌生的声音叫你的名字，你万不可答应他。

这样荒谬的故事有何"乐趣"可言？

故事的逻辑是荒唐的，但长妈妈讲得郑重其事，而"我"也听得津津有味。"后来呢？"这一插入语表明"我"被故事深深吸引了，而"这故事使我觉得做人之险，夏夜乘凉，往往有些担心，不敢去看墙上，而且极想得到一盒老和尚那样的飞蜈蚣。走到百草园的草丛旁边时，也常常这样想。"这种心理很贴合孩子的年龄特点。"但直到现在，总还是没有得到，但也没有遇见过赤练蛇和美女蛇……"则把对长妈妈的调侃和自我调侃结合起来，充满谐趣。

第7~8段——雪天捕鸟

根据第8段内容"费了半天力，捉住的不过三四只"可知，我的捕鸟收获并不多，如何体现乐趣呢？

收获不多的原因是我"太性急",这也符合孩子的特征。捕鸟的过程用了一系列动词"扫、支、撒、系、牵、拉、罩",准确生动,一气呵成,可见对这一过程印象深刻,虽然所获不多,但过程中想必乐趣无穷。

第三,小结:从上面分析可知,从客观和成人角度看,百草园确实只是"荒园",而从儿童视角看,这样的园子是自由的、富有吸引力的,满足了孩子对什么都好奇的童心,洋溢着儿童的趣味,是孩子心灵的"乐园"。"总而言之,我将不能常到百草园了。"言下之意是"我"之前常到百草园。因而当得知家里人要将自己送进书塾里时,"我"对亲密无间的动植物朋友们充满了留恋不舍,为失"乐园"而沮丧不已。

(2)"无味"?"有味"?(分析"三味书屋"部分)

第一,相对于充满趣味的百草园,三味书屋的生活可以说是"无味"的,有何表现?

一是先生古板严厉。

第14段:"不知道!"他似乎很不高兴,脸上还有怒色了。(也许是真不知道,也许是不愿说)

第18～19段:"人都到哪里去了?!""戒尺""罚跪"(最严厉的书塾)

二是学习晦涩死板。

第16段:我就只读书,正午习字,晚上对课。(学习形式单调乏味)

第21段:于是大家放开喉咙读一阵书……(学习内容晦涩难懂)

第二,三味书屋的生活是否也有值得回味的呢?

一是先生和善,读书陶醉入神。

第11段:和蔼地在一旁答礼

第16段:后来却好起来了,不过给我读的书渐渐加多,对课也渐渐加上字去……

第19段:他有一条戒尺,但是不常用,也有罚跪的规则,但也不常用,普通总不过瞪几眼……

第20段:他总是微笑起来,而且将头仰起,摇着,向后面拗过去,拗过去。

二是孩子顽皮活泼,天性未泯。

第17段:偷跑进园子折蜡梅花,寻蝉蜕,捉苍蝇喂蚂蚁。

第24段:纸糊的盔甲套在指甲上做戏,描绣像。

第三,小结:三味书屋的生活固然枯燥乏味,然而先生有和善有趣的一面，孩童天真好奇、活泼顽皮的天性也是无法泯灭的，因此，赋予了这段学习生活以趣味和快乐。

5.探究主旨

（1）回顾以上内容，思考：标题《从百草园到三味书屋》能否改为《百草园和三味书屋》？

原标题体现了百草园和三味书屋的内在关联，"从……到……"既是时间的延续，也体现了童年走向少年、自然人向社会人过渡的成长历程，不变的是永恒的童真童趣。

（2）成年鲁迅回望这两段时光，想要表达什么呢？细读首尾段。

第1段：现在是早已并屋子一起卖给朱文公的子孙了，连那最末次的相见也已经隔了七八年，其中似乎确凿只有一些野草；但那时却是我的乐园。

第24段：读的书多了，画的画儿也多起来……这东西早已没有了吧。

文章首尾运用陈述句，以"失去"百草园发端，以"失去"三味书屋中画的画儿收束，看似平淡的叙述中蕴含着作者隔着时光距离抚摸旧时岁月的难以抑制的欢欣与快慰。这样美好纯真的岁月越是快乐，这样的"失去"就越令人怅惘。

本文写于1926年，这是鲁迅人生充满变动，心情"空洞、芜杂"的一年，因而"想在纷扰中寻出一点闲静来"，记忆上"还有旧来的意味留存"，使他"时时反顾"（《朝花夕拾》小引）。百草园和三味书屋构成了鲁迅儿时生命成长的空间，也是给予他无限怀想与留恋的精神家园。

6.布置作业

课外阅读《朝花夕拾》其余篇目，进一步体会平淡质朴的笔墨间蕴藉的深邃思想与深沉情感。

十一、分析材料关系　把握文章内容
——记叙文专项复习（一）教学设计①

（一）设计说明

这是九年级的记叙文专项复习课，选择了上海市初中语文学业考的记叙文

---

① 为长宁区公开课教案。

阅读语段。复习课的任务首先是引导学生对知识进行归纳、整理，并体现出知识间的联系、拓展与延伸；其次是帮助学生查缺补漏，针对疑难困惑重点解析，帮助学生扫清知识盲点。内容概括是记叙文阅读的常见考点，这节课主要是帮助学生梳理记叙文内容概括的常见题型及一般方法，采用段意归并及取主舍次的方法概括内容，关注材料与材料之间的关系及提示性语句，进而读懂文章主旨，建构记叙文阅读内容概括的一般图式。课前完成练习，引导学生对记叙文内容概括这一知识点进行梳理归纳，形成对所学知识的初步图式。课上结合例文梳理知识，并适时迁移到新的文本中。课后练习巩固已有图式，并与写作结合起来，使得新知与旧知关联，深化认知结构。

（二）教学目标

（1）梳理概括记叙内容、提炼文章中心的一般方法。

（2）归纳记叙文概括类习题常见题型及其变式。

（三）教学过程

1. 课前准备

学生自主完成记叙文阅读练习《评语》《龙眼与伞》，教师批阅并归纳主要问题。

2. 知识梳理

（1）精讲阅读练习《评语》，关注三道习题考查侧重点及相互关联。

（2）梳理概括记叙文内容的一般方法：取主舍次、段意归并。

（3）归纳提炼记叙文中心的一般方法：捕捉显性信息、分析材料关系。

评　语

① 那年我上小学三年级。寒假前到学校拿学期成绩单。回家时，我与六七个没带书包的好友同行，刚领的成绩单拿在手上，已经被我们折得皱巴巴了。

② "老师给你们什么评语？"阿益问。"还没看，不知道。"包括我，好几个人都这么说。反正不会是什么好话，我心想。

③ "来猜我的是什么？"阿益翻起成绩单一角，露出老师的评语的最后一个字：马。

④ "害群之马？"我说。

⑤"没那么糟!"阿益掀开成绩单。

⑥我刚刚看错了,是"焉"。"心不在焉",的确比"害群之马"好多了。

⑦"你的呢?"他们问。我也翻开一小角,露出评语最后两字:"用功"。"上一个字是'不'吧!"大家起哄说,"不用功。"

⑧我再翻开一些,看到的字出乎意料,是"又"。<u>聪明又用功?礼貌又用功?乖巧又用功?</u>不管前面的字是什么,总之,是个好评语。我高兴又害羞,便把成绩单压着,不让同学看。直到走到家门口,才翻开看整句评语:活泼又用功。

⑨活泼,我当之无愧,但实在想不起自己哪里用功了?我上课时玩磁铁、涂鸦……老师看到我,总是皱着眉头,又怎么觉得我用功?难道老师在开玩笑?

⑩整个寒假期间,那句"活泼又用功"的评语,却在脑海中挥之不去,还自动变成歌词,配的是《无敌铁金刚》的旋律。我也就手舞足蹈、心甘情愿地收拾玩心写作业。

⑪开学后,即使成绩单缴回给了老师,那句评语还是经常出现在脑海中。我开始专心上课、写作业,从进步奖领到前五名、前三名的奖状、还参加作文、朗读比赛……

⑫一学期过去了。放暑假的前一天,从老师手中接过成绩单时,也多了些期待。我翻开成绩单内页,右边是交错的"优"和"甲",左边则是这学期的评语"努力进取",就在上学期的评语"活泼又用功"旁边。

⑬回家的路上,阿益接过我的成绩单,说:"我这学期的评语跟你上学期的一样!"

⑭"活泼又用功?"我有点惊讶。<u>他挑起一边的眉毛,说:"活泼欠用功啦!"他厌恶我无意的挖苦,丢还我的成绩单</u>。

⑮我这才仔细看清楚,原来墨渍下那个"又"字其实是"欠"字。突然,脑海里伴着我整学期的旋律变得荒腔走板。

⑯十多年后,我自己当了老师,在给学生写评语时,我用快干墨水工整书写,学生不必透过误解或猜测,就能直接感受善意和鼓励。

⑰学生也把对"我"的评语,写成节日小卡。我仔细读过以后,把它们收在纪念品盒子里,也收藏在心里。跟我小学三年级的成绩单一起。

(删改自台湾王传明《评语》)

1. 本文按照时间顺序,写了两部分内容,请概括
(1)小学三年级时,_____
(2)十多年后,_____

2. 本文给我们多方面启示,不恰当的一项是(　　　)

A. 写字清楚端正很重要。

B. 误会往往能助人进步。

C. 经历是一笔人生财富。

D. 鼓励欣赏会给人力量。

3. 本文标题"评语"不可以改为"误读",请简述理由

_____

_____

_____

3. 能力迁移

(1)结合上述方法再读《龙眼与伞》,自查练习题答题情况。

(2)讨论、纠正、交流《龙眼与伞》练习。

(3)对比归纳《评语》《龙眼与伞》习题的异同与关联。

龙 眼 与 伞

① 大兴安岭的春雪,比冬天的雪要姿容灿烂。雪花仿佛沾染了春意,朵大,疏朗。它们洋洋洒洒地飞舞在天地间,犹如畅饮了琼浆,轻盈,娇媚。

② 我是喜欢看春雪的,这种雪下得时间不会长,也就两三个小时。站在窗前,等于是看老天上演的一部宽银幕的黑白电影。山、树、房屋和行走的人,在雪花中闪闪烁烁,气象苍茫而温暖,令人回味。

③ 去年,我在故乡写作《额尔古纳河右岸》。四月中旬的一个下午,正写得如醉如痴,电话响了。是妈妈打来的。她说:"我就在你楼下,下雪了,我来给你送伞,今天早点回家吃饭吧。"

④ 没有比写到亢奋处遭受打扰更让人不快的了。我懊恼地对妈妈说:"雪有什么可怕的,我用不着伞,你回去吧,我再写一会儿。"妈妈说:"我看雪中还夹着雨,怕把你淋湿,你就下来吧!"我终于忍耐不住了,冲妈妈无理地说:"你也是,来之前怎么不打个电话?问问我需不需要伞。我不要伞,你回

去吧!"

⑤我挂断了电话。听筒里的声音消逝的一瞬,我马上意识到自己犯了最不可饶恕的错误!我跑到阳台,看见飞雪中的母亲撑着一把天蓝色的伞,微弓着背,缓缓地朝回走。她的腋下夹着一把绿伞,那是为我准备的啊!我想喊住她,但羞愧使我张不开口,只是默默地看着她渐行渐远。

⑥也许是太沉浸在小说中了,我竟然对春雪的降临毫无知觉。从地上的积雪看得出来,它来了有一两个小时了。确如妈妈所言,雪中夹杂着丝丝细雨,好像残冬流下的几行清泪。做母亲的,怕的就是这样的泪痕会淋湿她的女儿啊!而我却粗暴地践踏了这份慈爱!

⑦从阳台回到书房后,我将电脑关闭,站在南窗前。窗外是连绵的山峦,雪花使远山隐遁了踪迹,近处的山也都模模糊糊,如海市蜃楼。山下没有行人,更看不到鸟儿的踪影。看来老天也在挥洒笔墨,书写世态人情。我想它今天捕捉到的最辛酸的一笔,就是母亲夹着伞离去的情景。

⑧雪停了,黄昏了。我锁上门,下楼,回妈妈那里。做了错事的孩子最怕回家,我也一样。朝妈妈家走去的时候,我觉得心慌气短。妈妈分明哭过,她的眼睛红肿着。我向她道歉,说我错了,请她不要伤心了,她背过身去,又抹眼泪了。我知道自己深深伤害了她。我虽然四十多岁了,在她面前,却依然是个任性的孩子。

⑨母亲看我真的是一副悔过的表情,便在晚餐桌上,用一句数落原谅了我。她说:"以后你再写东西时,我可不去惹你!"

⑩《额尔古纳河右岸》初稿完成后,我到青岛改稿。一天午后,青岛海洋大学文学院的刘世文老师来看我,我们坐在一起聊天。她对我说,十几年前,她的儿子在沈阳得了重病,沈阳的亲属打电话让她赶快去沈阳。刘老师说她坐上开往沈阳的火车后,脑子里全都是儿子的影子,他的笑脸,他说话的声音,他喊妈妈时的样子。她黯然神伤的样子引起了别人的同情,有个南方的旅客抓了几颗龙眼给她。刘老师说,那个年代,龙眼在北方是稀罕的水果,她没吃过,她想儿子一定也没吃过。她没舍得吃一颗龙眼,而是一路把它们攥在掌心,想着带给儿子……

⑪那个时刻,我的眼前蓦然闪现出春雪中妈妈为我送伞的情景。母爱就像伞,把阴晦留给自己,而把晴朗留给儿女。母爱也像那一颗颗龙眼,不管表皮多么干涩,内里总是深藏着甘甜的汁液。

1. 作者"妈妈""把阴晦留给自己"的具体表现是：

（1）母亲独自默默地回家。

（2）_____

"把晴朗留给儿女"的具体表现是：

（1）_____

（2）_____

2. 对本文主旨理解最恰当的一项是（　　　）

A. 体现了母亲乐观开朗的个性。

B. 赞美了母亲的慈爱、宽容。

C. 抒发了对母亲的思念之情。

D. 表现了母爱的无私、高尚。

3. 作者写了自己与母亲之间的故事，为什么还要写刘老师的故事？结合全文，从结构和内容两个角度，说说你的看法。（80字左右）

_____
_____
_____
_____

4. 练习巩固

完成后附练习题。

阅读《爸爸教我读中国诗》，试着从"把握文章内容"角度拟一道习题，并给出参考答案和评分标准。

（1）自拟习题

_____

（2）参考答案

_____
_____

（3）评分标准

_____

十二、找准角度　赏析语言
——《记叙文专项阅读——品味语言》教学设计[①]

（一）设计说明

　　这是一节九年级的记叙文阅读专项复习课，主要探讨赏析语言表现力的角度和答题要点。朱自清先生的散文《冬天》是沪教版九年级下册"艺术长廊"单元的《文中有"画"——〈冬天〉赏析》一文的附文，篇幅适中，思路清晰，文章可供鉴赏的语言点比较丰富。这节课抓住学生在记叙文阅读中常见的语言表现力赏析进行归纳复习，在学生已有语言赏析的图式中加以强化和补充，使得学生对这一类题型有更为清晰的认知，从而丰富语言图式。

　　《冬天》是朱自清先生写于1933年的一篇散文，文章以冬天串联起三个画面，侧重表现了家人团坐、温馨和乐的父子情，西湖赏月、清幽宁静的友情，异地谋生、寂寞自在的亲情。袁枚在《随园诗话》中说："性情厚者，词浅而意深；性情薄者，词深而意浅。"朱自清的散文正是体现出词浅而意深的特点，语言质朴无华，却蕴含深意，需要仔细品味，因此选择本文作为复习语言赏析的例文。

　　语言表现力涉及的角度很多，最为常见的是从修辞和描写的角度，这也是学生比较熟悉的。这节课把重点落在一些具体的词语上，以弥补已有语言图式的不足。

　　例1从修辞的角度赏析，是对已有知识的复习巩固。这句话用了比喻的修辞，把在水中嫩而滑的豆腐比作反穿的白狐大衣，从视觉和触觉的角度写出了豆腐的白嫩和细滑，白狐大衣使人油然而生温暖的感觉。例2从描写角度赏析，也是复习旧知。这个句子主要采用了动作描写，通过"站""仰""觑""伸进""夹起""放在"等动词，辅之以"常常""微微""一一"等叠词作为修饰语，细致描摹出父亲在寒冷的冬夜不厌其烦地为我们夹豆腐，画面温馨。例3以选择题形式比较量词的表达效果。四个量词从语法上看都可以选用，但是通过比较，结合语境发现"星"字写出了冬夜西湖山下星星点点的渔火，营造出静谧清幽的意境，平添了几分诗意，既和句中"偶尔"一词吻合，也引出了后文S君的两句诗"数星灯火认渔村，淡墨轻描远黛痕"。这里量词的使用和《湖心亭看雪》中的"湖上影子，惟长堤一痕、湖心亭一点、与余舟一芥、舟中人

[①] 为崇明区教研活动教学设计。

两三粒而已"有异曲同工之妙。例4是对两句话表达效果的鉴赏,原文"似乎台州空空的,只有我们四人;天地空空的,也只有我们四人。"以两个复句反复强调"空空的"和"只有我们四人",写出了客居异乡的孤独和亲人之间相互牵挂关爱带来的内心的满足感与充实感,改后句虽然意思是一样的,但效果明显减弱了。例5是从关联词语角度分析句子内涵:无论怎么冷,大风大雪,想到这些,我心上总是温暖的。这是文章的最后一段,以一个表示条件关系的复句总结全文。"无论……总是……"表示排除一切条件,句中强调了上文的亲情、友情给作者带来的内心温暖可以驱散一切寒冷和风雪,凸显了文章主旨。叶圣陶在回忆朱自清时这样评价他:"作文、作诗、编书极为用心,下笔不怎么快,有点儿矜持,非自以为必要的意见绝不乱写。"通过字斟句酌,比较赏析,相信我们对此有了直观的感受。

美国教育心理学家奥苏贝尔认为一切新的有意义的学习都是在原有学习基础上产生的,不受学习者原有认知结构影响的学习是不存在的,即一切有意义的学习必然包括迁移。这节复习课正是建立在学生原有语言图式基础上作出的迁移。

(二)教学目标

(1)概括文章内容及主旨。
(2)归纳分析语言表现力的角度及常见题型。

(三)教学过程

1.课前准备

学生自主阅读例文《冬天》,概括文章要点,把握行文思路。摘录文中富有表现力的词语或句子一至两处并赏析。

2.考点解读与内容概括

(1)考点解读。《2018年上海市初中语文课程终结性评价指南》:"2.现代文阅读能力""2.7 能对文章的思想内容、常见写作手法及语言表现力,表达自己的感受和见解"。

(2)概括《冬天》内容及主旨。

3.结合例句,归纳记叙文语言表现力的分析角度及答题要点。

(1)修辞:

【例1】水滚着,像好些鱼眼睛,一小块一小块豆腐养在里面,嫩而滑,仿佛反穿的白狐大衣。

这句话语言富有表现力，请从修辞角度加以分析。

_____

（2）描写：

【例2】"洋炉子"太高了，父亲得常常站起来，微微地仰着脸，觑着眼睛，从氤氲的热气里伸进筷子，夹起豆腐，一一地放在我们的酱油碟里。

这句话运用了什么描写手法？有何作用？

_____

（3）其他：

【例3】请选择最恰当的词语填入画横线处，并说明理由。

山下偶尔有一两_____（A.处 B.盏 C.家 D.星）灯火。

选（　　）项，理由：_____

【例4】试比较A、B两句的表达效果，说说那一句更好。

A.似乎台州空空的，只有我们四人；天地空空的，也只有我们四人。

B.似乎台州和天地空空的，只有我们四人。

_____

【例5】无论怎么冷，大风大雪，想到这些，我心上总是温暖的。

请结合加点词语分析这句话的内涵。

_____

4.归纳小结

（1）词语——动词、修饰语、关联词等

（2）句子——修辞、描写、特殊句式等

（3）其他——标点、表达方式等

5.布置作业

阅读《文中有"画"——〈冬天〉赏析》，借鉴其结构思路，从语言表现力角度，为《冬天》写一篇评论文章。

冬　天

朱自清

说起冬天，忽然想到豆腐。是一"小洋锅"（铝锅）白煮豆腐，热腾腾的。水滚着，像好些鱼眼睛，一小块一小块豆腐养在里面，嫩而滑，仿佛反穿的白狐大衣。锅在"洋炉子"(煤油不打气炉)上,和炉子都熏得乌黑乌黑,越显出豆腐的白。这是晚上,屋子老了,虽点着"洋灯",也还是阴暗。围着桌子坐的是父亲跟我们哥儿三个。"洋炉子"太高了,父亲得常常站起来,微微地仰着脸,觑着眼睛,从氤氲的热气里伸进筷子,夹起豆腐,一一地放在我们的酱油碟里。我们有时也自己动手,但炉子实在太高了,总还是坐享其成的多。这并不是吃饭,只是玩儿。父亲说晚上冷,吃了大家暖和些。我们都喜欢这种白水豆腐;一上桌就眼巴巴望着那锅,等着那热气,等着热气里从父亲筷子上掉下来的豆腐。

又是冬天,记得是阴历十一月十六晚上,跟S君P君在西湖里坐小划子。S君刚到杭州教书,事先来信说:"我们要游西湖,不管它是冬天。"那晚月色真好,现在想起来还像照在身上。本来前一晚是"月当头";也许十一月的月亮真有些特别吧。那时九点多了,湖上似乎只有我们一只划子。有点风,月光照着软软的水波;当间那一溜儿反光,像新研的银子。湖上的山只剩了淡淡的影子。山下偶尔有一两星灯火。S君口占两句诗道:"数星灯火认渔村,淡墨轻描远黛痕。"我们都不大说话,只有均匀的桨声。我渐渐地快睡着了。P君"喂"了一下,才抬起眼皮,看见他在微笑。船夫问要不要上净慈寺去;是阿弥陀佛生日,那边蛮热闹的。到了寺里,殿上灯烛辉煌,满是佛婆念佛的声音,好像醒了一场梦。这已是十多年前的事了,S君还常常通着信,P君听说变动了好几次,前年是在一个特税局里收特税了,以后便没有消息。

在台州过了一个冬天,一家四口子。台州是个山城,可以说在一个大谷里。只有一条二里长的大街。别的路上白天简直不大见人;晚上一片漆黑。偶尔人家窗户里透出一点灯光,还有走路的拿着的火把;但那是少极了。我们住在山脚下。有的是山上松林里的风声,跟天上一只两只的鸟影。夏末到那里,春初便走,却好像老在过着冬天似的;可是即便真冬天也并不冷。我们住在楼上,书房临着大路;路上有人说话,可以清清楚楚地听见。但因为走路的人太少了,间或有点说话的声音,听起来还只当远风送来的,想不到就在窗外。我们是外路人,除上学校去之外,常只在家里坐着。妻也惯了那寂寞,只和我们爷儿们守着。外边虽老是冬天,家里却老是春天。有一回我上街去,回来的时候,楼下厨房的大方窗开着,并排地挨着她们母子三个;三张脸都带着天真微笑地向着我。似乎台州空空的,只有我们四人;天地空空的,也只有我们四人。那时是民国十年,妻刚从家里出来,满自在。现在她死了快四年了,我却还老记着

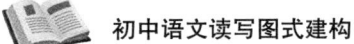

她那微笑的影子。

无论怎么冷，大风大雪，想到这些，我心上总是温暖的。

十三、学习分析推理　读懂说明事理
——《阿西莫夫短文两篇》教学设计

（一）设计说明

《阿西莫夫短文两篇》是统编版语文教材八年级下册第二单元中的一篇课文，本单元都是阐释事理的说明文。事理说明文以分析事物的关联、介绍科学道理为主，具有严密的逻辑性。单元目标要求理清文章的说明顺序，筛选主要信息，读懂文章阐述的事理；学习分析推理的基本方法，激发科学探究的兴趣。

《阿西莫夫短文两篇》都谈到了恐龙灭绝，都从某一现象出发，通过分析事物间的内在联系，得出规律性的认识。因此教学过程以梳理文章推理思路为重点，运用思维导图可以清晰直观地呈现思路，并显示出两篇短文在思路上的相似之处，进而归纳出科学发现探究类事理说明文的形式图式。布置的作业也紧紧扣住教学目标，为学生提供了思维支架，期望通过作业进一步巩固科学推理思路，激发科学探究的兴趣。

图式学习既是运用图式自主学习的过程，也是建构发展图式的过程。图式读写直接作用于知识探索过程，引导学生经历自主探究的过程，使学生获得对知识的深度理解，并逐步形成结构化认知。

（二）教学目标

（1）梳理文章分析推理思路。
（2）运用所学思路仿写科学小短文。

（三）教学过程

1. 梳理《恐龙无处不有》推理思路。
（1）通读全文，思考本文要说明的是什么事理。
通过南极恐龙化石的发现推论出大陆漂移说的成立。

（2）运用思维导图梳理思路（图1-13-1）。

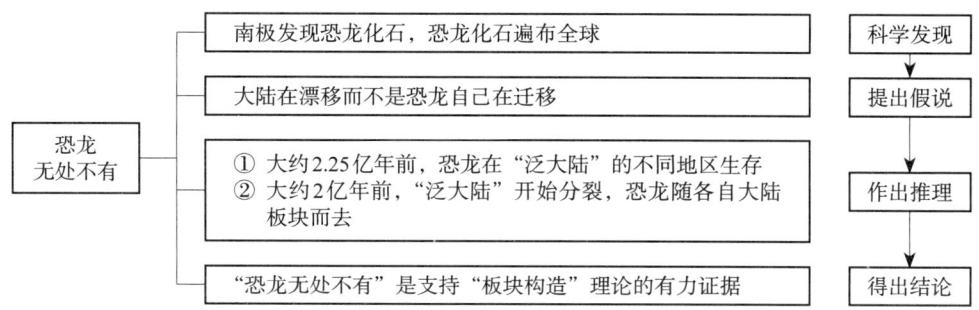

图1-13-1

2.梳理《被压扁的沙子》说明思路。

（1）通读全文，思考本文要说明的是什么事理。

梳理被压扁的沙子与撞击说的因果关系。

（2）运用思维导图梳理思路（图1-13-2）。

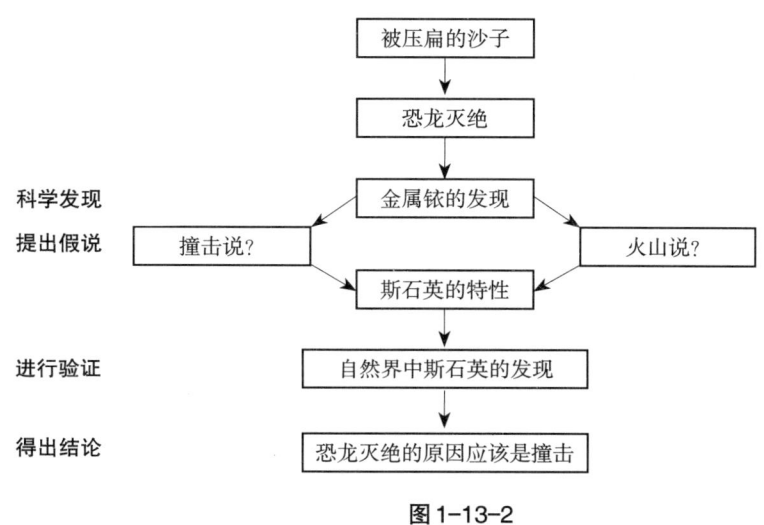

图1-13-2

3.归纳小结两篇短文的内容和结构思路的联系（图1-13-3）

4.布置作业（二选一）

（1）恐龙灭绝的原因到底是什么？课文为我们提供了两种假说，其实还有多种相关的假说。课外搜集整理资料，写一篇小短文阐述你的认识，并互相交流。

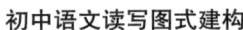

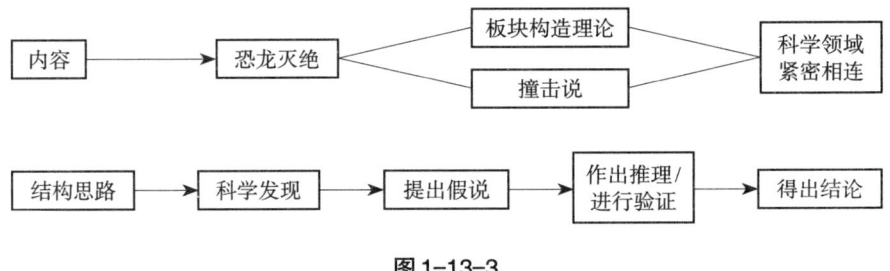

图1-13-3

（2）生活中你有什么观察和发现吗？请根据你的观察和发现，进行验证或查阅资料，写一篇小短文阐述你的认识，并互相交流。

要求：先用下列表格梳理思路，再连缀成文，不少于300字。

科学发现/我的发现	
提出假说	
推理研究/进行验证	
得出结论	

学生作业（一）

我的发现	蜗牛在阴暗潮湿的雨天活动。
提出假说	蜗牛有触觉、视觉，没有嗅觉。
进行验证	1.（用玻璃棒）轻触触角，它缩了回去。 2.用手电筒照它，触角没有反应。 3.用沾了醋的棉签靠近蜗牛头部，它一开始触角晃动，接着向反方向爬走。
得出结论	蜗牛有触觉、嗅觉，无视觉。

今年的梅雨天比往年要多。出门走路时，叶子上会出现一些"不速之客"——蜗牛。它们似乎只有在雨天出现，而且离刺眼的灯光远远的。我产生

了疑问：蜗牛有没有视觉、触觉和嗅觉呢？

于是我捏着蜗牛的壳进了家门，放在小盒里。要进行实验了！我轻轻用手触碰蜗牛触角，它缩了回去，说明它有触觉（其实已经知道）。接着我又就视觉问题对它进行实验：拿出打开的手电筒照了它，它好像没有任何反应，连续几次都是如此，说明它可能没有视觉。最后我用沾了醋的棉签靠近触角，它晃来晃去好像在观察什么，之后竟朝反方向爬走了，这说明蜗牛竟有嗅觉！我大开眼界。

经过查阅资料得知，蜗牛是有视觉的，只不过视力很差，只能看见附近5厘米的东西。通过这次小实验，我了解到蜗牛有触觉、嗅觉和视觉。以后还要多尝试，开发新潜能！

学生作业（二）

科学发现	白垩纪晚期，大量的恐龙蛋的孵化出现了问题。
提出假说	恐龙灭绝的原因是繁殖受挫。
推理研究	1. CT扫描发现蛋壳变薄，不利于孵化，随时间推移薄壳蛋增多。 2. 相比侏罗纪，白垩纪恐龙化石少而恐龙蛋化石变多。
得出结论	恐龙灭绝是因为繁殖受挫。

科学家们为恐龙这一巨大物种的灭绝原因争论不休。近些年来，又有一些人提出了新的假说。

目前，世界上许多地方已经陆续发现了恐龙蛋化石。对这些恐龙蛋的深入研究让科学家相信，恐龙的灭绝与繁殖受挫有关。

蛋壳厚度是影响孵化率的重要因素。同类蛋的蛋壳厚度都有一定的变化范围，如短圆蛋的蛋壳厚度较大，大约为2毫米。但是山东莱阳发现的短圆蛋中，出土于下部层位的蛋壳厚度大，上部层位蛋壳厚度明显减小，甚至仅有1毫米。蛋壳过薄或过厚都不利于孵化，尤其是晚白垩世晚期薄壳蛋更是多见。因此，到了晚白垩世晚期，也就是恐龙绝灭之时，大量的恐龙蛋没有孵化是可以肯定的。

另外，科学家发现，侏罗纪时恐龙化石多，但恐龙蛋化石少。相反，到了白垩纪，恐龙化石少，而恐龙蛋化石却很多。台湾学者在西峡考察研究时，认

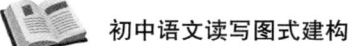

为蛋内可能曾有细菌繁殖。

上述现象均表明，白垩纪晚期的恐龙蛋在孵化过程中发生了严重的问题，因而造成了恐龙繁殖受挫，这很可能是恐龙灭绝的原因。

十四、把握演讲词的一般思路
——《应有格物致知精神》教学设计

（一）设计说明

本文是统编版语文教材八年级下册第四单元"活动·探究"单元的一篇自读课文，这一单元设置了三个任务：学习演讲词、撰写演讲稿、举办演讲比赛。在"任务一"学习演讲词部分有《最后一次讲演》《应有格物致知精神》《我一生中的重要抉择》等演讲词。"任务一"要求理解作者的思想观点，把握演讲词的特点。"任务二"要求学习演讲词的写法。

在学习了《最后一次讲演》，了解了演讲词的要素后，学生带着问题自读本文，并结合练习部分提供的支架，完成对思路的梳理，进而提炼出演讲词的一般结构思路，其中"核心概念界定"和"联系实际"部分应根据演讲的实际情况确定是否需要。"阐述观点"是演讲词的主体部分，可进一步分解为"为什么"和"怎么做"两部分，通过事实和道理加以论证，这部分内容也可以和议论文的学习联系起来。在完成演讲词的撰写后，每位同学还录制了音频或视频，线上进行了展示交流。

本课中演讲词的形式图式嵌入是化解认知难点、优化思维结构的学习支架。

（二）教学目标

（1）梳理演讲词主要内容和核心观点

（2）提炼演讲词的一般思路并撰写演讲稿

（三）教学过程

1.回顾演讲词的要素，自读课文《应有格物致知精神》，提取内容要素

在《最后一次讲演》中，我们梳理了演讲词的要素（见图1-14-1），本文的主要内容也可以根据下图进行提炼，从而初步了解文章内容。

第一章　阅读图式建构

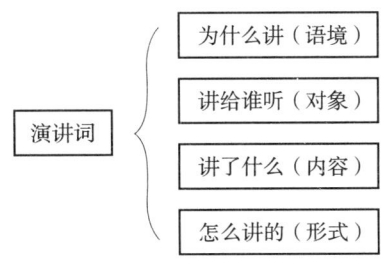

图 1-14-1

作者丁肇中先生1991年10月在"情系中华"大会上发表的演讲，我国的基础教育曾经忽视培养学生的创新精神和实践能力，所以演讲者根据现代学术发展和个人经验教训，联系传统的文化背景和现状，阐明应该怎样学习自然科学。针对的对象主要是中国学生。

2. 结合旁批及练习部分梳理演讲词内容思路

本文首先提出演讲的话题：学习自然科学的中国学生应该怎样了解自然科学；接着引入传统文化中的"格物致知"这一核心概念，并对此作出界定：从探察物体而得到知识；接着指出中国传统教育并不重视真正的格物致知，进而探求在现代观念中"格物致知"的内涵；进一步指出问题的现实针对性：中国学生存在重理论轻实验的缺点；而真正意义上的"格物致知"现实意义既是为了研究学术，也是为了应付世界环境；最后提出核心观点：寻求真理应重视对事物客观的（有想象力、有计划）的探索，也即应有格物致知精神，对学生提出希望，使得实验精神真正变为中国文化的一部分。

3. 归纳小结演讲词的一般思路

根据文章思路，提炼出演讲词的一般思路（图1-14-2）。

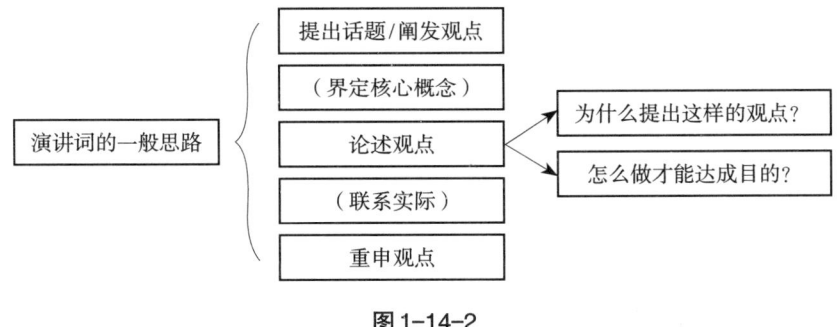

图 1-14-2

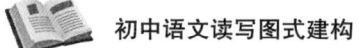

4. 布置作业

完成"任务二"撰写演讲词；录制演讲音频或视频，在班级中进行交流。

写作任务单及演讲词

一、写作指导

（一）明确演讲目的，拟想现场情景和听众情况

（1）听众情况（年龄、身份、文化程度、情绪状态等）。

（2）演讲目的（普及知识、宣扬观点、鼓动听众、针对性设计等）。

（二）开头

开门见山、直奔主题；列举引发共鸣的数据、事实；讲一个新奇小故事；要点提问等。

（三）内容要求

（1）观点明确。

（2）层次分明。

框架大纲参考《应有格物致知精神》结构思路。

（四）结尾

提出希望、鼓舞人心、强调观点、引人深思、引入名言等。

二、习作示例

我们都知道，人是社会性的动物，需要通过社交来保持与外界的联系，也会结交一些志同道合的朋友。现如今，随着互联网技术的发展，各式各样的社交软件应运而生，成为人们生活中不可或缺的一部分。由于网络的便捷性，许多上班族、学生党都开启了"网络交友"模式，以此来满足自己的社交需求。许多人都认为，不管用什么方式交友，只要拥有了朋友就等于拥有了友情，但通过网络结交朋友，是否能替代现实生活中的友情呢？

我认为，网络交友与现实交友有着很大的区别，这虽然是一种方便、快捷的方式，但也有很多弊端。

首先，网络是虚拟的世界，"网络交友"有很多的不确定性。比尔·盖茨曾经说过这样一句话："你甚至不知道和你交流的对方是人，还是一条会敲击键盘的狗。"由此可以看出，网络上结交的朋友并没有现实中的朋友那么真实可靠，从网络上获得的所谓"友情"，不过是一种情感上的自我安慰罢了。

其次，即便你交友的对象是一个实实在在的人，那么你收获的也只是"友谊"，而非真正的"友情"。我认为，"友谊"和"友情"之间并不能画等号。

凡是志同道合、互相欣赏的人都能成为朋友，并在每一次的交流中增进了解，建立友谊；而友情是朋友之间一种美好的感情，是只有当交友的双方都付出关爱、付出真诚时才能换来的东西。也就是说，"友谊"是朋友之间一种亲密的关系，而"友情"是建立在血缘关系之外的深厚情感，它和友谊一样珍贵，却比友谊更加难得。

如果你在社交平台上结交了一个朋友，你们也许有很多共同话题，并且经常在一起聊天，经常给对方的朋友圈点赞，经常关注对方的动态……至此，你们之间已经产生了友谊，但这还称不上真正的"友情"。

真正的友情，是两个人在一起一言不发也不会觉得尴尬；真正的友情，是当一个人悲伤无助的时候，另一个人会给予安慰与关怀；真正的友情，是两个人互相吸取对方身上的优点，一起变得更优秀。而以上这些，只有现实中的朋友才能做到，通过网络是无法实现的。

相信每个人都有几个知心的朋友，但由于疫情，我们无法陪伴在彼此身边，只能暂时利用网络进行交流。等到疫情消散、春回大地的时候，请你放下手机，给许久未见的朋友一个大大的拥抱吧！因为这，才是友情该有的样子。

十五、理解隐喻含义　把握核心观点
——《精神的三间小屋》教学设计[①]

《精神的三间小屋》是统编版语文教材九年级上册第二单元的一篇自读课文。本单元选文都是议论性文章，单元学习目标之一是把握作者的观点，理清论证的思路，学习论证的方法。本文在论证上的最大特点是通篇采用了比喻的方法进行论证说理，因此，通过理解隐喻的含义把握作者的核心观点是本文学习的重点。

作者的核心观点可以通过以下四个下位问题来梳理概括：

（1）作者的论述对象是什么？

（2）作者是针对什么问题展开论述的？

（3）论述过程中用了哪些喻体？赋予论述对象哪些特点？这些喻体引发的

---

① 为"空中课堂"讲稿。

变化中隐含了怎样的观点？

（4）这些论述内容之间有怎样的关系？

标题《精神的三间小屋》隐喻了文章论述对象是人的精神生活，论述的主要问题是"容心之所，该有怎样的面积和布置"。关于容心之所的面积，文章指出心灵活动的疆域也要有个基本达标的数值，这是人类精神生活的基本要求。关于容心之所的布置，需要我们为自己的精神修建三间小屋：精神的第一间小屋需要给爱留下足够的空间；精神的第二间小屋盛放事业，需要规划自己的职业生涯；精神的第三间小屋安放我们自身，需要我们坚守独立的思想。

文章以"精神的三间小屋"为统领，运用一系列与之相关的隐喻，层层深入地论述了"我们要有爱，要规划自己的事业，要坚守独立的自我"的核心观点，进而启发我们在精神生活的基本要求实现后，还应追求更高的精神境界。

初中阶段要掌握的论证方法有举例论证、道理论证、对比论证、比喻论证、类比论证等，而本文无疑是帮助学生建构关于比喻论证这一语言图式的绝佳材料。

第 一 课 时

一、教学目标

（1）分析"精神的三间小屋"隐喻的含义，明确论述对象。

（2）把握核心问题，了解人类精神生活的基本要求及构建方法。

二、教学过程

（一）导入

积累文中的字、词。

（二）讲解课文

学习这样一篇议论性文章，我们需要解决的核心问题是：作者的核心观点是什么？要解决这个问题，需要进一步思考以下问题：

1.作者的论述对象是什么？

要明确论述对象，我们可以先关注一下文章的标题，"精神的三间小屋"这个比喻的本体是什么呢？请同学们先仔细读一读课文第1～6段，圈画出和课题"精神的三间小屋"意思相近的短语。

（1）那容心之所，该有怎样的面积和布置？

（2）心灵活动的疆域，是否也有个基本达标的数值？

和"精神的三间小屋"意思相近的有课文第3段"那容心之所,该有怎样的面积和布置?"中的"容心之所",第5段"心灵活动的疆域,是否也有个基本达标的数值?"中的"心灵活动的疆域",结合这部分内容可以知道,这个比喻的本体就是"精神生活",或者说是"心灵活动的空间",作者把这个抽象的概念具象化为"小屋"这个喻体,具体可感。

那么,"小屋"只是指一种建筑物吗?请同学们浏览一下第7～18段,找一找和"小屋"相关的一些比喻句,思考一下这个问题。

(1)第一间,盛着我们的爱和恨。

(2)……如果想重温祥和,就得净手焚香,洒扫庭院。销毁你的精神垃圾,重塑你的精神天花板,让一束圣洁的阳光,从天窗洒入。

(3)第二间小屋,盛放我们的事业。

(4)……然费时弥久,精神的小屋也定须住进你所爱好的事业。否则,鸠占鹊巢,李代桃僵,那屋内必是鸡飞狗跳,不得安宁。

(5)第三间,安放我们自身。

(6)……我们把世界万物保管得好好的,偏偏弄丢了开启自己的钥匙,在自己独居的房屋里,找不到自己曾经生存的证据。

(7)如果真是那样,我们的精神小屋,不必等待地震和潮汐,在微风中就悄无声息地坍塌了。它纸糊的墙壁化为灰烬,白雪的顶棚变作泥泞,露水的地面成了沼泽,江米纸的窗棂破裂,露出惨淡而真实的世界。……

上面这些比喻句中,"精神的三间小屋"这一喻体贯穿始终,组合起喻体的一个系统,它是可供居住的、有若干构成物的一个整体概念。

第一,它有储存物品的功能,从"第一间,盛着我们的爱和恨""第二间小屋,盛放我们的事业""第三间,安放我们自身"可以看出。

第二,它有居住的功能,比如"那屋内必是鸡飞狗跳,不得安宁""在自己独居的房屋里,找不到自己曾经生存的证据"。

第三,它也有建筑物本身的组成和材料,比如"庭院""精神天花板""天窗""纸糊的墙壁""白雪的顶棚""露水的地面""江米纸的窗棂"。

可见,本文是以"精神小屋"这样一个喻体为统领,组合一系列与之相关的喻体,来探讨人的精神生活。

2.作者是针对什么问题展开论述的?

请同学们细读课文第1～6段,想一想作者由什么引发了议论?

人的心灵应该比大地、海洋和天空都更为博大。

宰相肚里能撑船。

文章第1段引用一句名言："人的心灵应该比大地、海洋和天空都更为博大"，面对这样雄浑、广袤的襟怀，人们往往会"自惭形秽"。第2段以"甚至……也……"突出我们对人尽皆知的中国古话"宰相肚里能撑船"的态度——敬仰之余不知所措，认为这个也是可望而不可即的，并以位卑为由宽宥了自己。第3段归纳了这两句话的共同点——都是关于人的心灵的描述，都使用了空间概念，作者借此将抽象的精神世界与具象的空间概念关联起来，指出"人的心灵活动也需要空间"，从而引出作者论述的主要问题——"那容心之所，该有怎样的面积和布置？"引发读者对人的精神生活的思考。

这个主要问题包含了哪两个话题？和下文有怎样的联系？

我们可以把这个主要问题分解为两个话题：

（1）容心之所该有怎样的面积？

文章的第4～6段回答了这个问题。第4段联系生活实际，呼应第3段人的肢体活动空间，指出三居室算是小康水平，引出第5段的问句"心灵活动的疆域，是否也有个基本达标的数值？"，第6段回答了这个问题："于是，宜选月冷风清、竹木萧萧之处，为自己的精神修建三间小屋。"可见，三间小屋是心灵活动空间基本达标的数值，换言之，这是人类精神生活的基本要求。

（2）容心之所该有怎样的布置？

文章的第7～18段围绕"精神的三间小屋"着重回答了这一问题，也即如何构建我们的精神生活。

3. 论述过程中用了哪些喻体？赋予论述对象哪些特点？这些喻体引发的变化中隐含了怎样的观点？

要回答"容心之所该有怎样的布置"这个问题，我们需要进一步思考这样几个小问题：

（1）每一间小屋里有哪些储物？这些储物的本体是什么？

（2）这些储物引发了小屋怎样的变化？

（3）小屋变化的背后隐含了作者怎样的观点？

下面我们逐一来看：

第一间小屋（第7～9段）：

第一间，盛着我们的爱和恨。

对父母的尊爱，对伴侣的情爱，对子女的疼爱，对朋友的关爱，对万物的慈爱，对生命的珍爱……对丑恶的仇恨，对污浊的厌烦，对虚伪的憎恶，对卑劣的蔑视……这些复杂对立的情感，林林总总，会将这间小屋挤得满满的，间不容发。你的一生，经历过的所有悲欢离合、喜怒哀乐，仿佛以木石制作的古老乐器，铺陈在精神小屋的几案上，一任岁月飘逝，在某一个金戈铁马之夜，它们会无师自通，与天地呼应，铮铮作响。假若爱比恨多，小屋就光明温暖，像一座金色池塘，有红色的鲤鱼游弋，那是你的大福气。假如恨比爱多，小屋就凄风苦雨，愁云惨雾，你会精神悲戚压抑，形销骨立。如果想重温祥和，就得净手焚香，洒扫庭院。销毁你的精神垃圾，重塑你的精神天花板，让一束圣洁的阳光，从天窗洒入。

　　无论一生遭受多少困厄欺诈，请依然相信人类的光明大于暗影。哪怕是只多一个百分点呢，也是希望永恒在前。所以，在布置我们的精神空间时，给爱留下足够的容量。

　　第一间小屋的储藏物是"以木石制作的古老乐器"，这一喻体隐喻了人类种种复杂对立的情感。第8段列举了爱和恨的具体表现，归纳出林林总总复杂对立的情感会挤满第一间小屋，人的一生会经历各种悲欢离合，情感自然丰富复杂，喜怒哀乐是人之常情，会对人产生影响，这就如同以木石制作的古老乐器，铺陈在小屋的几案上，无师自通地与天地呼应，铮铮作响。

　　这样的储物引发了小屋怎样的变化呢？文中假设了两种情况："假若爱比恨多，小屋就光明温暖，像一座金色池塘，有红色的鲤鱼游弋，那是你的大福气。""假如恨比爱多，小屋凄风苦雨，愁云惨雾，你会精神悲戚压抑，形销骨立。"以金色池塘里有红色的鲤鱼游弋来表现爱能使人愉悦祥和，以凄风苦雨、愁云惨雾来表现恨会使人精神悲戚压抑，形象地告诉我们爱能够使人温暖祥和。第9段进一步阐明我们一生无法避免精神垃圾，再用"无论""依然""哪怕""也"等词语强调了光明和希望永恒，所以要给爱留下足够的空间。

　　我们试着用"因为……所以……""又因为……所以……"的句式梳理一下这部分内容：因为人的一生充满复杂对立的情感，如果爱比恨多，小屋就光明温暖，人就感觉到愉悦祥和；如果恨比爱多，小屋就凄风苦雨，人的精神就悲戚压抑。所以要清除精神垃圾。又因为精神垃圾无法避免，但是人类的光明和希望永恒在前，所以我们要给爱留下足够的精神空间。

　　由此我们可以归纳出作者隐含的观点，也就是分论点一：我们要有爱。

第二间小屋（第10～14段）：

第二间小屋，盛放我们的事业。

一个人从25岁开始做工，直到60岁退休，要在工作岗位上度过整整35年的时光。按一日工作八小时，一周工作五天计算，每年就要为你的职业付出两千个小时。倘若一直干到退休，那就是七万个小时。在这个庞大的数字面前，相信大多数人都会始于惊骇，终于沉思。假如你所从事的工作，是你的爱好，这七万个小时，将是怎样快活和充满创意的时光！假如你不喜欢它，漫长的七万个小时，足以让花容磨损，日月无光，每一天都如同穿着淋湿的衬衣，针芒在身。

……不要轻觑了事业对精神的濡养或反之的腐蚀作用，它以深远的力度和广度，挟持着我们的精神，以成为它麾下持久的人质。

……然费时弥久，精神的小屋也定须住进你所爱好的事业。否则，鸠占鹊巢，李代桃僵，那屋内必是鸡飞狗跳，不得安宁。

我们的事业，是我们的田野。我们背负着它，播种着，耕耘着，收获着，欣喜地走向生命的远方。规划自己的职业生涯，使事业和人生呈现缤纷和谐、相得益彰的局面，是第二间精神小屋坚固优雅的要诀。

精神的第二间小屋盛放着事业。这样的储物会对小屋产生怎样的影响呢？

第11段通过一系列数字，指出工作在人的一生中占时很长这一事实，令人惊骇，继之以沉思。再假设两种情况：从事喜欢的、适合的工作快活而又充满创意，反之每一天都黯然失色、芒刺在背。基于这一假设，第12段突出了事业对精神的重要作用：适合的事业是对精神的"濡养"，不适合的则是"腐蚀"，并以"挟持""持久的人质"强调影响之深远。第13段以"然"表示转折，"也定须"强调即便费时弥久，也要让精神的小屋住进自己爱好的、适合自己的事业，否则，小屋鸡飞狗跳，不得安宁。第14段则把事业比作田野，凸显了事业对人生、对精神生活的滋养。

概括起来说，事业对小屋正向的影响是坚固优雅，负面影响则是不得安宁，由此作者想要告诉我们：适合的事业能使人生精彩纷呈，也能使我们的精神生活和谐。

然而，适合的事业从哪儿来？

我不晓得一下子就找对了行业的人，能占多大比例。从大多数人谈到工作时乏味麻木的表情推算，估计这样的幸运儿不多。……

适合你的事业，不靠天赐，主要靠自我寻找。这不但因为相宜的事业，并非像雨后的菌子一样俯拾即是，而且因为我们对自身的认识，也如抽丝剥茧，需要水落石出的流程。你很难预知，将在18岁还是40岁甚至更沧桑的时分，才真正触摸到倾心的爱好。当我们太年轻的时候，因为尚无法真正独立，受种种条件的制约，那附着在事业外壳上的金钱、地位，或是其他显赫的光环，也许会晃了我们的眼。当我们有了足够的定力，将事业之外的赘生物一一剥除，露出它单纯可爱的本质时，可能已耗费半生。……

……规划自己的职业生涯，使事业和人生呈现缤纷和谐、相得益彰的局面，是第二间精神小屋坚固优雅的要诀。

第12段从人们谈到工作时乏味麻木的表情，推测大多数人不能一下子找对行业。第13段紧承上段提出：适合的事业主要靠自我寻找。原因有二：一是相宜的事业并不多；二是我们对自身的认识需要过程——太年轻时受到事业外在赘生物的干扰，等到终于认清事业单纯可爱的本质时已耗费半生。因而很难预知什么时候能找到适合的事业，这就需要我们规划自己的职业生涯，使得事业与人生相得益彰，这是精神小屋坚固优雅的要诀。

我们梳理一下这部分内容：因为事业以深远的力度和广度对精神产生濡养或反之的腐蚀作用，所以适合的事业能和人生缤纷和谐、相得益彰。然而找到合适的事业并不容易，这不但因为相宜的事业并非俯拾即是，而且因为我们对自身的认识也需要水落石出的流程，因而很难预知什么时候能找到适合的事业。所以，我们要规划自己的职业生涯。

由此我们可以归纳出作者隐含的第二个观点，也就是分论点二：我们要规划自己的职业生涯。

(三)学习小结

围绕核心问题，这节课我们重点探讨了这篇议论性文章论述的对象、针对的问题、论述过程中用了哪些喻体以及隐含的观点等下位问题，下节课我们将继续探讨精神的第三间小屋背后隐含了作者怎样的观点，分析论述内容之间的关系，进一步理清文章论证思路，把握作者的核心观点。

第 二 课 时

一、教学目标

(1)梳理"精神的三间小屋"之间的关系，把握文章的核心观点。

(2)分析文章的语言特色。

二、教学过程

（一）导入

第一课时我们从标题"精神的三间小屋"切入，通过分析其隐喻的含义，明确了文章论述对象是人的精神生活，在此基础上，围绕论述的主要问题"容心之所，该有怎样的面积和布置"，梳理文章论述内容。关于容心之所的面积，文章指出心灵活动的疆域也要有个基本达标的数值，这是人类精神生活的基本要求。关于容心之所的布置，需要我们为自己的精神修建三间小屋：精神的第一间小屋需要给爱留下足够的空间；精神的第二间小屋盛放事业，需要规划自己的职业生涯。那么，精神的第三间小屋如何布置？这些论述内容之间有着怎样的关系？背后隐含的作者的核心观点是什么？这节课我们继续来探讨这些问题。

（二）讲解课文

1. 第三间小屋有哪些储物？会引发小屋怎样的变化？变化背后隐含着作者怎样的观点？

第三间小屋（第15～18段）：

第三间，安放我们自身。

这好像是一个怪异的说法。我们自己的精神住所，不住着自己，又住着谁呢？

可它又确是我们常常犯下的重大失误——在我们的小屋里，住着所有我们认识的人，唯独没有我们自己。我们把自己的头脑变成他人思想汽车驰骋的高速公路，却不给自己的思维留下一条细细的羊肠小道；我们把自己的头脑变成搜罗最新信息和网络八面来风的集装箱，却不给自己的发现留下一个小小的储藏盒。我们说出的话，无论声音多么嘹亮，都是别的喉咙嘟囔过的；我们发表的意见，无论多么周全，都是别的手指圈画过的。我们把世界万物保管得好好的，偏偏弄丢了开启自己的钥匙，在自己独居的房屋里，找不到自己曾经生存的证据。

精神的第三间小屋安放我们自身。

第16段以一个问句引发思考"我们自己的精神住所，不住着自己，又住着谁呢"，看似怪异，却是我们常犯的错误。

第17段"可它又确是我们常常犯下的重大失误——在我们的小屋里，住着所有我们认识的人，唯独没有我们自己。""可"表示转折，"确"是确实的

第一章 阅读图式建构

意思,"常常"表示频率高,"重大"表示程度深,"所有"和"唯独"则强调了我们遗失了自我。下面用两组对称的句子呈现"没有我们自己"的具体表现:

第一组:

我们把自己的头脑变成他人思想汽车驰骋的高速公路,却不给自己的思维留下一条细细的羊肠小道;

我们把自己的头脑变成搜罗最新信息和网络八面来风的集装箱,却不给自己的发现留下一个小小的储藏盒。

第二组:

我们说出的话,无论声音多么嘹亮,都是别的喉咙嘟囔过的;

我们发表的意见,无论多么周全,都是别的手指圈画过的。

第一组句子用了两个转折关系复句,强调我们没有自己的思维和发现;第二组句子用了两个条件关系复句,进一步强调了我们没有自己的观点和见解。最后一句加以总结,"世界万物""偏偏"等词语表明我们没有留下生存的痕迹。

这一段中多次出现"我们""自己"这两个词语,看似繁复,却很好地凸显了作者的观点,从中可以读到作者对我们没有自己的思想和观点的遗憾与痛心,大家不妨读一读体会一下。

可它又确是我们常常犯下的重大失误——在我们的小屋里,住着所有我们认识的人,唯独没有我们自己。我们把自己的头脑变成他人思想汽车驰骋的高速公路,却不给自己的思维留下一条细细的羊肠小道;我们把自己的头脑变成搜罗最新信息和网络八面来风的集装箱,却不给自己的发现留下一个小小的储藏盒。我们说出的话,无论声音多么嘹亮,都是别的喉咙嘟囔过的;我们发表的意见,无论多么周全,都是别的手指圈画过的。我们把世界万物保管得好好的,偏偏弄丢了开启自己的钥匙,在自己独居的房屋里,找不到自己曾经生存的证据。

一旦失去自我会给小屋带来怎样严重的后果呢?

如果真是那样,我们的精神小屋,不必等待地震和潮汐,在微风中就悄无声息地坍塌了。它纸糊的墙壁化为灰烬,白雪的顶棚变作泥泞,露水的地面成了沼泽,江米纸的窗棂破裂,露出惨淡而真实的世界。你的精神,孤独地在风雨中飘零。

"那样"指代了上面失去自我的种种表现,"不必……就……"指出哪怕是外在环境稍有变化,精神小屋就会"坍塌",后果不可谓不严重,没有了精神赖以存在的空间,"你的精神,孤独地在风雨中飘零",由"我们的精神小屋"到"你的精神",让每一位读者惊觉、警醒。这一部分以"精神小屋"这一喻体为统领,通过"纸糊的墙壁""白雪的顶棚""露水的地面""江米纸的窗棂"等喻体的组合,具体描绘了精神小屋坍塌后惨淡的状况,以及失去"小屋"的庇护后精神的孤独,从而突出保持独立思想的重要性。

简单梳理一下这部分内容:如果我们失去了自我,那么精神小屋就会坍塌,所以我们要保持独立的思想。

由此我们可以归纳出这部分作者隐含的观点,也就是分论点三:我们要坚守独立的思想。

在回答"容心之所该有怎样的布置"这个问题时,我们依次分析了三间小屋有哪些储物?这些储物的本体是什么?会引发小屋怎样的变化?背后隐含着作者怎样的观点?从而梳理归纳出文章的三个分论点。那么这三个分论点之间是什么关系呢?

2.这些论述内容之间有怎样的关系?

第一间,盛着我们的爱和恨。

假若爱比恨多,小屋就光明温暖……

第二间小屋,盛放我们的事业。

……规划自己的职业生涯,使事业和人生呈现缤纷和谐、相得益彰的局面,是第二间精神小屋坚固优雅的要诀。

第三间,安放我们自身。

如果真是那样,我们的精神小屋,不必等待地震和潮汐,在微风中就悄无声息地坍塌了。……

结合上面的分析,我们不妨看一看三间小屋的储物会分别带来怎样的结果。

"盛着我们的爱和恨"是指精神世界一定存在喜怒哀乐、爱恨情仇等情感,这是精神世界最普遍、最基础性的情感,是人之常情,是人之为人的重要特质。作者希望我们要有爱,因为爱会让人感受到温暖祥和。

"盛放我们的事业",在作者看来,事业对精神有"濡养或反之的腐蚀作用",从事自己热爱的事业,能使精神愉悦,使精神世界在事业的濡养下充沛而有活力,所以需要规划自己的职业生涯,这样小屋才能坚固优雅,个体精神才更纯粹和充沛，否则就会不得安宁。

"安放我们自身"，这里的"自身"不是指客观存在的肉体，而是指向独立自主的思想，指向自我精神的健全、独立。如果失去自我，小屋就将悄无声息地坍塌，"坍塌"是"倒塌、崩塌"的意思，从反面强调了一旦失去自我，没有了独立思想，后果将极其严重，人的精神失去了赖以存在的基础，只能孤独地飘零，所以要坚守独立的自我。

小结：从上面的结果来看，三个分论点之间是层层递进的，至此，我们可以归纳出作者的核心观点，那就是：我们要有爱，要规划自己的事业，要坚守独立的自我。这就回答了第3段的主要问题"那容心之所，该有怎样的面积和布置"中关于"布置"的话题。

结尾两段则再次回应了开头关于"面积"的话题：

三间小屋，说大不大，说小不小。非常世界，建立精神的栖息地，是智慧生灵的义务，每人都有如此的权利。……

当我们把自己的精神小屋建筑得美观结实、储物丰富之后，不妨扩大疆域，增修新舍，矗立我们的精神大厦，开拓我们的精神旷野。因为，精神的宇宙是如此的辽阔啊。

"三间小屋，说大不大，说小不小"，是精神活动空间基本达标的数值。三间小屋象征着个体精神的栖息地，每个人都有义务和权利构建自己的精神活动空间。当这样的基本要求得以实现后，我们还应追求更高的精神境界，由"精神小屋"延展到"精神大厦""精神旷野"乃至"精神的宇宙"，在充分论述了把精神小屋建筑得美观结实、储物丰富后，更要扩大和增修，构建起更为辽阔的精神空间，深化了观点，扩大了文章格局，把我们的思维也带向一个更开阔、更深邃的世界，带给我们更多的回味和思考。我们把最后一段读一读体会一下：

当我们把自己的精神小屋建筑得美观结实、储物丰富之后，不妨扩大疆域，增修新舍，矗立我们的精神大厦，开拓我们的精神旷野。因为，精神的宇宙是如此的辽阔啊。

3.关于文章的语言特色

与本单元前面几篇议论文相比，本文虽然也重在说理，却善于运用文学性语言进行描绘阐述，情感充沛。作者通过一系列隐喻论述了关于人的精神生活的话题，比喻在文中可谓俯拾即是。除此之外，文中还用了哪些方法说理呢？

请同学们找一找。

先读一读第一组句子:

(1)对父母的尊爱,对伴侣的情爱,对子女的疼爱,对朋友的关爱,对万物的慈爱,对生命的珍爱……对丑恶的仇恨,对污浊的厌烦,对虚伪的憎恶,对卑劣的蔑视……这些复杂对立的情感,林林总总,会将这间小屋挤得满满的,间不容发。

(2)我们背负着它,播种着,耕耘着,收获着,欣喜地走向生命的远方。

(3)我们可以不美丽,但我们健康。

我们可以不伟大,但我们庄严。

我们可以不完满,但我们努力。

我们可以不永恒,但我们真诚。

这是一组排比句。

第一句分别列举了"爱"和"恨"两种情感的具体表现,体现情感的"复杂对立",省略号表示列举的省略,突出情感内容之丰富,林林总总,把小屋挤满,间不容发。

第二句基于把"事业"比作"田野",用"播种着,耕耘着,收获着"三个短句构成排比,表现出努力耕耘事业的过程,以及事业对于生命的意义和深远的影响。

第三句句式尤为整齐,体现出诗一般的对称美,每个句子又都是转折关系的复句,强调建立精神栖息地的必要性。同学们可以把这一组句子再读一读,体会一下排比句式的语言气势。

下面这组句子则把两种情况进行了对比:

(1)假如你所从事的工作,是你的爱好,这七万个小时,将是怎样快活和充满创意的时光!假如你不喜欢它,漫长的七万个小时,足以让花容磨损,日月无光,每一天都如同穿着淋湿的衬衣,针芒在身。

(2)我们把自己的头脑变成他人思想汽车驰骋的高速公路,却不给自己的思维留下一条细细的羊肠小道;我们把自己的头脑变成搜罗最新信息和网络八面来风的集装箱,却不给自己的发现留下一个小小的储藏盒。

第一句对比了自己喜欢的工作和不喜欢的工作带来的不同感受:同样是七万个小时,如果从事喜欢的工作,"将是怎样快活和充满创意的时光!""怎样快活"和"充满创意"修饰"时光",并用感叹句式突出了这种愉悦的感受；假如是不喜欢的工作，而且感觉生活黯淡无光，每一天都芒刺在背，难以忍受，时间也就变得"漫长"了，这样就足以突出寻找适合自己的事业的重要性。

第二句两个转折复句内部形成对比："高速公路"和"细细的羊肠小道"、"集装箱"和"小小的储藏盒"两两对比，突出我们的精神小屋唯独没有我们自己。

类似的句子我们还可以找到一些，这里就不一一列举了。

作者在阐述观点时没有借用太多的学术概念或术语，而是通过比喻、排比、对比等方法，用文学的、感性的语言阐述观点，尤其是比喻手法的运用，既使得说理形象具体，又能体现作者思路的变化和深入过程，独具特色。

（三）学习小结

回顾这两节课的学习内容，我们发现：对于这样一篇特别的议论性文章，需要把握的核心问题是：作者的核心观点是什么？再把这一核心问题分解为以下四个下位问题：

（1）作者的论述对象是什么？

（2）作者是针对什么问题展开论述的？

（3）论述过程中用了哪些喻体？赋予论述对象哪些特点？这些喻体引发的变化中隐含了怎样的观点？

（4）这些论述内容之间有怎样的关系？

文章以"精神的三间小屋"为统领，运用一系列与之相关的隐喻，层层深入地论述了"我们要有爱，要规划自己的事业，要坚守独立的自我"的核心观点，进而启发我们在精神生活的基本要求实现后，还应追求更高的精神境界。同学们课后也可以想一想，除了情感、事业和我们自身，你的精神小屋里还需要安放什么？你又将如何构建自己的精神空间呢？

第二章 写作图式建构

一、基于统编初中语文教材的写作教学实践研究[①]

（一）问题提出

1. 缘起与背景

（1）基于语文学科特点。历次语文教学大纲和有关语文学科的官方正式文件中，大都强调写作能力的培养。《义务教育语文课程标准》（2011版）第二部分"课程目标与内容"第8条明确提出："能具体明确、文从字顺地表达自己的见闻、体验和想法。能根据日常生活需要，运用常见的表达方式写作，发展书面语言运用能力。"第三部分"实施建议"有关教学建议中的写作部分，由过去的五段增加到七段，增加的内容强调了"要重视写作教学与阅读教学、口语交际教学之间的联系，善于将读与写、说与写有机结合，相互促进"和"积极合理利用信息技术与网络的优势，丰富写作形式，激发写作兴趣，增加学生创造性表达、展示交流与相互评改的机会"。《上海市中小学语文课程标准（试行稿）》阶段内容与要求中也强调：六至九年级能结合阅读内容按要求作仿写、扩写、缩写、改写、续写，能记叙自己熟悉的人、事、物，表达自己的感受认识，并以生活为基础，展开联想和想象，表达自己对未来的向往和憧憬。2016年9月，中国学生发展核心素养总体框架发布，语文学科核心素养主要表现为"语言建构与运用、思维发展与提升、审美鉴赏与创造、文化传承与理解"，其中"语言建构与运用"是语文学科独特的课程素养，也是其他要素的基础，而写作无疑是学生建构与运用语言，培养学科素养的重要途径之一。

[①] 原文收入《追求卓越　走向卓越》一书（上海教育出版社2022年版）。

（2）基于教材改革契机。相对于以往各版本教材，新版九年义务教育统编教材写作部分目标体系明晰，紧紧围绕"学会读书，学会作文"这两个核心，"按主题组元，从语文的具体现象出发，以阅读与写作的操作流程和逻辑顺序编排，双线交织，整体推进，具有高度的综合性、实践性和引领性"（王佑军《破解部编教材编写的"密码"》，《湖北教育》2017年第11期），循序渐进，螺旋上升。具体表现为：一是每个年级各有写作教学侧重点：六年级注重小初衔接，七年级注重基础写作能力训练，八年级注重专项写作实践训练，九年级则是写作能力提升训练。二是每册教科书配合单元安排有六个写作专题，专题内容与单元学习重点结合，分为"写作例话"和"写作实践"两部分："写作例话"部分结合学生年级特点，拟定紧扣课标、照应教材的写作训练点，并考虑学生年级发展有序安排，紧密结合所学单元课文进行写作感悟与体验，内容简明扼要、表达形式丰富生动。"写作实践"部分按照从小到大的顺序编排设计活动，第一项写作活动一般带有预热性质，常常采用写片段、想一想、拟一些写作点、拟出写作提纲等形式；第三项写作实践活动是常规的大作文，即有标题的或者有具体写作任务、写作话题的成篇文章的写作；第二项则设计为介乎两者之间的写作活动，要求将题目补充完整，或者自拟题目写作等。每一项实践活动都有写作重难点或注意事项的提示，为学生写作实践搭建支架。统编教材写作部分聚焦写作点充分进行体验式写作实践，可有效避免写作教学盲目性、随意性和重复性，为基于教材进行写作教学研究提供了条件。

（3）基于教学实践需求。长期以来，义务教育阶段的语文课几乎没有完整的写作教学，教写作和不教写作、学写作和不学写作结果差不多。王荣生等将百年来的写作问题归结为"散文写作"，散文内容上要有独特的感悟，形式上需要独特的表达，因此不具可教性，同时指出目前写作教学的三大套路是：题目＋范文、情境＋活动、教写作技法，其共同问题是缺乏过程指导。[①]有鉴于此，需要我们在日常教学实践中研究教师的教学困惑、学生的写作困难，确定针对性的写作教学内容。

2.拟解决的关键问题

借助统编初中语文教材写作部分内容，确定适合学情的写作教学内容，形成相应教学策略，并积累一定数量的写作教学案例及习作例文，在使用教材的

[①] 王荣生、邓彤编：《写作教学教什么》，华东师范大学出版社2014年版。

同时完善教材。

3. 项目意义

在学习和思考相关研究论述、借鉴和分析相关研究成果的基础上，结合片区语文教学实际情况，确立"基于统编初中语文教材的写作教学实践研究"这一研修项目，旨在以统编教材使用为契机，探索初中语文写作教学的路径，促进项目组教师专业发展及区域语文写作教学工作的开展。

4. 项目目标

根据统编初中语文教材写作部分的编排体例及特点，结合学情，梳理教材写作知识点、能力点，构建读写图式，梳理写作知识脉络，注重写作过程指导，积累写作教学资源，补充完善教材内容，为改变写作教学现状及后续研究提供可操作、可借鉴的资料。

（二）文献述评

1. 关于写作和写作教学

《义务教育语文课程标准》（2011版）第二部分"课程目标与内容"对写作教学的总目标："能具体明确、文从字顺地表达自己的见闻、体验和想法。能根据日常生活需要，运用常见的表达方式写作，发展书面语言运用能力。"

第四学段（7～9年级）的写作教学目标涵盖写作教学基本导向、写作能力的核心要素、写作形式要求、写作数量和速度要求四个方面，没有建构学生写作能力的发展体系，决定了写作教学不可能逐个落实能力要素，学生的写作能力在不同学段的循环训练中螺旋上升，逐渐发展、提升、建构，层层叠加、累积、沉淀，达成最终目标。

王荣生等提出"写作是特定语境中的书面表达。写作活动是在特定语境中构造语篇"。认为写作教学的三大套路：题目+范文、情境+活动、教写作技法，存在一个共同问题，即缺乏过程指导。写作过程及步骤是一个非线性的过程，从构思到起草，再到修改、修订、发表，是一个循环往复的过程。写作课程有三大路径：任务写作（或实用写作）、创意写作（文学写作）、随笔写作。三者之间应当互相配合，构成完整的写作课程体系。研究学生的写作困难，确定针对性的教学内容，是写作课程的基本要义。写作教学就是研究学生的写作状态和写作样本，据此确定最近一个阶段写作重心和要突破的目标。

叶黎明在比较我国和美国教材层面的"读写结合"后指出，我国教材中的读写结合是"为了写作",而美国教材中的读写结合包含"为了写作"和"通过写作"两个取向[①]。

郑桂华提出如果我们的主张是"为了写作",那么"写作教学"所指的就应该是写作的概念事实、概念原理、方法、技能等内容的获得。如果我们的主张是"通过写作",那实际上就是通过写作来进行一些研究性学习,通过写作来学习[②]。但这两个问题我们现在常常是"糊在一起的"。涉及高层次思维活动的写作,如诗歌、小说、戏剧等文学创作,仍主要依靠作者个人对生活的独特感悟,主要展现的是作者对语言的个性化运用。这样的写作活动,的确有许多不可教之处。但是中学写作教学并不具有让学生成为作家的使命,而只是承担使学生初步具备运用文字传情达意的能力的任务。让学生具备作为一个社会人应该具备的基本文字的表达能力。

荣维东认为,无论是"交际写作",还是当今的交往哲学、建构主义、功能语言学、语用学、社会认知理论、情境认知、交际学、传播学等多学科理论,它们都认为"写作是作者与读者之间运用背景知识,基于交际目的,针对具体语境而进行的意义建构和交流活动。"他提出了"交际语境写作",这是一种为达成特定交际目的、针对某个话题、面向某个明确或潜在的读者进行的意义建构和交流活动。他认为,学生的作文应该成为一种"真实世界里的写作"。写作应该是一种自我情感的表达以及与世界、他人沟通的方式,是孩子的"另一种嘴巴",而作文教学应该模拟或还原成现实生活中各式各样、功能各异的写作活动,应该是在一种真实或者拟真环境中运用语言文字表达和与人交流的社会活动[③]。

郭家海在《高中写作教学：构建基于发展性评价的表达升级体系》(《教育测量与评价(理论版)》2010年第8期)一文中指出,写作是一项综合性的复杂的学习,有着先天的不可教性。所以要教的,一是让具有写作天赋而缺乏表达意识、方法、技能的学生能艺术地表达；二是让这方面天赋不足的学生能了解进而掌握一些基本技能,在需要的时候能有模有样地比较通达地表达。

邓彤认为写作学科在总体上属于社会学领域,依据伯恩斯坦的分类,写作课程显然属于"统整型""弱度框架"的课程,写作学科追求严密的逻辑序列

---

① 叶黎明著：《写作教学内容新论》,上海教育出版社2012年版,第165页。
② 郑桂华著：《写作教学研究》,广西教育出版社2018年版。
③ 荣维东著：《交际语境写作》,语文出版社2016年版。

是虚妄的①。

蒋伯潜认为写作是一种技能，是生活所必需的技能，中学生作文就是习作，练习写作，不是创作。作文的目的是在学习将来实际生活所必需的熟练的写作技能②。

以上论述都强调了中学生的写作是一种技能，与实际生活相结合，是一种社会人应该具备的表达能力。写作是可教的，需要关注过程指导，但写作能力的获得是螺旋式上升的，缺乏严密的逻辑序列。

2. 关于写作教学策略

根据邓彤的观点，依从伯恩斯坦的分类，"写作课追求严密的逻辑序列是虚妄的"，而建构一种规模小、容量少、主题单纯、目标清晰、针对性强、有操作性的微型写作课就十分必要并且迫切。微型写作课程不求面面俱到，而是聚焦核心困难，选择核心知识，解决要害问题，它既便于学生学习，也便于教师设计与教学。

吴欣歆在《初中写作教学实践指要》（教育科学出版社2016年版）一书中提到样例学习是指学习者通过研习样例而习得解决问题的方法的学习方式，在写作教学中，样例一般包括问题、解决问题的方法和评论，即教师根据学生的问题选择能够提供解决方案的样例，和学生一起讨论样例解决问题的方法，评论样例的学习价值，引领学生在样例中习得思考问题的路径和策略，最终解决问题。

叶黎明《写作教学内容新论》（上海教育出版社2012年版）一书中指出，线性、单一、一篇一练式的读写结合完全可以变成立体、综合的一篇多练（选文不仅仅是写作的"例子"）或一篇多练（例文可以多角度多侧面地进行模仿）的读写结合，结合的关键在于"把读本当什么"，其答案的丰富与单一决定了结合方法的丰富与单一。在写作教学内容的设计上，迫切需要改进的是在写作练习中用专业的写作知识、精当的阅读分析和可操作性的步骤、提示为学生搭建写作的"脚手架"，突出练习设计的专业性。写作练习应包含的基本要素：一是具体的训练目标。目标必须取自写作知识系统中某个清晰的写作知识或技巧。二是明晰的训练要求。包括文体、长度、过程、修改及自评等具体事项。

---

① 邓彤著：《微型化写作教学研究》，上海教育出版社2018年版。
② 蒋伯潜著：《中学国文教学法》，中华书局1941年版。

三是必要的知识支撑。在写作主题、目标、要求提出后，揣测学生写作中可能面对的困难，提供精要管用的写作知识作为支撑。四是科学的评价标准。将训练目标转变为简洁的自评清单。

章熊在《我国中学写作教学的发展趋势》一文中提及，到目前为止，读写结合已经具有不同的形式。写作活动可以作为阅读教学的延伸（如续写、扩写），可以成为阅读教学的深化（如评论、发挥），可以成为阅读材料的变体（如缩写、改写），可以成为阅读材料的移植（如技能训练），等等。多种形式，或着眼于技能技巧的迁移或着眼于思想认识的扩展，各具特色，相互补充，促使写作教学日益灵活和多样化。

郑桂华指出作文教学过程化的两大维度：从写作过程入手，从写作知识和能力要素入手。基本路径：一是列出影响中学生写作水平的基本要素和必备技能。二是围绕上述知识和技能，设计具体且可操作的训练步骤。三是在每一堂作文教学课或一个教学单元里，分别完成一项训练内容、训练一种技能，把各项训练综合起来，提高学生的作文能力。

周子房认为影响甚至决定书面语言生成的是两类知识和经验：一类是关于"写什么"的知识，即作者掌握和积淀的关于自然和社会的各种经验和知识，另一类是关于"怎么写"的知识，即写作基础知识和运用知识的经验。学生本身的经验表达，是学生进一步学习写作的知识、技能、策略的起点，是教师提供学习支架的基点。对学生"怎么写"进行指导是写作教学的重点[①]。

傅丹灵、曹勇军主编的"美国中学写作教学译丛"——《与高中生一起写作和思考》[②]中提及，美国写作教学将写作看作一个学习过程，让学生展示自己的阅读思考，表达阅读理解，促进自我成长。其中整本书的读写结合，第一阶段是文本细读，通过批注、表格等方式深耕文本；第二阶段是批判性思维，针对细读中的问题，组织对话讨论，展开头脑风暴，问题驱动，让文本生发出丰富的创见；第三阶段是探索性写作，用写作展示自己的思考和创作，促进自我成长。

步根海强调读写本是不可分割的整体，应立足于"读"，着眼于"写"，让学生学习、吸收、内化优美典范的语言，并在表达过程中，由不自觉到自觉运用这些语言，以使表达准确严谨、得体、丰富。探索文本解读路径必须注重读

---

① 周子房：《为什么写·写什么，怎么写：2012年度语文教育研究论著评析之十二》，《中学语文》2013年第34期。

② （美）潘妮·齐特著，杜晓辰译：《与高中生一起写作和思考》，上海教育出版社2020年版。

写不可分割的内在联系,探寻提炼、重组、补充、转换语言的方法,特别是文体转换的方法,把握语言运用的规范与"这一篇"的个性。

刘兆吉认为,初中作文教学的目的,作为教师只要注意以下四个问题:一是如何指导学生搜集丰富的素材,二是如何指导学生选择并整理材料,三是如何是学生发表的工具运用适宜,四是如何教学生运用发表思想的方式。前两项是关于思想内容的,后两项是关于技术形式的[1]。

夏丏尊、刘薰宇在《文章作法》(亚细亚书局1933年版)中强调"作文法"应限定在语言形式表现技术的范围内,目的在于建立起一个符合写作学习规律并与教学情境相适应的"知行合一"的作文法教学体系,其最显著的特点在于"可教性"和"可操作性",由教材的"知行合一"求得教学的"教练一体"。

潘新和认为,陈望道的作文法一定程度上注意到了作文法的动态特征,作文法的研究目的是为了培养习作者的写作实践性技能,习作者除了需要一定的理论知识外,更需要的是具有理论内涵的"操作规程"和"动作要领",所以,注重作文法的可依循性、可操作性,是科学的作文法体系的一个基本要求[2]。

郭家海提出建构写作教学表达升级体系,具体由三部分组成——基础性评价:主要体现学前诊断功能,以初中课标规定的表达交流目标为参照。发展性评价:主要体现发展升级功能,以个性化的专题、专项兴趣层级为参照。达成性评价:主要体现专题能力学后鉴定功能,以高中课标规定的表达交流目标为参照[3]。

叶丽新将我国写作评分标准与国外进行对照后发现,内容、结构、语言是各国各类写作评分标准共性、基础的观察和评价维度。国外写作评分标准不同主要体现在:一是分文体、贴合任务设计写作评分标准;二是基本取向上均重视写作的交际目的;三是标准描述较为具体,同时考虑操作性;四是按规则选用不同类型评分标准;五是重视评分标准的使用培训环节[4]。指出当下在"学习任务群"和"整本书阅读"中可以适当尝试读写结合的测评,测评任务设计层面,有必要仔细辨析测评语境中"情境"的内涵、类型,以及情境类试

---

[1] 刘兆吉著:《初中作文教学法》,商务印书馆1944年版。
[2] 潘新和著:《中国现代写作教育史》,福建人民出版社1997年版。
[3] 郭家海:《高中写作教学:构建基于发展性评价的表达升级体系》,《教育测量与评价(理论版)》2010年第8期。
[4] 叶丽新著:《读写测评》,上海教育出版社2020年版。

题的基本构成,恰如其分地发挥"情境"的价值。

以上论述强调了写作教学中要有一定的理论知识,而知识可以通过阅读获得;读写结合的形式多样,关键在于如何结合;写作过程中教师如何进行指导,需要充分发挥评价的导向作用。

(三)项目内容与方法

1. 项目主要内容

(1)写作教学与阅读教学相结合。统编初中语文教材写作部分读写同步推进的编排体系,为语文核心素养落地做了很好的顶层设计。阅读与写作异质同构,读写结合具有天然性和必然性。阅读中,心智活动经历了侧重于理解的"自下而上"(从局部到整体、从文字到思想)与侧重于语言表述的"自上而下"(从整体回到局部,从中心回到选材、谋篇、遣词、造句)的过程。写作中,心智活动也经历了从客观生活、客观事物向主体观念、情感以及观念、情感向文字表述的双重转化。阅读和写作心理上的异质同构是读写结合的客观基础。如七年级下册第一单元写作任务是"写出人物精神",阅读部分选择的《邓稼先》《说和做》《回忆鲁迅先生》《孙权劝学》四篇课文,这对于完成单元写作任务是有一定引导作用的,关注阅读与写作之间的天然联系,以单元整体读写视角进行设计,对于写作教学大有裨益。

(2)写作知识与写作实践相结合。统编教材"写作例话"部分所涉及的写作知识点,有属于基础写作的,有属于能力提升的,有属于应用写作的,有属于文体写作的,还有说明性的、议论性的,等等。上述写作训练点考虑学生年级发展进行有序安排,注重一课一得,不必面面俱到。"写作实践"部分的三道题设计则由点到面,由浅入深。第一题片段训练侧重单项基础能力,第二题完篇训练直接关注单元写作能力点,第三题关注单元写作能力点在常态化、综合性写作实践中的灵活运用。

(3)过程指导与结果呈现相结合。写作过程是写作者用语言符号表达自己意图的内隐过程,是实现信息转化的复杂过程。梁启超先生说:"教员不是拿所得的结果教人,最要紧的是拿怎样得着结果的方法教人。"程序写作教学法的代表人物弗劳尔(Flower)和海斯(Hayes)用认知心理学研究写作过程,指出在写作准备阶段要激发学生写作动机和兴趣,收集各类资源确定写作方向;写作过程中要根据写作目的和潜在读者完成文字表达,然后反复阅读、

修改、反思。统编教材写作训练题的设计本身就关注了过程指导，同时鉴于写作过程曲折反复的特点，写作教学有必要分类分层对学生进行修改指导，及时了解学生写作实践中的需求，出现问题及时帮助。可以采用自己修改、小组讨论修改、师生同改、面批等多种方式进行。充分利用现代信息技术如微信、博客、墙报、板报、手抄报、学习园地等，呈现学生习作成果，鼓励学生将写作练习及时与同学、朋友甚至家人分享，通过在小组、班级、年级、学校、社区以及网络、报刊上发表，让学生及时获得分享感，获得写作的成就感，获得更多受众与读者的认同感，并为后续写作教学提供样本。

（4）横向联系与纵向深入相结合。统编新教材写作部分根据《义务教育语文课程标准》（2011版）要求，按照随文学习为主、不同年级各有侧重的原则独立编排，精心设置各单元训练点，初步构建起初中语文写作训练序列，有利于更好地落实课程标准义务教育阶段写作教学"具体明确，文从字顺"的终极目标。教学实践中应梳理写作部分知识，关注其横向联系及纵向深入的逻辑构成，结合学情合理整合与建构。如"怎样选材"这一专题，"围绕中心选材"是基础和核心，属第一层级；"材料的典型和详略"属第二层级；"材料的新颖与多角度"属第三层级。同为"语言表达"，"文从字顺"→"语言简明"→"语言连贯"→"表达得体"→"选择合适的表达方式"→"有创意地表达"拾级而上，逐步深入。遵循体系，适度调整，有利于写作教学的开展。

（5）使用教材与完善教材相结合。统编教材写作部分呈现了诸多优点，但仍然存在着上升空间。教材写作序列是经过反复推敲的科学预设，顺序与训练点固定，实际教学中的写作序列则是活的、动态的，这种动态最重要的体现就是基于学情的适当增改。统编语文教材总主编温儒敏先生在谈及语文教材写作部分的编写时说：写作课很难教，写作教学内容编写也很难，几易其稿，也未能达到理想状态。教师不仅是教材的使用者，也应该成为教材的建设者。既要悉心研读教材，了解编写意图、教材体系，熟稔操作要义，还要从写作教学实践中不断反思，细化操作，积累写作教学案例和典型习作例文。

2.项目实施策略与方法

（1）文献研究法。项目组成员学习研究了统编初中语文教材及写作教学的相关文献资料，如《写作教学教什么》《写作教学内容新论》《初中写作教学实践指南》《微型化写作教学》《教师如何做课题》《写作教学研究》《写作教学的智慧》《天生我材会写作》《所有的写作都是讲故事》《在中学：读写工作坊的奥秘》等书籍，梳理文献要点，撰写读书心得，开展读书交流活动。

（2）案例研究法。根据不同年级分布，项目组成员收集整理各年级统编教材中写作训练的优秀个案，如教学案例、学生习作等，为进一步开展研究奠定基础。

（3）行动研究法。项目组成员积极参与或申报相关课题，开设公开课、研讨课，开展行动研究，在实践中不断总结、调整、改进。

（4）经验总结法。项目组根据教材写作单元分布，分阶段分学期安排写作教学侧重点，及时对项目的实施情况进行总结。

（四）项目实施过程

项目组在充分研读课标的基础上，梳理了统编教材初中学段八册书中关于写作教学的相关内容，学习了写作教学研究方面的相关理论书籍，于2019年1月确定了项目组研究方向，撰写项目计划书并成功立项，根据学员所在年级统筹安排任务分工，定期开展读书心得交流，开设研讨课，完成写作教学设计单，积累了一些原始资料。具体安排如表2-1-1所示。

表2-1-1 项目安排

时　　间	内　　容	成　果　形　式
2019年1月～2019年6月	理论学习、梳理文献、筹备资料、制订计划	项目计划
2019年7月～2020年1月	分工探索、制定方案、教学实践、积累资料	案例、公开课录像
2020年2月～2020年6月	组内分享、组际交流、反思优化、教学实践	案例、公开课录像
2020年7月～2021年1月	整理资料、研讨交流、专家指导、方案调整	中期汇报
2021年2月～2021年6月	实践深化、理论总结、撰写文稿、修改论证	配套习作、案例
2021年7月～2021年12月	资料归档、专家指导、终期汇报、成果呈现	结题报告、个人成长档案

1. 检索文献资料

项目组成员通过检索书报杂志，学习与项目相关的研究理论，梳理了关于读写结合、微型化写作、交际语境、图式理论等方面的文献资料，撰写心得体会，进一步厘清研究重点和研究思路。

2. 精读经典篇目

统编教材的使用为项目的研究提供了契机，教材的编写体例便于读写深度融合，教材选文注重经典性、多样化，文质兼美。结合教材阅读选文文体特点，精读经典篇目，从不同层面、不同维度研读文本，帮助学生梳理写作思路，逐步建构写作图式，设计不同写作训练，加深对文本内容、结构、语言的理解辨析能力，沟通读写。

鲁迅先生是语言艺术大师，其作品中有很多值得模仿借鉴的典范，回忆性散文《从百草园到三味书屋》结构严谨，语言准确传神，表现了成年鲁迅对童年生活的深情回望。从写作的角度可以梳理出如图2-1-1所示的训练点。

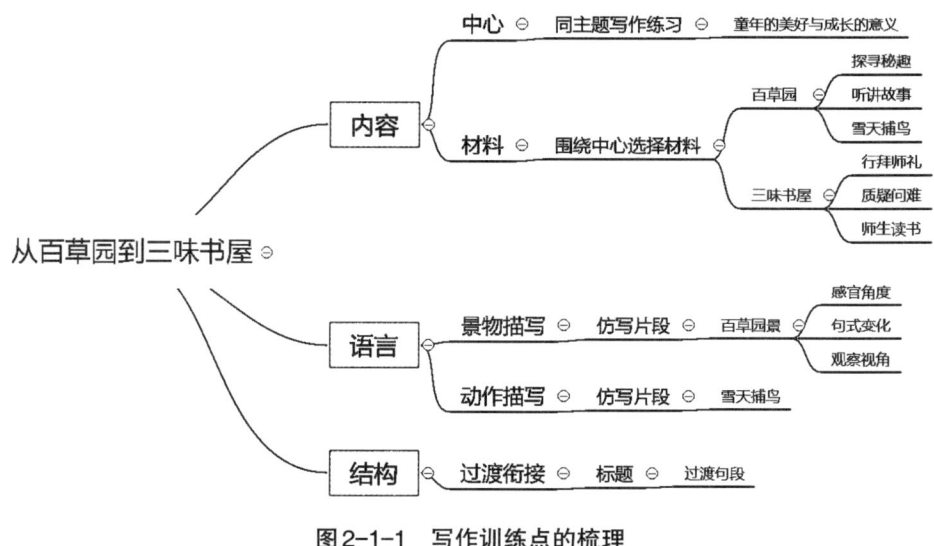

图2-1-1　写作训练点的梳理

《腊八粥》一课中一个字、词甚至一个标点，都能细腻、传神地传达人物心理、表现情境、渲染气氛。作者通过描写八儿的动作、神态、语言，寥寥数笔，就将这个年龄儿童特有的天真、可爱、机灵等特点描写得活灵活现。作者运用儿童化的叙事视角，从八儿的所见所闻、所思所想去写，连腊八粥和里面的食材都具有了生命力，语言充满童真、富有童趣，值得学生模仿借鉴。

《社戏》一课中，学生通过精读课文第11段，找出文中使用视觉、听觉、嗅觉、触觉描写的地方，思考作者运用多种感官写景的目的（衬托出"我"渴望看戏的迫切心情），再仿照第11段的写法，设置情景："我"终于获奖了，怀揣奖状回家的情景，写段环境描写衬托人物喜悦心情；或月考失败了，回家见父亲前的情景，写段环境描写烘托人物烦躁、悲观、失落、懊悔的心情。

上述案例将课标要求掌握的改写、缩写、续写、仿写等多种写作形式与阅读教学有机结合，着眼于片段训练语言表达能力。在篇章训练中，阅读选文同样可以发挥很大作用。充分利用教材读写之间的天然联系，转变文本阅读视角，片段训练与篇章写作相结合，在经典篇目的引导下逐步构建读写图式。

3. 梳理知识脉络

统编教材"写作例话"部分所涉及的写作知识点，属于基础写作的有：热爱写作、中心、选材、思路、文从字顺、语言简明、连贯、得体；属于能力提升的有：独立创作、审题立意、布局谋篇、注意修改、选择表达方式、创意表达；属于应用写作的有：新闻、小传、仿写、读后感、演讲稿、游记、故事、缩写、改写；属于文体写作的有：记叙性的如记事、写人特点、精神、写景、联想想象、细节、抒情，说明性的如说明特征、说明顺序，议论性的如观点清楚、议论有据、论证合理、论述集中。上述写作训练点考虑学生年级发展进行有序安排，注重一课一得，不必面面俱到。

"写作实践"部分的三道题设计则由点到面，由浅入深。第一题片段训练侧重单项基础能力，往往与阅读篇目紧密相连，可加深对阅读文本典范技法和精彩片段的理解赏析；第二题完篇训练直接关注单元写作能力点，甚至直接选用部分阅读文章作为材料落实写作能力训练；第三题关注单元写作能力点在常态化、综合性写作实践中的灵活运用，是发展与提高，更多体现写作的个性化和创造性。上述三类写作实践题如能逐一落实，因材施教，分类留存学生习作，从中总结经验、分析问题、寻找对策，对写作教学才会有帮助和意义。

如"怎样选材"这一专题，"围绕中心选材"是基础和核心，属第一层级；"材料的典型和详略"属第二层级；"材料的新颖与多角度"属第三层级。同为"语言表达"，"文从字顺"→"语言简明"→"语言连贯"→"表达得体"→"选择合适的表达方式"→"有创意地表达"拾级而上，逐步深入。遵循体系，适度调整，有利于写作教学的开展。

再如"思路要清晰"写作知识部分结合课文《再塑生命的人》，从整体构思、确定写作顺序、列提纲三方面指导学生清晰呈现文章思路；写作实践部分第一题要求列出写作提纲，第二题从审题、记叙顺序、立意三方面给出提示，第三题设置生活中的采访情境，完成一篇关于人物访谈的作文。

（五）项目成果与分析

1. 项目成果

（1）构建读写图式。

图式理论是认知心理学家用以解释理解心理过程的一种理论模式，1871年由德国哲学家康德提出，20世纪70年代美国人工智能专家鲁姆哈特丰富和完善了图式理论体系，图式理论认为，每个人头脑中都存在大量的对外在事物的结构性认识，即认知图式，而知识的学习在一定意义上就是个体认知图式的不断建构与优化。在读写实践中，深入地研读文本，确立精当的教学内容，引导学生品析语言文字，启发学生解析文本内容图式、语言图式和形式图式等方面的"密码"，建构自我的认知图式，可实现语文素养的螺旋式上升。

统编初中语文教材读写同步推进的编排体系，为语文核心素养落地做了很好的顶层设计。阅读与写作异质同构，读写结合具有天然性和必然性。阅读和写作心理上的异质同构是读写互促的客观基础。"单元课文阅读教学提供的材料适合于进行哪方面的写作训练，就以该写作点为练习目标，所列举的内容也在该单元课文之中，这就是写作训练的随文学习"[①]。

一是充实内容图式。

内容图式指与话语内容相关的储存在头脑里的背景知识，包括先前已有的经验、对话题的熟悉度、文化知识等。广泛阅读可以充实学生的内容图式。一方面要引导学生充分利用教材阅读选文，主动在课本上摄入不同主题、不同体裁、不同风格的内容；另一方面，增加课外阅读，有助于积累语言，扩大写作题材，提升写作创意，形成具有意义的写作材料。

如七年级下册第一单元阅读选文《邓稼先》《说和做》《回忆鲁迅先生》《孙权劝学》，旨在让学生了解人物经历，感受崇高品格。结合综合性学习"天下国家"，指导学生课外阅读表现人物家国情怀的诗文，拓宽视野，进而完成

---

① 唐建新：《写作教学的艰难探索——关于部编初中语文教材写作部分的编写》，《语文教学通讯》2017年第3期。

习作“写出人物精神”。

七年级下册第二单元写作任务是“学习抒情”，阅读部分选择的《黄河颂》《老山界》《谁是最可爱的人》《土地的誓言》《木兰诗》五篇课文，关注阅读与写作之间的天然联系，以单元整体读写视角进行设计，同时勾连起以往所学知识，对于写作教学大有裨益。以下写作训练《乡情》正是基于“抒情”这一表达方式设计的（图2-1-2）。

西延安中学　语文写作训练单　七年级（下）
第二单元　　学习抒情

【真题呈现】

在《土地的誓言》里，作者以饱满的热情描绘了他那美丽丰饶的家乡。你的家乡是什么样的？你对它怀有怎样的情感？请以《乡情》为题，写一篇作文，不少于600字。（40分）

提示：

1. 关于家乡，关于你生活的城市，你应该有许多内容可写：景色、物产、风俗以及你在家乡的生活……不必面面俱到，要有侧重地写作。

2. 直接抒情应基于相关的记叙、描写，顺势而发；间接抒情，所写内容要与表达的情感相协调。

【构思过程】

一、确定事件/素材

1. 家乡典型的景物（结合某个时节）：____________________

2. “我”在家乡经历的典型事件：____________________

二、梳理情感

我的核心情绪是：对家乡的____________

三、选择并确定抒情的方法

抒情是作者把自己对客观事物的喜、怒、哀、乐等主观感受通过直接或间接的方式加以表现和抒发。

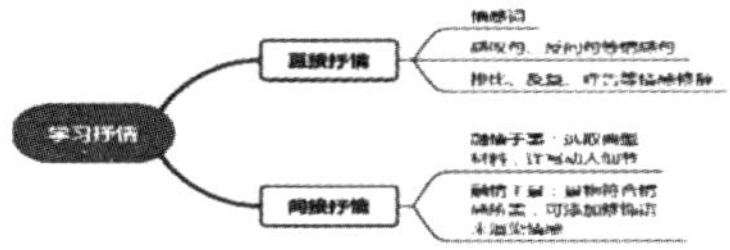

事件过程			情感关键词	详略安排
开头（一）		确定情感基调（用一句抒情句表达）：____________________ 从而引出关于家乡的具体内容。		
经过	（二）	**间接抒情：**结合景物描写 关于家乡的景物描绘：____________________		详
	（三）	**间接抒情：**叙述/描写 “我”在家乡经历的典型事件：____________________		详
	（四）	**直接抒情：** 具体概括对家乡的情感，运用比喻、排比、反复等修辞方法。 （内容略）		
结尾		**直接/间接抒情**　（夹叙夹议） （略）		

图2-1-2　基于“抒情”表达方式设计的写作训练——《乡情》

文章的立意固然与材料的选择有很大关联，但通过一些意蕴丰富、内涵深刻的语句画龙点睛，往往可以平中见奇、拙中藏巧。这些语句可散见于各个部分，尤以开头、结尾最为关键。如《社戏》开篇介绍了“鲁镇”的风土人情：“但在我是乐土，因为我在这里不但得到优待，又可以免念‘秩秩斯干幽幽南山’了”，“至于我在那里所第一盼望的，却在到赵庄去看戏。”直接点明童年时期在“平桥村”的快乐，对“社戏”的期待。在记叙了看社戏的经过及偷豆吃的趣事后，文末以“真的，一直到现在，我实在再没有吃到那夜似的好豆，——也不再看到那夜似的好戏了”作结，对童年、对故土的深深眷恋溢于言表。一位学生在作文《乐在其中》的开头写道：“平日里，我最喜欢的室内活动是围棋，我也勉强算是个围棋高手。空闲时拿出一本棋谱，在棋盘上摆放着棋子，也别有一番独特的乐趣。然而使我如此乐在‘棋’中的原因一半是围棋本身，另一半是学棋的过程。”然后叙述考级经历及由此感悟到要保持良好心态，最后结尾：“围棋会是我一辈子的爱好，我也会一辈子乐在‘其’中。

学棋的经历与揪心的考级过程令人印象深刻，但更令人难忘的是围棋带给我的快乐与感悟。"

再如《枣核》，开篇直接入题，交代了事情起因："动身访美之前，一位旧时同窗寄来封航空信，再三托付我为她带几颗生枣核，东西倒不占分量，可是用途却很蹊跷。"通过交流才知道同窗欲借枣核寄寓思乡之情，因而作者不由得感叹："改了国籍，不等于就改了民族情感；而且没有一个民族像我们这么依恋故土的。"在习作《暑假纪事》中，一位学生用了这样的开头："今年暑假，我和妈妈来到青海，想一睹这青藏高原上明珠的风采。"中间叙述如何辛苦抓拍高原美景未果，结尾展开议论："有时美在不经意间发生，努力也许不一定有好的结果，但成功必须努力，这是个不公平且不能逆转的命题。但你有真实的付出，又有什么遗憾呢？"对这些关键语句的品读，学生便能体会作品立意之深，用于写作实践，也能提升立意。

二是丰富语言图式。

语言图式即语言知识的图式，涉及词语、修辞、句式、表达等。学生通过阅读交流、点评批注等方式学习语言知识，再通过写作实践运用语言知识，在丰富表达的同时加深对相关语言知识的理解。

鲁迅先生是一位语言艺术家，他以口语为基础，融入古语、外来语、方言，将现代汉语表意、抒情功能发挥到极致，又具有个性和创造性。学习汉语，鲁迅的作品是很好的范本。《社戏》中孩子们返回途中"偷豆吃"的片段通过语言描写、动作描写等再现了小伙伴们的淳朴善良和童真童趣，读来令人忍俊不禁。以《童年趣事》这一习作为例，一位学生描述"偷瓜吃"的场景如下：正值暮夏，我和小伙伴们相约到田里玩耍。这儿并没有一眼望去绿油油的麦田，也没有金灿灿的油菜花，但是，几棵桂花树生出新萌发的枝丫，柿子树、石榴树数不胜数，叽叽喳喳的鸟儿停在树干上，这是乡村最原始的味道。停停歇歇地跑上有些曲折的小路，抬眼望去，便是几个硕大的西瓜。我们用力把西瓜从藤上拽了一个下来，看起来一定多汁；又从旁边地里拔下一个不怎么大的，几个人抱着沉甸甸的西瓜撒腿就跑。'快点！'小伙伴不禁催道。'这么大一个，我抱不动了！'我气喘吁吁地说道。'那我们在这里摔了吧。'我提议。于是两人合起伙来把大的西瓜摔在了地上，西瓜皮上立马生出许多长短不一的裂纹，露出红彤彤的果肉。'唉，太可惜了。'伙伴自言自语。好不容易抱着小西瓜跑到家门前的树下，便无力地瘫坐下来。我想着等会儿吃瓜的情形，不由得心里美滋滋的。结果,瓜却左摔右摔摔不开。'好像没熟。'我说道。后来,我们都笑了。"朴实的语言,生动的描述,和《社戏》的片段有异曲同工之妙。

三是完善形式图式。

形式图式指文章的体裁、谋篇布局等,教材选文中很多经典篇目也为学生布局谋篇提供了很好的借鉴。

叶圣陶先生说过:"下一句跟上一句怎么连上的,后一段跟前一段怎么连上的,某一句跟前面哪一句有关系……这就是所谓自觉地注意思路展开的具体办法。我相信用这个办法练习读和写,练就这样一项基本功,将会一辈子受用不尽。"其散文《藕与莼菜》便是一篇结构严谨、思路清楚的选文,从下述语句可见一斑:

开头第一句:"同朋友喝酒,嚼着薄片的雪藕,忽然怀念起故乡来了。"第二段首尾:"在这里上海,藕这东西几乎是珍品了。大概也是从我们故乡运来的……因此,除了仅有的一回,我们今年竟不曾吃过藕。"第三、第四、第五段开头:"这仅有的一回不是买来吃的,是邻居送给我们吃的。""想起了藕就联想到莼菜。在故乡的春天,几乎天天吃莼菜。""而在这里上海又不然。非上馆子就难以吃到这东西。"第六段首尾:"向来不恋故乡的我,想到这里,觉得故乡可爱极了。""像我现在,偶然被藕与莼菜所牵系,所以就怀念起故乡来了。"结尾段:"所恋在哪里,哪里就是我们的故乡了。"这些语句清晰呈现了作者的思路——由藕想到故乡,由故乡想到在上海同样不多见的莼菜,进而怀念故乡,眷恋故乡的风物人情,由空间概念的故乡引申为精神寄托的故乡。

"作者思有路,遵路识斯真。"且看学生习作《乐在其中》如何体现"思有路"的:"种花是我空余之时最大的乐趣之一。对于我来说,享受这份爱好就像是在享受阳光一般,令我感到快乐。""在暑假里,我负责种一盆辣椒,在此之前我还没有种过辣椒呢。""我又回到了书房中,心里想着辣椒要多久长成。""第二天,我照旧一起床就跑去看辣椒,可是他似乎还想在土中睡一会儿似的,没有发芽。""不知道过了多久,我依旧兴冲冲地跑向阳台,远远就看见阳台正中央处的翠绿花盆中立着一杆绿色的枝。""终于有一天,它开花了。""清晨的阳光又一次罩在了那盆辣椒上,那花谢了,可是,有一个绿色的辣椒头冒了出来。"——"我享受着种花的快乐,也享受着成功的快乐,我乐在其中!"这些句子完整清晰地呈现了"种辣椒"的过程,体现了结构思路,

 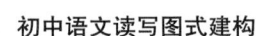

表现了从中获得的快乐。

充分利用教材读写之间的天然联系,转变文本阅读视角,片段训练与篇章写作相结合,在经典篇目的引导下逐步构建读写图式。

(2)关注过程指导。

我国传统写作课程"重结果轻过程",事实上写作过程及步骤是一个非线性的过程,从构思到起草,再到修改、修订、发表,是一个循环往复的过程。教材的写作训练题本身已经关注过程,可根据学情适当调整。

学习六年级上册《草原》后初步感知场面描写的作用,《狼牙山五壮士》和《开国大典》则构成单元写作训练点,可以集中强化学习场面描写中点面结合的写作手法,在此基础上,可训练学生点面结合的写作手法,对学校运动会场景进行描写。

再如七年级下册第一单元"写出人物的精神",原题是半命题作文《这样的人让我_____》,写作提示有三点:横线处填上一个能体现自己情感态度的词语;"这样的人"可以是你熟悉的人,也可以是陌生的人;"这样的人"应具有某种精神品质,要着眼于个性、品质去描写,写出情感倾向。在写作任务单中呈现了这样的过程指导:

一、确立中心:1.补充完整文题,可填写的词语如尊敬、佩服、感动、叹息等。2.这样的人是谁?让我产生上述情感态度的原因是什么?3.请用一句话概括文章中心。二、选择材料:根据上述中心罗列备选材料。三、安排思路:写一件事还是多件事?采用什么记叙顺序?详略如何安排?四、方法演练:写一段关于人物的细节,加上一些抒情议论性语句。五、完成习作。

任务单把写作的全过程以及需要关注的重点逐一呈现了出来,在此基础上完成习作就可以做到中心明确、详略得当,凸显了人物的精神。

以上案例都能充分运用写作知识相关内容,结合学情进行写作过程指导,可操作性强。

(3)分享写作成果。

荣维东认为写作是一种为达成特定交际目的、针对某个话题、面向某个明确或潜在的读者进行的意义建构和交流活动,是自我情感的表达以及与世界、他人沟通的方式,作文教学应该模拟或还原现实生活中各式各样、功能各异的写作活动,是在真实或者拟真环境中运用语言文字表达和与人交流的社会活动。

借助现代信息技术如微信、博客、墙报、板报、手抄报、学习园地等，呈现学生习作成果，鼓励学生的写作练习及时与同学、朋友甚至家人分享，学生的读写成果变得具体可感，成为可视化的教学资源，实现写作的交际功能，进而激发了学生的写作热情。

如利用微信公众号就是一种很好的展示方式。学生的名著阅读读后感、综合性学习的成果都可以进行展示（图2-1-3）。

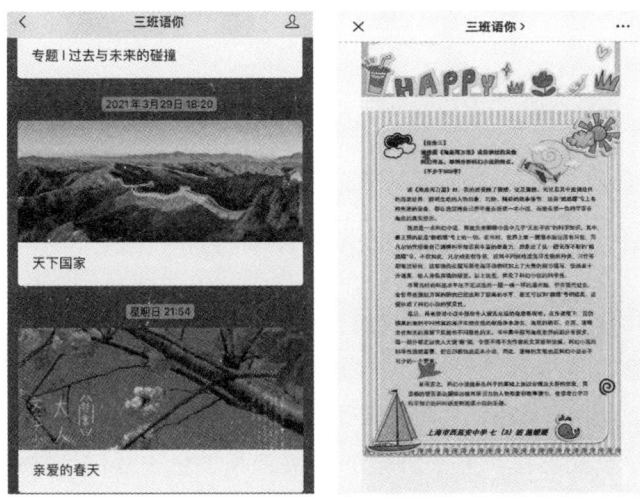

图2-1-3　利用微信公众号进行展示

比如学习了诗歌后，学生写作了关于春天的诗歌《亲爱的春天》：

为什么天空这么蓝/仰头看，那是一望无际的瀚海/无数的希望将在这里启航/亲爱的春天/为什么花儿这般艳丽/认真瞧，那是刚刚融化了寒冷的将士/正换上凯旋的春装/亲爱的春天/为什么蜂儿这么忙/细细闻，那是沁人心脾的香气/在编织万里皆春耕的景象/亲爱的春天/为什么湖水这般平静/静静看，那微风浮动的影子/正在成双成对地荡漾/亲爱的春天/为什么垂柳都绿了，小草却还不出来/仔细听，脚下那"咕咕"的声音/正是小草在调皮地与你捉着迷藏/哦，亲爱的春天/听到那动人的旋律吗/那是我，为你谱写的新乐章

给诗歌配上相关的图片，既有诗情又有画意（图2-1-4）。

（4）积累教学资源。

一是教学设计。

统编教材写作序列是经过反复推敲的科学预设，顺序与训练点固定，实际

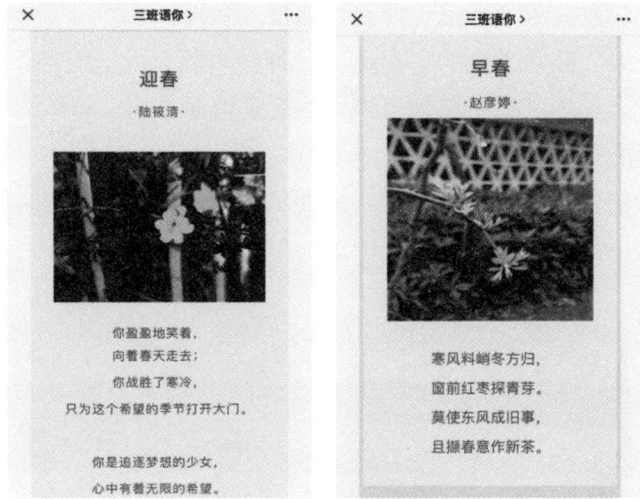

图2-1-4 学生习作展示

教学中的写作序列则是活的、动态的，需要基于学情的适当增改完善。吴欣歆指出，样例学习是指学习者通过研习样例而习得专家解决问题的方法的学习方式。在写作教学中，样例一般包括问题、解决问题的方法和评论，即教师根据学生的问题选择能够提供解决方案的样例，和学生一起讨论样例解决问题的方法，评论样例的学习价值，引领学生在样例中习得思考问题的路径和策略，最终解决问题。

教师不仅是教材的使用者，也应该成为教材的建设者，要积累写作教学案例和典型习作例文，完善写作教学资源。截至目前，项目组成员已在教学实践中积累了四个年级各个单元的写作训练单，积累了一批习作例文，为后续教学和研究积累了宝贵的资料。

二是学生习作。

语文教材中古诗文是传统文化的组成部分和重要载体，其中蕴含的思维方式、价值观念，既有历史的厚重感，亦有现实的鲜活感。丰富的语言形式、深刻的文化内涵为语文学习提供了范式。阅读与写作能力是语文学科的核心素养之一，结合项目研究，教师在古诗文教学中有意识地引导学生通过读写结合加深对诗文内容理解，学习简洁凝练的语言，从而将经典内化为自身的修养。

以"记"这一古代散文体裁为例，其写法灵活多样，可叙事，可写景，可状物，目的旨在抒发情怀，阐述观点。初中教材中选编文言散文以"记"为最多，如《小石潭记》《核舟记》《记承天夜游》《岳阳楼记》《醉翁亭记》《桃花源记》等，皆为脍炙人口的名篇佳作。通过模仿借鉴文言笔法，写作文言短文，一则可温故知新，二则可学以致用。如在一次寒假作业中，教师布置了一篇特殊的文言作文《记＿＿＿＿》（或《＿＿＿＿记》），要求以寒假中的事为素材，运用文言词句写作，有话则长，无话则短。摘录其中两则如下：

某日，余穿衣戴帽，欲出游。忽念及寒假作业未成，遂回房，寻纸作文。

余观夫窗外"胜状"，树木萧然，凄神寒骨，此乃"自古逢冬悲寂寥"也。环视之，一桌，一笔，一书，一纸而已，余啮笔良久，无绪。未几，鼾声四起。母闻之，大怒。大呼"尔何怠惰！"余大惊，俄而千百脑细胞大呼，思如泉涌，徐形于脑，凡所应有，无所不有。乃大呼："美哉！妙哉！"因奋笔疾书，母愕然良久。——《作文记》

乙未年腊月十六，贤者湖雪。卯时由断桥步于苏堤。天与云与山与水，上下一白。风和浪平，万籁俱寂。棹小舟入湖，安闲自得。赤舟、素雪、玄瓦，静水流深。才举目，水容雪意，别是一番趣味。

湖心余舟两三枚，仿佛若见闲者兴起而酌。氅衣貂裘，相对看雪。一时目酣神醉，疑为画蕴人，又疑人入画，美极矣。——《记雪中游贤者湖》

叙事记人诙谐生动，历历在目；写景状物细致入微，栩栩如生。

项目组成员注重引导学生积累习作资料，建立习作档案，这些习作既是学生学习的材料库，也是教师教学的资源库。

以西延安中学2019级（3）班为例，学生习作图文并茂，设计了作文集的名称和封面，撰写序言，收集整理一学期所有习作充实自己的素材库。最终可以形成自己的初中作文集，既是写作资源，也留下了成长的足迹。（图2-1-5至图2-1-8）

2. 项目分析

经过三年的项目研究，项目组从最初的茫然和空泛，逐步聚焦于三个关键词：一是图式，二是知识脉络，三是过程指导。这三个关键词体现了写作教学的很重要的特征，研究内容切合了写作的特点，符合写作教学的基本规律，选题有针对性有价值。

国内外的研究者都认为图式学习很重要，特别是对于语文这样综合性比较强的学科。语文学习中，一篇文章，一个语段，就是一个完整的图式。而对于操作性比较强的写作则更有价值。

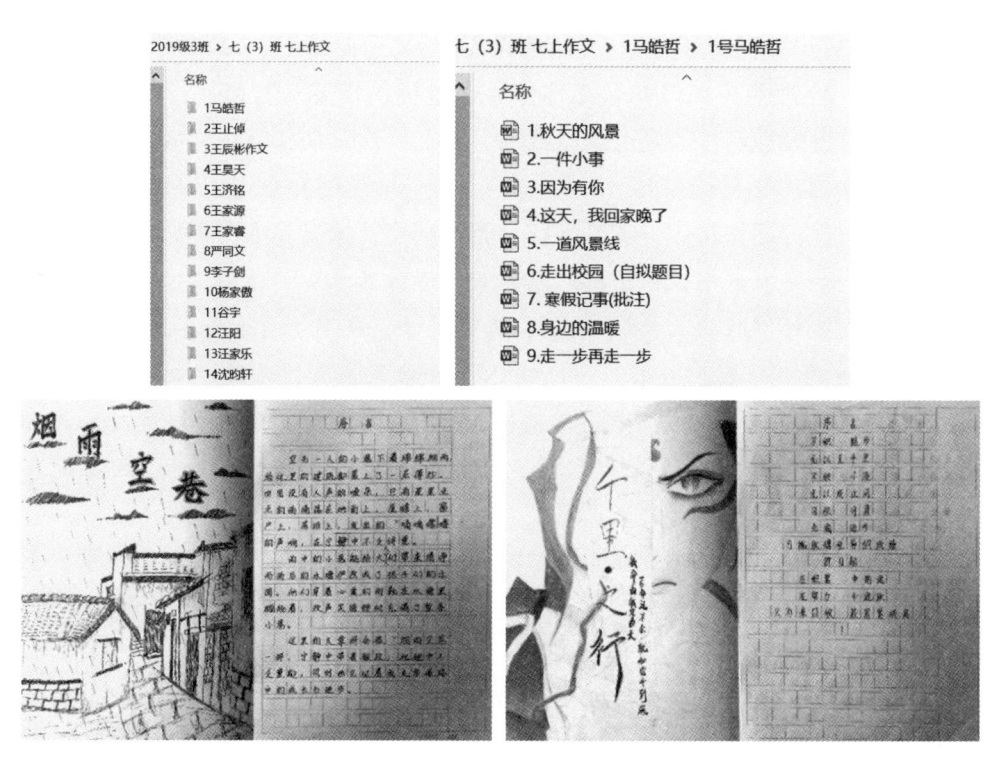

图2-1-5 学生自己的作文集(一)

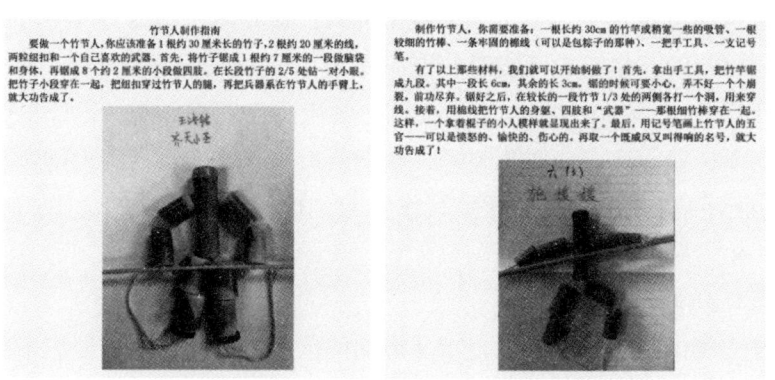

图2-1-6 学生自己的作文集(二)

在写作教学中可以先提供图式,需要从范文中提取有用的知识,即知识化;再对知识进行加工,指导学生使用知识。在使用知识进行写作练习时给予过程指导,包括展示、评价、修改等环节。

研究过程也启发我们进一步思考:写作教学应该选择什么样的图式?从

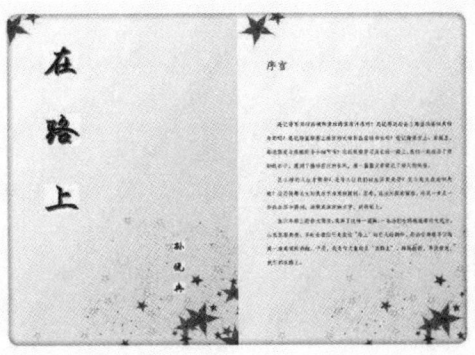

图 2-1-7　学生自己的作文集（三）

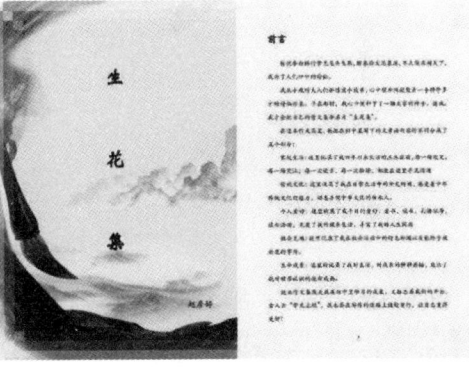

图 2-1-8　学生自己的作文集（四）

图式里面该提取什么样的知识？怎么去提取？如何进行过程指导？如何设计活动让学生去运用知识？

（六）项目成效与反思

1. 项目成效

（1）提升学生写作能力。

自开展项目研究以来，学生提升了写作能力，对于语文学习的兴趣浓厚。统编教材的编写体例为读写互促提供了条件，结合教材阅读选文文体特点，设计不同写作训练，加深对文本内容、结构、语言的理解辨析能力。片段与篇章写作相结合，逐步构建阅读序列，转变阅读文本视角，提升表达能力。如仿造朱自清先生散文《春》的写景片段，完成一个关于夏天或秋天的景物描写片段

（图2–1–9）。

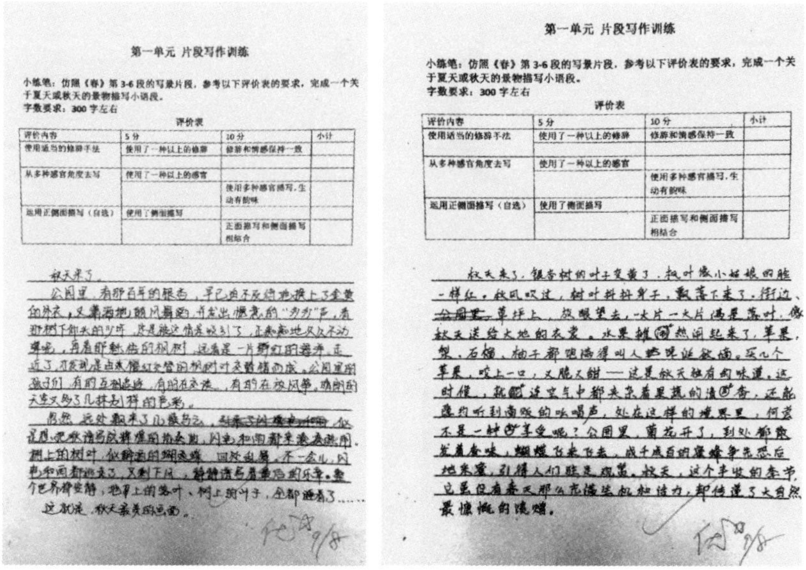

第一单元 片段写作训练

小练笔：仿照《春》第3-6段的写景片段，参考以下评价表的要求，完成一个关于夏天或秋天的景物描写小语段。
字数要求：300字左右

评价表

评价内容	5分	10分	小计
使用适当的修辞手法	使用了一种以上的修辞	修辞和情感保持一致	
从多种感官角度去写	使用了一种以上的感官		
		使用多种感官描写，生动有韵味	
运用正侧面描写（自选）	使用了侧面描写		
		正面描写和侧面描写相结合	

第一单元 片段写作训练

小练笔：仿照《春》第3-6段的写景片段，参考以下评价表的要求，完成一个关于夏天或秋天的景物描写小语段。
字数要求：300字左右

评价表

评价内容	5分	10分	小计
使用适当的修辞手法	使用了一种以上的修辞	修辞和情感保持一致	
从多种感官角度去写	使用了一种以上的感官		
		使用多种感官描写，生动有韵味	
运用正侧面描写（自选）	使用了侧面描写		
		正面描写和侧面描写相结合	

图2–1–9　片段写作训练

再如七年级下册第二单元写作训练“学习抒情”，根据教材要求，设计了写作训练单，先指导学生完成提纲，把握主要情感变化，并学习用适当的抒情方式表达情感，再完成全篇（图2–1–10）。

通过过程指导，学生的习作整体比较切题，且详略得当。以下是一位学生以“练字”为题材的习作。

我的烦恼

从回家看到那一大本练字本时，我就心感大事不妙。上学期妈妈为我写字难看的事说了我了一寒假，着实令我烦恼，现在这种烦恼与压力又一次打击了我。

我心知自己该干什么，便拿起练字本上的一支钢笔，突然一惊：这不是妈妈朋友送的用来收藏的“英雄”牌钢笔吗？看来我身上肩负着不小的使命，今天一定要练出好看的字……我踌躇满志。

我捏起这支锃亮的钢笔。手汗黏在上面，光滑的笔杆上泛起轻雾，油亮的笔身散发着活力，金亮的笔头熠熠生辉。欣赏了一会，我马上紧握住笔，将第

第二单元　学习抒情

【真题呈现】

我们每个人都会有烦恼，烦恼后面也许有一段小故事。以《我的烦恼》为题，写一篇作文。注意抒发自己的真情实感。不少于600字。（40分）

提示：

1. 每个人可能都会有烦恼，比如：妈妈总是拿你和别人比，说你这不行那不行；很喜欢跳舞，家人不支持；唱歌总是跑调，每次上音乐课都很尴尬……想一想，你有什么烦恼？哪些可以作为写作的素材。

2. 写"烦恼"的时候，要把事情、原因写清楚，还要写出烦恼时的具体感受，让人读了以后能体会你的处境和心情。

【构思过程】

一、确定事件/素材

1. 我的烦恼是：＿＿＿＿＿＿＿＿＿＿＿＿＿＿＿＿＿＿＿＿＿＿

2. 最能表现我被此困扰的事件是：＿＿＿＿＿＿＿＿＿＿＿＿＿＿

＿＿＿＿＿＿＿＿＿＿＿＿＿＿＿＿＿＿＿＿＿＿＿＿＿＿＿＿＿＿

二、梳理情感

1. 我的核心情绪是：＿＿＿＿＿＿＿＿＿＿

2. 情绪变化过程或同一情绪的程度变化梳理如下：

（根据一波三折的情节，确定抒发的相应情感/情绪。若情绪没有变化，则根据情节，确定相应情绪的强烈程度）

事件过程		相应情感/强烈程度	备注
起因	①	⑥	
经过	一　②	⑦	
	二　③	⑧	
	三　④	⑨	
结果	⑤	⑩	

图2-1-10　写作训练单

一个"横"有力地书写了下来。

我屏气凝神地写了好一阵子，自认为写了无数个"横"，没想到只写了半页……终于练完笔画可以练字了，没想到也异常艰难，我竭力控制笔，让它不往错误的地方跑，可平时写字的不良习惯却在与我抗衡。平时半秒一字，练字时却两秒一笔画，这强烈的反差抽打着我好不容易静下来的心。

可手里的钢笔督促着我，我只好沉住气。又落笔时，忽瞟见前天的语文作业，几行小字扭曲地记挤在小方格里，憋闷，却渴望自由，像被关在牢笼里老虎，痛苦地狰狞着，我死死握住笔，埋下头，有些悲愤地开始了下一行……

"呼！"练了大半个下午，一页总算练完了，我得意地捧起本子却大惊失色，在近处看起来秀丽的字，放远后美感全无！我心如乱麻地望向窗外，天已经不知不觉地黑了，仅存的那点余晖也在不可挽回地消逝……

这时，另一缕"阳光"透过窗温暖了我，"宝剑锋从磨砺出，梅花香自苦寒来""冰冻三尺，非一日之寒"这些句子忽然浮现在脑海。是啊！风雨过后方见彩虹，才一个下午，怎么能随随便便练好字呢？

这样想着,心里的烦闷渐渐散去,我"唰"地抄起钢笔继续练起来,每一笔都比上一笔更有力。钢笔在灯光下像黑曜石般闪闪发亮。妈妈轻轻推开门,我透过眼角余光看到了她欣慰的笑容。

习作生动再现了小作者的情感变化过程,正是在一次次过程指导中,思维得到碰撞,表达得以优化。

(2)促进教师专业发展。

项目研究为促进语文学科教师专业发展提供了视角和平台,借助这一平台,有多位教师申报校级或区级子课题,撰写案例或论文,开设研讨课或讲座,完成中高级职称评定。

从2019年1月至今,项目组成员按照计划阅读相关理论书籍,开展教学实践和研究,撰写心得和案例,积极参与区域研讨活动,积累了一些资料。

(3)发挥辐射示范作用。

项目组领衔人季红参与市教研室"空中课堂"网课录制,完成17篇讲稿,录制16节网课,课例《岁月如歌》《〈水浒传〉名著导读》被"上海教研"公众号刊发;作为区优秀学科带头人领衔"基于统编初中语文教材的写作教学实践研究"项目组,带教区域教学能手;在担任区语文学科中心组成员期间,多次开设区级研讨课或讲座;参与基础教育精品课录制并获得市级及部级优课。合作者项晓红参与市教研室"空中课堂"网课录制,完成10篇讲稿,录制12节网课;教学设计《壶口瀑布》被收入上海市语文学科德育协同研究中心《德润课堂——语文学科德育教学课堂实录》;领衔区级课题"三科统编材落实核心素养的教学实践研究";参与基础教育精品课录制并获评市级优课。

项目组学员多次在区级层面开设写作研讨课或作交流发言,多篇文章在市区级刊物发表或在各级评选中获奖,1人晋升高级职称,3人评上中级职称。

2. 项目反思

项目组立项时恰逢统编版初中语文教材在初中学段开始全面使用,所有成员结合所在年级及各校学情开展作文教学实践研究,紧扣教材内容,关注课标要求,关注读写融合及过程指导,积累教学案例及学生习作,这些资料对于后续各校乃至区域初中作文教学都具有一定参考价值。

因为刚开始使用全新的教材,大家对教材的选文、阅读与写作、综合性学习、名著导读等各板块内容都在摸索之中,所以在写作教学目标如写作与单元教学目标、课程目标的关联,写作教学内容如知识点、能力点的选择,写作教学策略如学生习作常见问题及对策分析、学情分析,写作教学评价如量表制作等方面需要提升。

项目组导师和学员在校内都承担了较重的工作任务,均能积极参与项目的研讨学习、实践研究等活动,但在理论学习、案例论文撰写等方面存在差异。

需要关注写作教学目标与单元教学目标、课程目标的关联,树立单元教学概念,充分利用教材文本,设计多维训练,梳理写作路径,落实写作知识点、能力点。

需要丰富写作活动设计,创设情境,以任务驱动激发学生写作兴趣,分析学生习作常见问题及原因,提供学习支架,增强写作教学的逻辑化与可视化。

需要开展写作教学评价研究,研制写作评价量表。重视作文讲评及修改,整理完善写作教学设计案例,编撰写作专题学程和教程。

需要加强写作理论学习,学习优秀课例,及时总结反思成文。

二、谁解题中味?
——从命题角度看"三级作文档案建设和运用"的意义[①]

"三级作文档案的建设和运用"项目旨在通过整理学生习作案例,整合作文教学资源,探索切实有效的作文训练方法,自下而上构建作文教学的程序性知识体系,注重作文教学的基础性、规范性、可操作性和可持续性。本文仅以我校初一年级作文档案为例,谈谈对"作文档案建设与运用"中关于"作文命题"这一问题的实践与思考。

(一)真题回顾

初一年级共写作记叙文14篇(含考场作文2篇)、课文片段仿写6篇,题目及评价详见表2-2-1。

---

① 原载《上海师资培训》2014年第4期。

初中语文读写图式建构

表 2-2-1　初一年级作文题目汇总表

内容 \ 时间	第 一 学 期		第 二 学 期	
	作文题目	总体评价	作文题目	总体评价
篇章训练	暑假纪事	★★★	那件事让我长大了	★★★★★
	挑战	★★★	心海里的一朵浪花	★★
	我的新发现	★★★★	目光	★★★★
	珍惜	★★	＿＿＿改变了我	★★★
	我把掌声送给你	★★★★	谢谢你	★★★★
	我眼中的风景	★★	我能理解	★★
	乐在其中	★★★★★	其实，这不难	★★★
片段写作	《社戏》	★★★★	《山中访友》	★★★★
	《滹沱河和我》	★★★★	《你一定会听见的》	★★★★
	《明湖居听书》	★★★★	《背影》	★★★★

其中《我的新发现》为同题作文（预备年级也写过），《乐在其中》《那件事让我长大了》为考场作文，《目光》要求模仿《背影》的写法，以"目光"为线索，将抽象的情感寄寓于具体的描写中。片段写作主要是模仿课文经典语段：如《社戏》的环境描写，《滹沱河和我》对河的特点的描写，《明湖居听书》对声音的感受，《山中访友》描述与山林中某位"朋友"相遇的情形，《你一定会听见的》细致表现自然界的某种声音，《背影》中的人物细节描写。

（二）命题解读

从以上对作文题目的汇总分析中不难看出，命题的基本原则是：以记叙文写作训练为经线，以篇章和片段训练为纬线，纵横交错，点面结合。

记叙文写作是初中作文教学的重点，课标指出7～9年级写作阶段目标为"写记叙性文章，表达意图明确，内容具体充实"，"写作要有真情实感，力求表达自己对自然、社会、人生的感受、体验和思考"。根据课标阶段目标及学生身心发展规律，初一年级侧重训练写人叙事的记叙文，要求从日常生活中选择材料，能围绕中心将一件事记叙清楚，能通过详略得当的几件事表现人物，语言表达通顺流畅。上述命题都以习作者为圆心，以其生活经历和情感体验为半径，或侧重叙事（如《暑假纪事》《乐在其中》《那件事让我长大了》），或侧重记人（如《我把掌声送给你》《目光》），表达自己的感悟思考、喜怒哀乐。

篇章训练重在提升学生写作基本能力，如审题能力（《暑假纪事》对时间的限定、《我的新发现》修饰语的体现、《我眼中的风景》引申义的挖掘）、立意能力（《挑战》《珍惜》《乐在其中》《谢谢你》《我能理解》等）、构思能力（《目光》的线索作用、《_____改变了我》的变化过程、《我能理解》中从"不理解"到"理解"等）。片段写作重在加强语言表达能力，如《社戏》从视觉、听觉、嗅觉等不同视角写景抒情，《滹沱河和我》抓住特征描绘事物不同状态，《山中访友》运用拟人化手法再现想象内容，《明湖居听书》一波三折、有张有弛传达感受，《背影》抓住动作、神态、语言等细节刻画人物，期望通过对经典语段的模仿实践培养语感，实现"取法乎上，得乎其中"的目标。

（三）问题辨析

表2-2-1中所列"总体评价"是根据学生习作情况对题目作出的评价，排除个体写作水平的差异和写作背景的变化（如平时作文和考场作文）等因素，单纯从命题表述和设计意图角度分析，会发现好的作文命题有以下特点：

1. 表意简明，无审题障碍

如：《我把掌声送给你》用"掌声"表达"我"对"你"的赞美、肯定、鼓励等情感，《谢谢你》表达对他人的感激之情等，学生习作反馈较好；相反，《我眼中的风景》《心海里的一朵浪花》涉及字面义和引申义，《我能理解》隐含由"不理解"到"理解"的变化过程，这样的题目对初一学生而言有一定审题障碍，因而不太适合。

2. 选材宽泛，少内容限制

如《乐在其中》和《那件事让我长大了》，前者可通过学习生活、兴趣爱好、休闲娱乐等材料表达从中体会到的快乐，后者可通过一件事表现自己的收获、感悟、思考，取材范围宽泛，且内容主题贴合初一学生身心特点和生活实际，因而佳作频现，表现不俗（耐人寻味的是这两篇都是考场作文，这对考场作文的命题策略和学生写作背景的探究也许有所启发）；而《挑战》《珍惜》等题对取材和内容表述要求颇高，需要细致描绘人物内心世界及情感历程，因而使学生产生距离感。

3. 指导合理，有范文引领

如《目光》是对《背影》的模仿，尽管有一定难度，但以读引写，读写结合给学生提供了有效的策略指导；《我的新发现》曾在预备年级写过，在原有基础上进行同题写作，设置了提升的台阶，写出了新意。至于课文片段的仿写，虽涉及环境描写、细节描写、修辞手法、想象联想等诸多有难度的写作技巧，但因为有范文的引领在前，因而佳作颇丰。

纵观"作文档案建设与运用"中关于"作文命题"相关内容，笔者也产生了很多困惑，诸如：命题作文是否会对学生写作个性的形成和创新意识的培养产生负面影响？内容构思和语言表达训练如何做到水乳交融？命题质量的高下是否仅凭学生佳作数量多少评判？如何构建作文命题和表达技巧的阶段目标和写作序列？这些需要在今后的写作教学中探究实践，而这也许正是"作文档案建设和运用"项目研究的魅力与意义之所在。

三、基于教材资源的记叙文写作复习策略[①]

（一）明确要求

1. 课标要求

《义务教育语文课程标准（2022年版）》第四学段（7～9年级）"表达与交流"中明确要求：

多角度观察生活，发现生活的丰富多彩，能抓住事物的特征，为写作奠定基础。写作要有真情实感，表达自己对自然、社会、人生的感受、体验和思考，力求有创意。

写记叙性文章，表达意图明确，内容具体充实。

2. 评价指南

《2022年上海市初中语文课程终结性评价指南》中关于写作的要求：

能记叙生活中的人、事、物；

能对社会现象表达自己的感受、认识和见解；

---

① 上海市长宁区教研活动讲座讲稿。

第二章　写作图式建构

文章应符合题意，中心明确，内容充实，感情真挚，结构完整，条理清楚，表达通顺、连贯。

（二）考题链接（表2-3-1、表2-3-2）

表2-3-1　2008～2020年写作题目汇总

时间	题目	时间	题目
2008年	我眼中的色彩	2015年	不止一次，我努力尝试
2009年	在学海中游泳	2016年	没想到，真没想到
2010年	黑板上的记忆	2017年	就这样，埋下一颗种子
2011年	悄悄地提醒	2018年	真的不容易
2012年	心里美滋滋的	2019年	这事，真带劲
2013年	今天，我想说说心里话	2020年	有一种甜
2014年	这里也有乐趣		

要求：(1)写一篇600字左右的文章；(2)不得透露个人相关信息；(3)不得抄袭。

表2-3-2　2021年、2022年写作题目汇总

时间	题目
2021年	《现代汉语词典》（第7版）对"有意思"有这样一种解释：有意义，耐人寻味。生活中的人、事、物，大多如此。 请以"比看上去更有意思"为题，写一篇600字左右的文章。
2022年	傅聪在国际钢琴比赛获奖后，傅雷写信给他："人生本是没穷尽，没终点的马拉松赛跑，你的路程还长得很呢，这不过是一个光辉的开场。"在成长的道路上，无论精彩还是平凡，顺利还是受挫，得意还是失落……我们都可以对自己说："这不过是个开场。" 请以"这不过是个开场"为题，写一篇600字左右的文章。

要求：(1)不得透露个人相关信息；(2)不得抄袭。

从命题类型来看，全命题作文占了绝大多数，可以预料，这种提示加命题的形式也许会持续一段时间。从命题内容来看，对学生的审题能力及思维品质的要求将会逐步提升（表2-3-3）。

表2-3-3 命题类型分析

类　　型	次　　数
小作文+大作文	1次
二选一（全命题）	1次
半命题	1次
全命题	13次
提示+全命题	4次

（三）复习策略

1. 梳理教材　整合资源

统编教材一个比较大的变化是增加了写作部分教学内容，表2-3-4所列为七、八、九年级与记叙文相关的写作训练点，其中包含了写作的陈述性知识和程序性知识，就某一册书看，或许是不成序列的，但把6册书放在一起，还是会发现其中的内在联系的。

表2-3-4 七、八、九年级与记叙文相关的写作训练点

年　级	第一单元	第二单元	第三单元	第四单元	第五单元	第六单元
七年级上册	学会观察生活	学会记事	写人要抓住特点	思路要清晰	如何突出中心	发挥联想和想象
七年级下册	写出人物的精神	学会抒情	抓住细节	怎样选材	文从字顺	语言简明
八年级上册		学写传记	学习描写景物	语言要连贯		表达要得体
八年级下册	学习仿写				学写游记	学写故事

续 表

年　级	第一单元	第二单元	第三单元	第四单元	第五单元	第六单元
九年级上册				学习缩写		学习改写
九年级下册	学习扩写	审题立意	布局谋篇	修改润色		有创意地表达

图 2-3-1 至图 2-3-3 分别列举了记事类、写人类及写景类文章的教材相关资源。

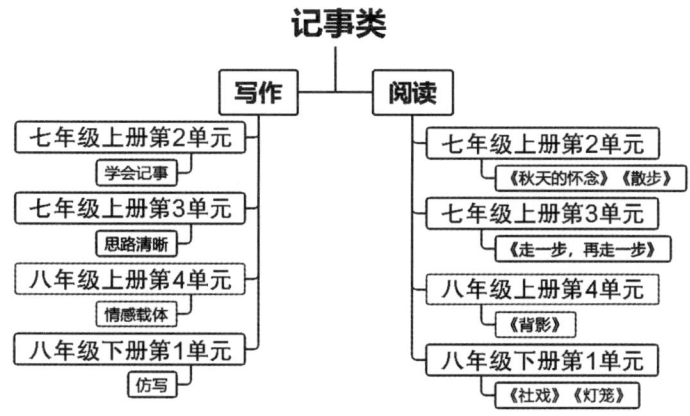

图 2-3-1

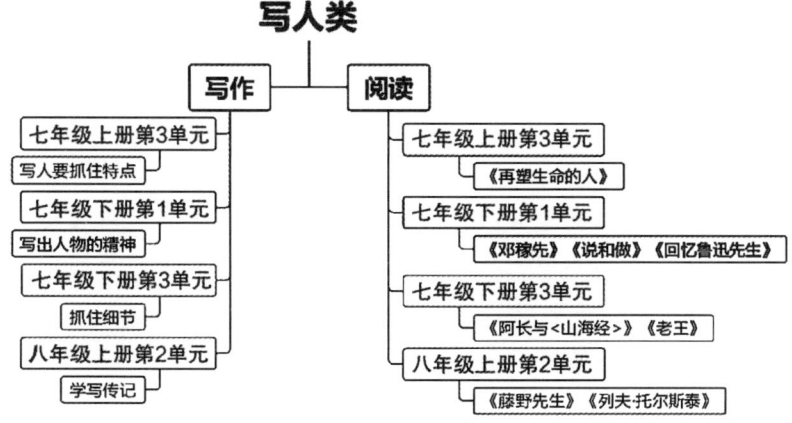

图 2-3-2

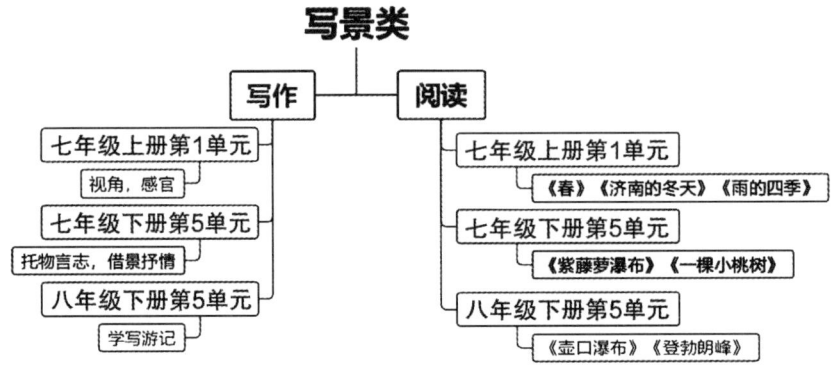

图 2-3-3

2. 整理习作　指导升格

九年级下册教材对审题立意、布局谋篇、修改润色有专门的介绍。

（1）审题立意

一是全命题作文。

不止一次，我努力尝试/我的尝试

这里充满乐趣/这里也有乐趣

可以通过比较的方法加强审题能力培养，关注题目中的修饰语和限定语等。

二是半命题作文。

我们的名字叫_____

半命题作文需要写作者将题目补足成为全命题，给了写作者一定的自由度。在补充时首先要注意具体要求，尤其是提示语的内容，其次要从有利于写作的角度去衡量补完的题目是否容易立意，是否有材料可写，是否能扬己之长避己之短。半命题作文在审题时要充分关注题干，填充题目。

三是提示+全命题作文。

傅聪在国际钢琴比赛获奖后，傅雷写信给他："人生本是没穷尽，没终点的马拉松赛跑，你的路程还长得很呢，这不过是一个光辉的开场。"//在成长的道路上，无论精彩还是平凡，顺利还是受挫，得意还是失落……我们都可以对自己说："这不过是个开场。"

请以"这不过是个开场"为题，写一篇600字左右的文章。

这段材料分为两部分，一部分为傅雷对儿子傅聪说的一番话，第二部分为命题者对学生写作的引导语。前一部分是引入"这不过是个开场"这一话题，并将"开场"限定在"人生道路"的应对上，后一部分，命题者有意开阔学生们的思路，不要将"开场"局限在成功上，也要注意失败的开场。三组反义词几乎涵盖了学生可能面对的生活的全部：精彩、平凡，顺利、受挫，得意、失落。"开场"必然隐含着"结束"，一个开场往往是前一个阶段的结束，也隐含着对新一阶段成果的期待，由"平面"转向了"立体"，由"单一"变换为"多向"。因而，认真阅读这一段材料很关键的。从这个角度来说，2022年的中考作文题对于审题有了更高的要求。这道作文题，延续了近年来中考命题的一种思路，不仅考查学生的文字表达能力，更关注学生的思维能力。引导学生更为全面辩证地考虑问题。

综上所述，初中阶段的写作往往围绕一个中心展开，即体现出学生的精神成长，具体表现为成长类和情感类两大内容，题材涉及学校、家庭、社会、历史文化等方面。

（2）布局谋篇

一是安排思路。

起承转合是古典诗词的章法，但它有如事件的变幻无穷，符合事件的起因、发展、高潮、结局；有如情感的起伏不定，错落有致。记叙文的布局谋篇可以借助这一章法，使文章跌宕起伏。起是开始，交代事情的起因，定好情感的基调；承即承上，进一步表明题意，写清人事景；转即转折，要推进一层，别开生面，给人柳暗花明的感觉；合即收合，总揽全文，引人遐思。

七年级上册《走一步，再走一步》（莫顿·亨特）一文中，作者回忆了自己8岁时一次爬悬崖的经历（此文原名为《悬崖上的一课》），"我"在父亲的帮助下战胜了内心的恐惧，一步一步爬下悬崖，实现了原本认为不可能的目标，表达了"我"成长过程中的感悟。这是一篇典型的"一事一悟"的文章，这类文章的构思基本框架可分为：背景交代、事情的发展过程（起因、经过、结果）、启迪或感悟。结尾的议论直接揭示了文章主旨，学生能够理解这既是指悬崖之路，也是指人生之路，因而在教学这篇课文时，重点分析文章的结构思路以及详略安排，以思维导图形式梳理结构思路（图2-3-4）。

二是提供支架。

美国作家杰里·克利弗《小说写作教程》中认为故事讲述包括下面几个关

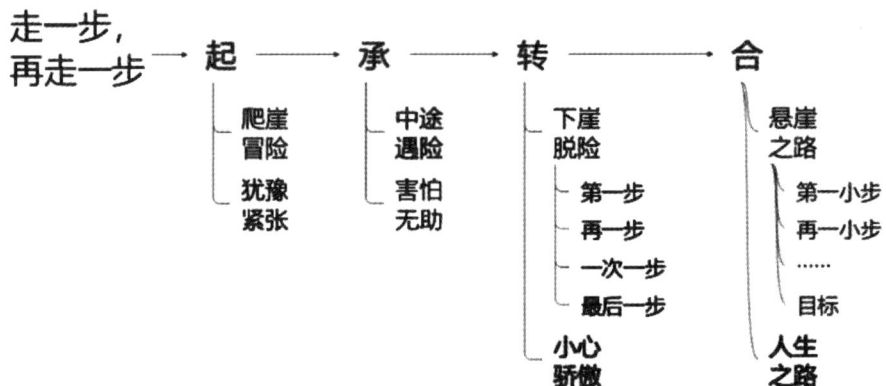

图2-3-4 以思维导图形式梳理结构思路

键的元素：冲突（愿望、障碍）、行动（彰显人物性格）、结局、情感和展示。其中，前面三个元素共同勾勒出了完整故事的外部轮廓（图2-3-5）。故事能够引人入胜的奥秘是：人们在愿望的推动下采取各种行动，在行动中遇到障碍形成冲突，采取各种办法克服障碍。比如《西游记》中许多故事都可以根据这个模板来概括：取经是个强烈的愿望，妖怪是阻挡愿望实现的障碍，构成了故事冲突，主人公采取许多行动克服重重障碍，终于取得真经。

运用故事模板作为记叙文写作的支架，可以帮助学生快速布局谋篇，避免平铺直叙。

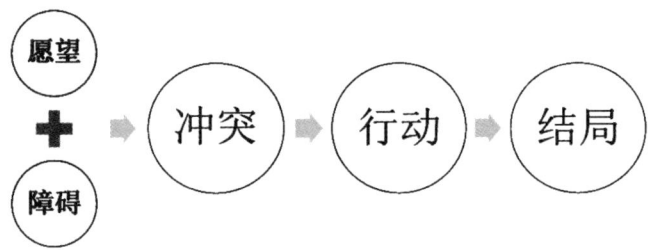

图2-3-5 故事的外部轮廓勾勒

（3）修改润色

修改作文的基本要求是改"对"。字词、标点的错误，病句等，要一一改正，不留硬伤。在此基础上，还要进一步推敲用词，使之准确恰当；推敲句子，使之通畅连贯。还包括对文章段落的调整加工。进一步的要求是改"好"。要将内容与形式的修改结合起来，补充内容，加工润色，使得内容更充实，语言更有文采。比如记叙文，除了平铺直叙，可以适当补充一些描写人物、描绘场面的语句；写景，除了视觉，可以补充味觉、听觉、触觉等；此外，适当炼字、炼句，恰当运用一些修辞手法，可以使得文章富有感染力。

四、把握主旨　关注文体
——《学习缩写》教学设计[①]

（一）设计说明

《学习缩写》是统编版语文教材九年级上册第四单元的写作内容，写作知识明确缩写同样要把握原文的主旨和思路。缩写时要遵循"保持主干，删除枝叶"的原则，确定取舍和详略；缩写而成的文章既是原文的缩微呈现，也是一篇独立的文章，要以自己的话为主，可适当摘取原文；文体不同，缩写时的注意点也应有所不同。

说明性文章旨在说明事物特征或阐明事理，缩写时可以提取表述说明对象及其特征的材料，其他内容可以省略。比如《苏州园林》的说明对象是苏州园林，特征是图画美，是全国各地园林的标本，缩写时应突出这些内容。

议论性文章要提取中心论点、分论点、主要论据，次要的论据可删去。比如《敬业与乐业》的中心论点是"'敬业乐业'是人类生活的不二法门"，文章分别从有业的必要性、第一要敬业、第二要乐业三方面加以论述。

叙述性文章的主干是主要人物和主要情节，缩写时可以删去次要人物和次要情节。比如《故乡》中主要人物是"我"和"闰土"，主要情节是"回故乡——在故乡——离故乡"，其他次要人物和情节可以删去或略写。

在把握文章主旨和思路的基础上，根据不同文体的缩写要求，提炼要点，借助思维导图完成缩写提纲，进而连缀成文。

（二）教学目标

（1）知道缩写的具体要求。

（2）学习不同文体的缩写方法。

[①] "空中课堂"讲稿。

（三）教学过程

1. 导入

缩写，就是在保持中心意思不变的前提下，压缩文章的篇幅，正如著名学者、语言学家吕叔湘先生所说的"把主要内容用自己的话说一遍"。通过缩写训练，可以提高把握文章要点、思路的能力，还能培养概括、综合能力。那么，缩写有哪些具体要求呢？

2. 了解缩写的具体要求

一是尊重原作。缩写不等于简单的减少字数，刘勰说"善删者字去而意留"，缩写也是如此，必须要尊重原作，保持原文的基本面貌。缩写前要认真阅读原文，理清文章思路，把握原文主要内容，深入体会文章主旨，不能改变文章中心，不能随意增添内容，也不能改变文体。

二是自成一文。缩写而成的文章既是原文的微缩呈现，也是一篇独立的文章，因此要以自己的话为主，可以适当摘取原句，使之与自己的话融为一体。如果原文结构非常清晰，关键语句显而易见，也可以摘取原句连缀成篇。

以上两点是缩写的基本要求。下面我们来看看缩写的一般方法。

3. 学习缩写的方法

（1）缩写的一般方法：

一是概括内容　把握中心。

缩写前要梳理概括原文主要内容，进而把握文章中心。如《我的叔叔于勒》围绕"叔叔于勒"展开情节，依次写了菲利普一家艰难拮据的家境，迫不及待地盼望于勒早早归来，在哲尔赛岛旅游时遇到卖牡蛎的于勒，幻想破灭，菲利普夫妇让小儿子出面付钱，自己避开于勒，脱身而去等内容，表现了金钱关系对人性的扭曲和破坏，促使我们反思生活，提醒我们不要失去对人的真诚的爱心与同情。了解了原作的主要内容，缩写时才能忠于原作，保留其基本面貌。

二是理清思路　安排详略。

在准确理解原文内容基础上，梳理文章思路，对原文材料进行取舍，安排详略，是缩写的重要环节。好的文章都是有思路可循的，遵循"保留主干，去其枝叶"的原则，分辨哪些内容有文章中心密切相关、不可或缺，这部分内容就是主干，需要保留；哪些内容删掉不太影响中心的表达，这部分就是枝叶，缩写时可以删去。《我的叔叔于勒》一文出现了很多人物，其中"我""菲利普夫妇""于勒"是主要人物,主要情节是"盼于勒—赞于勒—遇于勒—避于勒",对于表现小说主旨有重要作用,需要保留;其他次要人物如姐姐、姐夫、船长等,次要情节如于勒去美洲的原因等则可以删去或者略写。即便是保留的主要情节也要安排好详略,上述四个主要情节中,"遇于勒"是关键情节,对推进文章主旨至关重要,因此,在缩写时应着重叙述,其他情节可以简略一些。

三是语言通畅　文意连贯。

缩写是对原文的高度浓缩,要做到简洁凝练,语言必须高度概括,要把具体的描述性文字转变为叙述性文字,少用修饰性、限制性语句。上下文过渡衔接要顺畅,结构应完整,注意保留原文的行文脉络与逻辑性。比如《我的叔叔于勒》一文按照事情发展的先后顺序来写,缩写时也应该按此顺序,关注"我小时候""于是每星期日""后来我们终于动身了""我们回来的时候"等具体的语句,使得缩写清晰畅达,结构完整。

文体不同,缩写时关注点也有所不同,下面我们结合一些具体的例子,分别了解一下说明性文章、议论性文章及叙述性文章的缩写方法。

(2)不同文体的缩写方法:

一是说明性文章。

说明文旨在说明事物特征或阐明事理,在缩写时应紧扣说明对象概括其主要特征,关注说明顺序理清思路,适当保留解释性词句,再用概括性的语言加以表述,但不必呈现太多说明方法。下面以《苏州园林》为例来进行缩写训练。

【学习任务一】将《苏州园林》一文缩写成200字左右的短文。

《苏州园林》的说明对象是苏州园林,同学们可以借助这样几个问题来把握文章的主要内容:

(1)苏州园林的地位如何?

(2)苏州园林总体特点是什么?具体表现在哪些方面?

(3)文章采用了什么顺序进行说明?

本文采用了先总后分的结构,各段都有中心句提示主要内容。第1段总说苏州园林是各地园林的标本,凸显其重要地位。第2段说明苏州园林总体特点是"务必使游览者无论站在哪个点上,眼前总是一幅完美的图画",这一总体特点又具体表现在四个方面:讲究亭台轩榭的布局,讲究假山池沼的配合,讲究花草树木的映衬,讲究近景远景的层次;第3～6段分别说明以上四个方面特点，第7～9段则从角落的布置、门窗的设计和雕镂、色彩的搭配方面加以说明。文章主要采用由主到次的逻辑顺序，清晰地说明了苏州园林的特点。我们不妨用思维导图来呈现文章的主要内容：

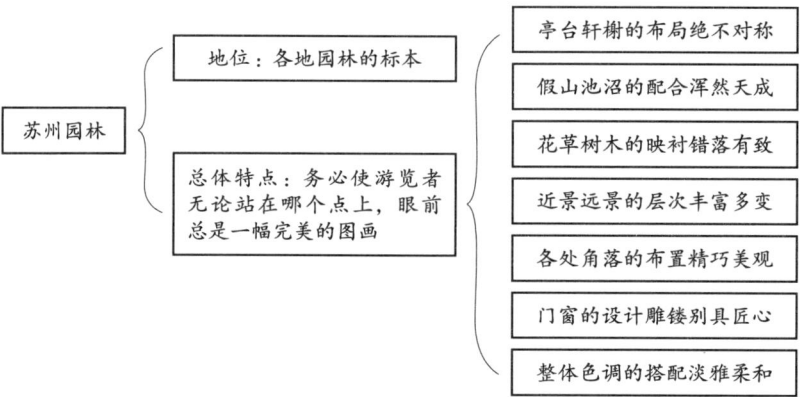

据此，我们可以把《苏州园林》缩写成文：

苏州园林是我国各地园林的标本，它的总体特点是务必使游览者无论站在哪一点上，看到的都是一幅完美的图画。因此，在亭台轩榭的布局上不讲究对称，追求自然之趣。假山与池沼的配合浑然天成，具有艺术美感。花草树木相互映衬，错落有致。花墙与廊子隔而未隔，界而未界，增加了景致的深度和园林的层次感。此外，园林各个角落布置精巧美观，门窗设计和雕镂工细简朴而又别具匠心，整个园林色彩淡雅柔和，使人感觉安静闲适。游览者身处其间有"如在画中游"的美感。

二是议论性文章。

缩写议论文，要围绕论述对象，突出原文的中心论点、分论点，体现论证思路，论据可以根据需要决定保留或舍弃，如保留论据，要对论据中的内容做大幅度压缩，概括主要内容即可。

【学习任务二】将《敬业与乐业》一文缩写成200字左右的短文。

《敬业与乐业》的论述对象是"敬业与乐业"，我们同样借助这样几个问题来把握文章的主要内容：

（1）本文的核心观点和分论点是什么？

（2）每一部分是如何具体展开论证的？

（3）运用了哪些主要论据？

本文围绕"敬业与乐业"这一论述对象，第1段首先提出核心观点："敬业乐业"是人类生活的不二法门。分论点分别是"有业之必要""第一要敬业""第二要乐业"。

第2～5段征引儒门、佛门两段话论述有业之必要，第2段引出"有业之必要"，第3段以孔子的话表明"无业游民"无药可救，从反面论证"有业"之重要。第4段以百丈禅师"一日不做事，一日不吃饭"的事例，从正面论证"有业"之重要，第5段在此基础上，再次强调"人人都要有正当职业，人人都要不断地劳作。"。

第6～7段论述"第一要敬业"，分别从"什么是敬业""为什么该敬业"和"如何做到敬业"三方面展开论述，这部分先以朱子的解释引出"凡做一件事，便忠于一件事，将全副精力集中到这事上头，一点不旁骛，便是敬。"接着，以拉黄包车和当大总统为例，从"凡职业没有不是可敬的"和"因自己的才能、境地，做一种劳作做到圆满，便是天地间第一等人"两方面论证了为什么应该敬业。最后，指出"忠实"这个"唯一的秘诀"，引用庄子、曾文正和孔子的话论证如何做到"敬业"。

第8段论述"第二要乐业。"先论述何为真正的"苦"，提出"苦乐全在主观的心，不在客观的事"，要从"劳苦中找出快乐来"。再论述职业的"趣"，罗列了四条理由，再次引用孔子的话引出"人生能从自己职业中领略出趣味，生活才有价值。""这种生活，真算得人类理想的生活了。"

第9段以"责任心"和"趣味"再次强调"敬业乐业"的意义，总结全文。

我们用结构图梳理一下文章的主要内容：

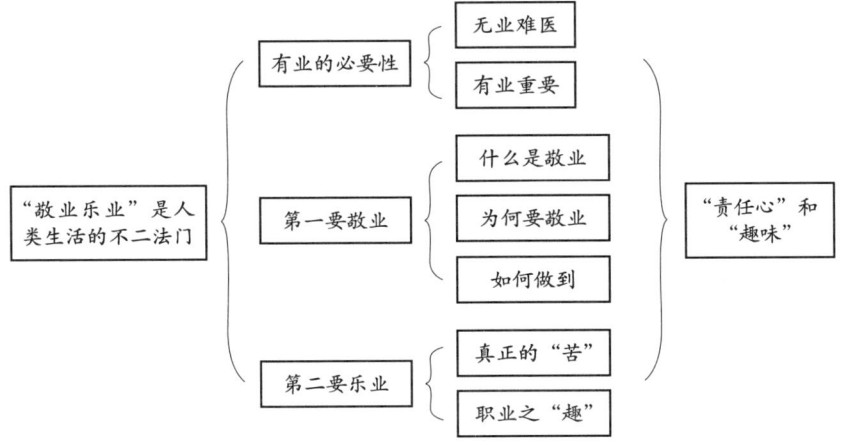

再用自己的话连缀成文：

"敬业乐业"是人类生活的不二法门。"敬业乐业"的前提是"有业"，人人都要有正当职业，并不断劳作。第一要敬业。"敬业"，就是忠于一件事，心无旁骛。无论是做大总统还是拉黄包车，都是神圣的职业，能把职业做到圆满的人尤为可敬。敬业的唯一秘诀就是忠实，如同庄子和孔子所说的要用心专一，做好分内的事。第二要乐业。无业游民和厌恶自己本业的人是真正的"苦"人，只有坚持把一件职业做下去，才能从中领略到趣味，生活才有价值。可见，敬业就是责任心，乐业就是趣味。

三是叙述性文章。

缩写叙述性文章（包括小说），需保留原文中的主要人物和主要情节，可以采用列提纲的方法来明晰思路，把握主要内容。注意结构要完整，语言要简明，如果原文情感丰富，独具韵味，缩写时可以有所体现。不需要评论或补充解释。

【学习任务三】将《故乡》一文缩写成600字左右的文章。

以《故乡》为例，我们先来梳理一下文章结构，概括内容，思考以下几个问题：

（1）小说以什么为序？以什么为线索展开叙述？

（2）小说可以分为几个部分？每一部分主要写了什么？

（3）小说的主要人物是谁？主要情节是什么？

（4）作者借此想表达什么？

小说主要是按照时间先后顺序来叙述，中间插入部分回忆过去的内容，这从文中"我冒了严寒，回到相隔二千余里，别了二十余年的故乡去""第二日清早晨我到了我家的门口了""这时候我的脑海里忽然闪出一幅神异的图画来""哦，我记得了""这样的过了三四天""一日是天气很冷的午后""又过了九日，是我们启程的日期"等句子可以看出，以"我"的见闻感受为线索，叙述"我"回故乡、在故乡和离故乡的经历，其中"在故乡"是主体部分，分别写了到家当天见到母亲、侄儿，回忆起少年闰土，见到杨二嫂，过了三四天见到闰土和水生，又过了九天动身启程。小说主要写了"我"与杨二嫂、闰土见面的场景，其中又以和闰土见面更为详尽，其他人物如母亲、侄儿宏儿、水生是次要人物。小说着力表现了作者对旧中国人民的深切同情，叹息他们所承受的日复一日的生活苦难，更愤懑于由这种生活所造成的人与人之间的隔膜，而这种隔膜不是偶然的，是旧中国的生活（"如我的辛苦辗转而生活""如闰土的辛苦麻木而生活""如别人的辛苦恣睢而生活")造成的普遍状况,期望从根本上打破这种隔膜,彻底改变旧的生活,迎来"为我们所未经生活过的""新的生活"。

根据对上述问题的梳理,可以列出缩写提纲:

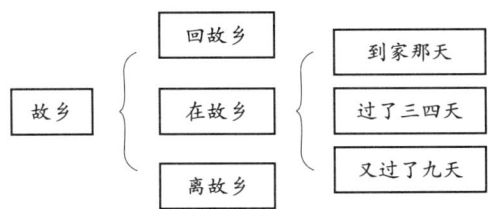

《故乡》一文以时间为序,以我的见闻、感受为线索,表现了旧中国人民的苦难生活及由此造成的人与人之间的隔膜,表达了作者深切的同情和深刻的反省。

第一部分:回故乡——阴冷死寂的环境(略写)

第二部分:在故乡(详写)

(1)到家那天:

见到母亲和侄儿(略写)

回忆少年闰土——天真活泼的小英雄(详写)

见到杨二嫂——自私尖刻、贪婪势利的"圆规"(详写)

(2)过了三四天:见到中年闰土——迟钝麻木的木偶人(详写)

(3)又过了九天:动身启程(略写)

第三部分:离故乡——悲哀、怅惘和茫远的希望(略写)

下面我们不妨先试着缩写一下第一部分"回故乡":

【学习任务四】将下面节选部分缩写成100字左右的片段。

我冒了严寒,回到相隔二千余里,别了二十余年的故乡去。

时候既然是深冬;渐近故乡时,天气又阴晦了,冷风吹进船舱中,呜呜的响,从篷隙向外一望,苍黄的天底下,远远横着几个萧索的荒村,没有一些活气。我的心禁不住悲凉起来了。

阿!这不是我二十年来时时记得的故乡?

我所记得的故乡全不如此。我的故乡好得多了。但要我记起他的美丽,说出他的佳处来,却又没有影像,没有言辞了。仿佛也就如此。于是我自己解释说:故乡本也如此,——虽然没有进步,也未必有如我所感的悲凉,这只是我自己心情的改变罢了,因为我这次回乡,本没有什么好心绪。

我这次是专为了别他而来的。我们多年聚族而居的老屋，已经公同卖给别姓了，交屋的期限，只在本年，所以必须赶在正月初一以前，永别了熟识的老屋，而且远离了熟识的故乡，搬家到我在谋食的异地去。

——节选自鲁迅《故乡》

第1段简洁明了地交代了回故乡的时间，以及"我"和"故乡"的时空距离，在缩写时基本可以保留。接下来的一段环境描写呼应第1段"严寒"，寥寥数笔，画出了一幅阴冷萧瑟的故乡风景图——深冬时令、天气阴晦、荒村萧索……一言以蔽之，"没有一丝活气"，使"我"心生悲凉。既写了故乡的景，也暗含了故乡的人，还点明了"我"的心境，为全文奠定了黯淡冷寂的感情基调。由此引出回忆中的故乡和现实的故乡的对比，交代"我"回故乡的具体原因是卖了老屋，要搬迁到异地去，这些内容对于下文情节的展开至关重要，在缩写时要提炼上述要点。另外还要注意体现文章深沉蕴藉的语言风格。

参考示例如下：

我冒了严寒，回到相隔二千余里，别了二十余年的故乡。

天气阴晦，远近横着几个萧索的荒村，没有一些活气。我的心禁不住悲凉起来了。这哪里是我时时记得的美丽的故乡？多年聚族而居的老屋已卖，我将与它永别，远离熟识的故乡，搬家到谋生的异地去。

4. 学习小结

这节课我们首先明确了"缩写"的具体要求，接着了解了"缩写"的一般方法，再结合教材选文，分别学习了三类文章的缩写方法，运用思维导图、列提纲等方法把握文章主要内容及思路。希望大家能够在此基础上举一反三，课后继续尝试其他文体的缩写练习，提升概括综合能力。

五、提炼要点　明确形式
——《学习改写》教学设计[①]

（一）设计说明

《学习改写》是统编版语文教材九年级上册第六单元的写作内容，教材写

[①] "空中课堂"讲稿。

作知识明确了改写的形式有改变文体、改变语体、改变叙述角度等，改写的要求有以原作为基础、注意行文协调等。

三个写作任务分别对应三种改写形式，为使改后文章忠实于原文，在改写前首先以问题链梳理了原文思路和要点，进而转化为改写的提纲，再根据形式要求进行改写。

改写时可以充分发挥联想和想象，围绕原文中心有意识地增加必要的情节、细节等，但要注意不能改变原文的主题或情感倾向，也不能喧宾夺主。

（二）教学目标

（1）知道改写的要求。

（2）学习不同形式的改写方法。

（三）教学过程

1. 导入

唐代诗人杜牧的七言绝句《清明》大家都很熟悉，"清明时节雨纷纷，路上行人欲断魂。借问酒家何处有？牧童遥指杏花村"。有人通过添加一些标点符号，把它改成了一个简短的剧本：

［清明时节］［雨纷纷］

［路上］

行人：（欲断魂）借问，酒家何处有？

牧童：（遥指）杏花村！

短短28字的一首诗，不增一字不减一字，只是加了几处标点，竟然改成了有时间、天气、地点、人物肖像及对话的短剧，令人叫绝。

所谓"改写"，就是在忠于原作内容的基础上，通过改变文体、语体和叙述角度等，进行"再创作"，以服务于特定的需要。改写有助于培养文体意识，提高写作能力，还有助于更深入地把握原作。那么，改写有哪些具体要求呢？

2. 了解改写的要求

（1）忠于原文

改写以原作为基础，不能背离原作"戏说"，这就要求在下笔前熟读原文，把握其内容。改写不是对原文的另起炉灶，而只是将原文换一种形式表达出来，原文的主题、主要内容和人物形象不能改变。

（2）按需创作

改写不是原封不动地照搬，要根据特定的需要及目的，进行适当的再创作。比如，将情节复杂、人物众多的长篇小说改写成戏剧或影视文学剧本，往往就会简化情节，缩减场面，突出主要人物的活动；把古典文学名著改写成通俗的少儿读物，就要选择恰当内容，简化故事情节，用浅近易懂的语言来讲述。

（3）行文协调

改写时要注意行文的协调，避免人称不统一和情节上的混乱，语言风格、叙事角度也要前后统一。比如，改写后的文章是第三人称，就要避免混入第一人称的叙述；如果改变了原作的记事顺序，就要精心安排叙事结构，还要有适当的过渡衔接；如果是文言文改成白话文，不能半文半白。

3.学习改写的方法

（1）改写的方法：

一是把握主旨　提炼要点。

改写需以原作为基础，因此在动笔前首先要把握原文的内容，理解原作的主旨，提炼出原文的内容要点，为改写做准备。

二是明确形式　拟定提纲。

改写时要明确形式要求，不同的改写形式采取不同的方法，改变文体的要了解文体的特征，改变语体的要把握语体的各自特点，改变叙述角度的，要注意叙述视角的限制性、叙述顺序的调整所引发的叙述内容的变化。根据形式要求，可以先拟定改写的提纲，安排好内容与结构思路。

三是展开想象　保持协调。

改写时可以展开合理想象，围绕主旨增删必要的情节或细节，同时注意表达的前后协调一致。

（2）常见的改写形式：

一是改变文体。比如将诗歌改写成散文，将小说改写成剧本等。

【学习任务一】将袁鹰的散文《小站》（六年级上册第五单元第18课）改写成250字左右的说明性文字。

小　　站

这是一个铁路线上的小站，只有慢车才停靠两三分钟。快车转瞬间疾驰而过，旅客们甚至连站名还来不及看清楚。

就在这转瞬间,你也许看到一间红瓦灰墙的小屋,月台上几根漆成淡蓝色的木栅栏,或者还有三五个人影。而这一切又立即消失了,火车两旁依然是逼人而来的山崖和巨石。

这是一个在北方山区常见的小站。月台左面有一张红榜,上面用大字标明了二百四十一天安全无事故的记录,贴着竞赛优胜者的照片。红榜旁边是一块小黑板,上面用白粉笔写着当天的天气预报和早晨的报纸摘要。出站口的旁边贴着一张讲卫生的宣传画。月台上,有两三个挑着箩筐的农民,正准备上车进城。几步以外,站上的两位工作人员正在商量着什么。

月台中间有一个小小的喷水池,显然是经过精心设计的。喷水池中间堆起一座小小的假山,假山上栽着一棵尺把高的小树。喷泉从小树下面的石孔喷出来,水珠四射,把假山上的小宝塔洗得一尘不染。

月台的两头种了几株杏树,花开得正艳,引来一群蜜蜂。蜜蜂嗡嗡地边歌边舞,点缀着这个宁静的小站。

小站上没有钟,也没有电铃。站长吹一长声哨子,刚到站的火车跟着长啸一声,缓缓地离开小站,继续自己的征途。

这个小站坐落在山坳里。站在月台上向四周望去,只看到光秃秃的石头山,没有什么秀丽的景色。可是就在这儿,就在这个小站上,却出现了一股活泼的喷泉,几树灿烂的杏花。

这喷泉,这杏花,给旅客们带来了温暖的春意。

首先,梳理一下原文的主要内容。散文《小站》描绘了坐落在北方山坳里的一个不知名、不起眼的铁路小站。文章既写了小站之"小"——只有慢车停靠两三分钟,快车转瞬即过;也写了小站的基本风貌——月台左面的红榜,旁边的小黑板,中间的喷水池,两头的几株杏树。然而就是这样一个普通的小站,却让人感觉到安心、精致和温暖,胜在细节,比如安全无事故记录、天气预报和报纸摘要、精心设计的喷水池、活泼的喷泉、灿烂的杏花等,作者在文章结尾发出了"这喷泉,这杏花,给旅客们带来了温暖的春意"的感慨,散文的主旨在此体现。

其次,明确改写的形式要求。学习任务要求把这篇不足600字的散文改写成250字左右的说明性文字,这就要用到之前学过的缩写方法,提取文章要点,再按照说明性文字的要求拟出改写提纲。不妨借助于这几个问题来帮助我们思考:

（1）说明对象是什么？有何特征？
（2）原文中哪些信息可以保留？
（3）按照什么顺序来说明？

我们可以列出改写的提纲：

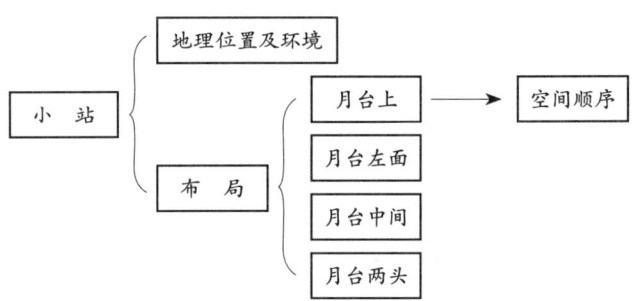

改为说明性文字后，"小站"成为说明对象，主要特征是"小"，可以提取文中能体现这一特征的信息，按照空间顺序说明，注意说明性语言比较平实，原文中描述性、抒情性语言可以转换或舍去。在此基础上，再对相关信息进行整合，全文改写如下：

这是一个仅供慢车停靠的铁路线上的小站，坐落在北方的山坳里，四周都是石头山。小站有一间红瓦灰墙的小屋。月台上有几根木栅栏，两三个挑着箩筐的农民正准备上车，站上的两位工作人员在商量着什么。月台左面有一张红榜，上面用大字标明了二百四十一天安全无事故的记录，贴着竞赛优胜者的照片。红榜旁边是一块小黑板，上面用白粉笔写着当天的天气预报和早晨的报纸摘要。出站口的旁边贴着一张讲卫生的宣传画。月台中间的小喷水池设计精心，中间有小假山，上面有一棵尺把高的小树和小宝塔，有喷泉从树下的石孔喷射到小宝塔上。月台的两头种了几棵杏树。

改变文体的文章，改写要在理解原文的基础上用自己的语言重新组织。

二是改变语体。比如将古诗文改写成现代白话文，将书面语改写成口语。

【学习任务二】将唐诗《枫桥夜泊》改写成200字左右的散文。原诗如下：

枫 桥 夜 泊

（唐）张　继

月落乌啼霜满天，江枫渔火对愁眠。

姑苏城外寒山寺，夜半钟声到客船。

首先，要读懂原诗的内容和主旨。《枫桥夜泊》是诗人张继途经寒山寺时写下的一首羁旅诗。第一句"月落乌啼霜满天"抓住深秋时节的典型景物，十分简洁地写出了秋夜的景色：月亮西沉，乌鸦啼鸣，寒霜满天，画面清冷。第二句"江枫渔火对愁眠"紧承前句，抒写自己孤独寂寞的心情，江边的枫树依稀可见，河面上又有几点稀疏的渔火忽明忽暗，闪烁不定，更引发了游子思乡的愁绪，增添长夜难眠的苦恼，一个"愁"字直接点出诗人的羁旅之思。情与景融为一体。三、四句"姑苏城外寒山寺，夜半钟声到客船"，由远及近，写霜天月夜中远处的古刹寺院和不断传来的悠长的钟声，在辗转难眠的长夜里，更能引起人的愁思，诗人通过难以进入画面的钟声，把近处的渔船和远处的山寺巧妙地联系了起来。整首诗描绘了秋天江边的夜色，抒写了诗人寂寞的心境和思乡的愁绪。

接着明确改写的形式要求。学习任务要求把这样一首古典诗歌改写成200字左右的现代散文。这一要求既涉及文体的改变，也涉及语体的改变，这也提示我们，改写的形式要求有时并不是单一的。借助对原诗的解读，我们可以通过以下问题梳理思路：

（1）散文描写了哪些景物？
（2）这些景物的特点是什么？
（3）借此想表达怎样的情感？

据此列出改写提纲如下：

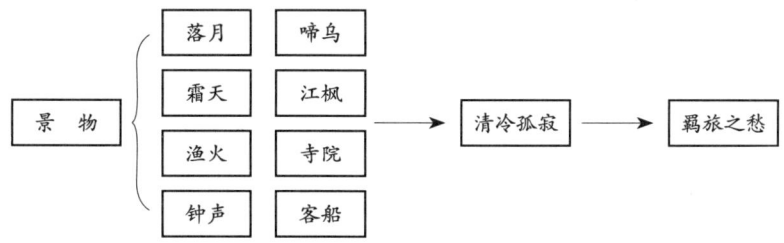

古典诗歌语言凝练，意境优美。改为散文后，应尽可能表现原诗风格，同时可以酌情加入合理想象的成分。改后参考例文如下：

已经是三更半夜了，淡黄色的月亮渐渐地落了下去。黑沉沉的夜，仿佛无

边的浓墨涂在天际，连星星的微光也没有，满天都是白花花的霜。

乌鸦也都归巢了，叫声是那么凄凉。我翻来覆去难以入眠，心中充满了愁绪，此时陪伴我的只有江边的枫树和船头时隐时现的渔火。家乡的亲人，你们在做什么，日子过得好不好？恍惚间，两个熟悉的身影似乎出现在我眼前，可是一伸手，他们都不见了……泪水从我脸上滑落……

姑苏城外的寒山寺还在那里悄然而立。"当——当——"寒山寺里的钟声敲到了我的心田。这凄凉的声音，仿佛是亲人在呼唤着我回家……

改变语体要把握语体各自的特点，尤其是把古诗文改为白话文，切忌大段摘抄翻译，要用自己的语言，适当加入想象或联想。

三是改变叙述角度。比如将第一人称改成第三人称，或将顺叙改为倒叙、插叙。

【学习任务三】将《智取生辰纲》一文，从杨志的角度，用第一人称改写成600字左右的文章。

先回顾一下《智取生辰纲》的主要内容。《智取生辰纲》节选自《水浒传》第十六回，故事的背景是杨志因杀死泼皮牛二被判充军到大名府，梁中书抬举他做了提辖，并把押送生辰纲的任务交托给他。课文节选部分是从杨志上路开始写起的，可以分为两部分：前一部分主要写杨志与老都管、虞候及众军士的矛盾，杨志为了应付不测处处小心，事事留意，怎奈天气酷热、担子沉重、山路难行，他对待军士"轻则痛骂，重则藤条便打"，又没有协调好和老都管、虞候的关系，导致军士们不听从命令，坚持在强人出没的黄泥冈松林里休息，为后面生辰纲被劫埋下伏笔。后一部分主要写生辰纲被劫的过程，当杨志一行在松林休息时，晁盖等七人扮作贩枣的商人，白胜挑着满桶诱人的白酒走上了山冈，晁盖等人先吃掉一桶，让杨志放松了警惕，并借占便宜"饶酒"下药，加上白胜欲擒故纵，彻底麻痹了杨志，最终全体被蒙汗药麻倒，眼睁睁看着生辰纲被劫走。

再看改写的具体要求。《智取生辰纲》一文原本采用的是第三人称的全知视角，学习任务要求改变叙述角度，从杨志的角度，以第一人称改写，同时字数要求600字左右，这就需要对原文做压缩，主要提取和杨志相关的信息，我们通过以下问题梳理要点：

（1）故事主要写了什么内容？

（2）以杨志的视角看这件事，他观察到了什么？他想到什么？他起先不知道的是什么？杨志做了些什么？

（3）最终的结果怎样？

根据对这些问题的回答列出改写提纲：

- 开端：押送生辰纲
- 发展：黄泥冈歇凉
- 高潮：买白酒解渴
- 结局：生辰纲被劫

改写时不能单纯改变人称，还要根据叙述视角的转换，对人物的语言、动作、神态、心理等方面都要做相应的调整。小说表现了杨志的精明能干和暴躁蛮横，改写后也应体现。例文如下：

我叫杨志。梁中书派我送生辰纲去京城给蔡太师祝寿。五月中旬从北京出发，天气酷热难行。为了安全，我们辰牌起身，申时便歇，随行的军士对此很不满，于是我只能藤条伺候。

这样走了十多天，这天已是六月初四，正午走到黄泥冈，他们又要喊歇，我自知这样的地方容易有强人出没，便催促他们快走，可任凭我怎样拿藤条抽打，他们也不起身，无奈之下，只好让他们在松林里歇一会儿。隐隐看到对面松林里似有人影闪动，我不敢大意，提了朴刀去一探究竟，却原来是七个贩枣的客商在乘凉。

不一会儿，来了个卖酒的汉子，边走边唱。有人要买酒，被我阻止了，谁知道这酒里放了什么，还是不要喝的好。那几个贩枣的客商买了一桶，喝完后，其中一个把另一桶打开喝了一瓢，另一个见了，也拿瓢来舀酒。卖酒的见了，抢过瓢来，劈手将酒倒在桶里。这时，随行的老都管又来要求买酒喝，我思量着这一桶也被喝过，应该没事，只好同意了。

于是他们便冲上去买酒，剩下的一桶也很快要吃完了，有人给了我一瓢，见他们都没事，又实在口渴难熬，我拿起来喝了一半。那汉子收了钱，挑着酒桶下山冈去了。

我正打算抓紧时间赶路，却发现他们一个个头重脚轻栽倒在地上，心里暗叫：不好，中计了。想要站起来，感觉身体发软，动弹不得，眼睁睁看着七个贩枣的丢了枣子，把我们押送的珠宝装进车下了黄泥冈。我似乎明白了什么，想必贩枣的和卖酒的是一伙的，蒙汗药应该是第二个拿瓢舀酒的放的吧，我真是懊悔，就不该答应他们歇凉，更不该买酒喝。

丢失了生辰纲，我如何交代？只有死路一条。罢罢罢，趁着他们药性未过，我只能逃走了，却又不知路在何方……

叙述角度改变了，但原作的中心和人物形象不能改变，在此基础上，可以融入自己的理解和感受。

4. 小结

这节课我们明确了"改写"的要求，了解了"改写"的一般方法，再结合实例学习了三种常见形式的改写方法，即改变文体、改变语体、改变叙述角度。需要注意的是，改写和缩写、扩写都是以原作为基础的，改写时也常常会用到缩写和扩写的一些方法，希望大家灵活运用，融会贯通。

六、明确重点　充实细节
——《学习扩写》教学设计①

（一）设计说明

《学习扩写》是统编版语文教材九年级下册第一单元的写作内容，教材写作知识部分主要讲了扩写的要求——忠于原文、找准扩写点、注意内容的一致和连贯，强调对于不同体裁的文章，扩写的着重点不同，考虑到初中阶段写作训练的重点，在设计时结合"写作实践"第二题重点解析记叙性文章的扩写方法。

扩写要求忠于原文，因而首先要对原文进行解读。原题所给材料是晋公子重耳出逃途中的故事，这个故事在《左传》中有记载。首先梳理原文思路，根据故事图式，按照背景、起因、经过、结果划分层次，接着借助思维导图概括各层内容；然后考虑可以扩充的内容，在思维导图上直接补充出来；最后增添相关细节，比如"重耳大怒"这部分内容，可以增添动作、语言、肖像、心理等描写，还可以通过环境、他人的表现等从侧面描写。扩写的重点部分由文章所要表现的主旨决定。由此提炼出记叙性文章的扩写图式：梳理思路→概括要点→补充内容→增添细节。每一部分还可以有亚图式，比如增添细节的方

---

① "空中课堂"讲稿。

法，除了描写，还可以延长过程，分解动作等。

从阅读到写作，呈现了读写知识的联结作用，从方法到实践，呈现了写作任务的活动流程。记叙性文章的扩写图式也可以拓展迁移到其他文体的扩写中去，形成新的图式。

（二）教学目标

（1）了解不同体裁文章的扩写要求。
（2）掌握记叙性文章的扩写思路。

（三）教学过程

1. 反馈预习情况

（1）通过"写作实践"一回顾复习本单元诗歌，初步了解什么是"扩写"。

本单元阅读部分学习了现代诗歌，"写作实践"一的训练要求是"回顾读过的诗歌，从中选择几首作为例子进行扩写"，在提示部分进一步明确：针对三个特点各举一两个恰当的例子并做分析。我们可以从本单元选择一些例子进行扩写，也可将其作为一种复习。不妨看看下面的示例：

诗歌是一种很特别的文学体裁，有三个突出特点：一是用意象来表达情感，《祖国啊，我亲爱的祖国》中，诗人以"从神话的蛛网里挣脱"象征祖国刚刚从艰难困苦中挣脱出来，焕然一新的生活即将开始；《梅岭三章》里"人间遍种自由花"象征了革命胜利之时鲜花盛开的美好情景，表现了打破桎梏统治的自由之境和心灵解放的欢乐之境。二是语言凝练，《断章》是一首体小意丰、耐人寻味的哲理诗，用非常简单的意象，表现了宇宙间事物普遍联系、相互依存，事物之间的关系是有条件、受制约的，凝练的语言使得诗情与哲理高度契合。三是讲究节奏和韵律，《月夜》全诗均以虚词"着"结尾，形成统一的结构韵律，构成反复，三四句句式短长变化，错落有致；《风雨吟》押"来""海"韵，前两节以对句形式出现，节奏整齐。

当然就题干而言，选择的范围可以不限于本单元，古典诗歌、现代诗歌都可以，大家课后可以这道题为提纲，把初中阶段学习的诗歌做一个系统的整理复习。

（2）概括"写作知识"要点，明确"扩写"要求。

上述把简略、概括的片段加以扩展、补充的写作方式就是"扩写"，同学们课前预习了教材"写作知识"内容，不妨圈画一下"扩写"需注意哪些要求？

根据"写作知识"概括一下"扩写"需要注意以下要求：

一是忠于原文（关注中心、内容、体裁等）。

二是找准重点（记叙性、说明性、议论性文章的重点不同）。

三是保持连贯（人称语气一致、合乎逻辑等）。

本环节我们通过检测"写作实践"一复习回顾了本单元阅读部分的诗歌，了解了什么是"扩写"，通过研读"写作知识"，概括要点，明确了"扩写"的具体要求。

初中阶段的写作以记叙性文章为主，我们将结合"写作实践"二，利用思维导图重点解析这类文章的扩写思路。

2. 重点解析"写作实践"二

（1）梳理思路：

这个故事在《左传》《国语》《史记》中都有记载，根据材料内容看，更接近《左传》中的记载：

（重耳）过卫，卫文公不礼焉。出于五鹿，乞食于野人，野人与之块。公子怒，欲鞭之。子犯（注：狐偃，字子犯，重耳的舅舅）曰："天赐也。"稽首受而载之。

梳理一下短文的思路，划分层次。

【背景】（重耳）过卫，卫文公不礼焉。//【起因】出于五鹿，乞食于野人，野人与之块。//【经过】公子怒，欲鞭之。子犯（注：狐偃，字子犯，重耳的舅舅）曰："天赐也。"//【结果】稽首受而载之。

（2）概括要点：

再用四字短语概括一下每一层的内容。出示思维导图：

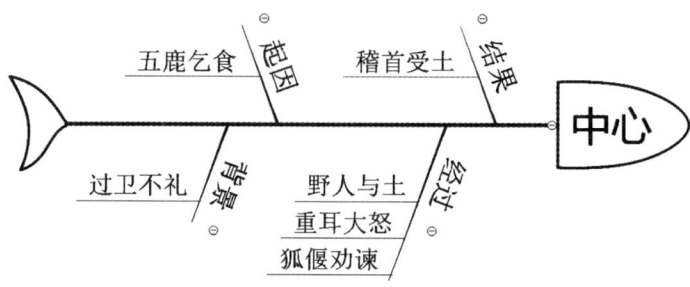

这个故事按照事情发展先后顺序，叙述了晋公子重耳逃亡过程中的一幕，意在突出重耳在其辅佐者的帮助下忍辱负重，经受磨炼，逐步成长。

大家也可以用这样的思维导图来呈现文章要点。

以上两个小环节梳理了原文的思路和主要内容，因为扩写是需要忠实于原文的。

（3）补充内容：

首先可以考虑一下扩充内容，在思维导图上直接补充出来。

可以补充的如：逃难经过、乞食过程、场景描写等，把补充的内容放在思维导图的合适位置。运用思维导图的好处是可以比较直观地呈现文章主要内容和思路。

这个故事在秦牧的散文《土地》中也出现过：

一队亡命贵族，在黄土平原上仆仆奔驰。他们虽然仗剑驾车，然而看得出来，他们疲倦极了，饥饿极了。他们用搜索的眼光望着田野，然而骄阳在上，田垄间麦苗稀疏，哪里有什么可吃的东西！一个农民正在田里除草。那流亡队伍中一个王子模样的人物，走下车子来，尽量客气地向农民请求着："求你给我们弄点吃的东西吧！你总得要帮忙才好，我们已经好几天没有吃的了。"衣不蔽体、家里正在愁吃愁穿的农民望了这群不知稼穑艰难的人们一眼，一句话也没说，从田地里捧起一大块泥土，送到王子模样的人物面前，压抑着悲愤说："这个给你吧！"王子模样的人显然被激怒了，他转身到车上取下马鞭，怒气冲冲地想逞一下威风，鞭打那个胆敢冒犯他的尊严的农民。但是一个上了年纪的、大臣模样的人物上前去劝阻住了："这是土地，上天赐给我们的，可不正是我们的好征兆吗！"于是，一幕怪剧出现了，那王子模样的人突然跪下地来，叩头谢着上苍，然后郑重地捧起土块，放到车上，一行人又策马前进了。辘辘大车过处卷起了漫天尘土……这是《左传》记载下来的、春秋时代晋国公子重耳在亡命途中发生的故事。

——节选自秦牧《土地》

对比原材料，节选部分补充了场景，过程也更加具体了。但是大家可以思考一下，这段文字想要突出什么？为什么要突出这个内容？

上文是节选的文字，联系文章标题《土地》，秦牧用这个故事的目的是突出"土地"的重要性，所以他对故事做了一些改变，把重点放在了文中人物对待土地的态度上，可见写作的目的决定了文章的侧重点。

如果为了情节更加有张力，我们还可以再加一点意外和波折，不要轻易让故事中主人公实现自己的目标。

(4)增添细节:

除了补充内容,我们还需要发挥想象,增加一些对人物、环境等的细节描写。

需要注意的是扩写的重点应该放在重耳从大怒到磕头致谢这一戏剧化的转变过程,以突出原文中心和主要人物形象。

以"重耳大怒"这一情节为例,看看如何把原文中非常简单的内容充实起来,使得人物形象更加丰满立体(出示思维导图):

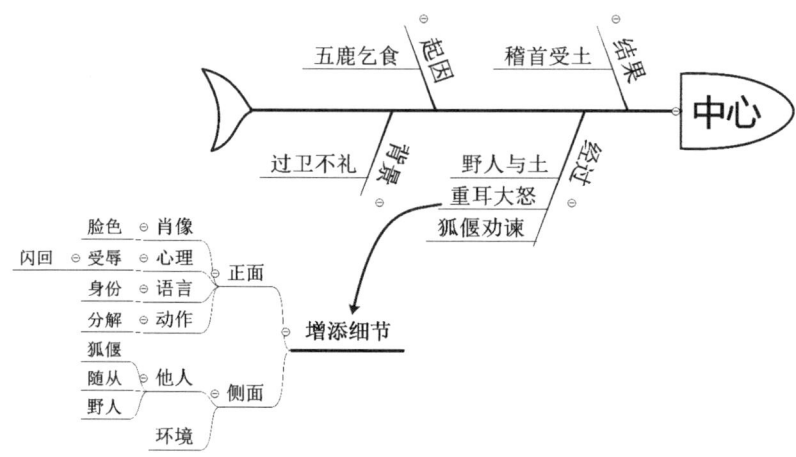

原文中"公子怒,欲鞭之",在教材中表述为"重耳大怒,想要用鞭子打那个人",几乎是翻译了一下。在散文《土地》中稍稍具体了一些:"王子模样的人显然被激怒了,他转身到车上取下马鞭,怒气冲冲地想逞一下威风,鞭打那个胆敢冒犯他的尊严的农民。"但还远远不够。

首先我们思考一下要表现出"大怒",怎么从正面加以描绘。具体来说,可以从人物描写的四种方法角度思考。比如:肖像描写中对神态的描摹如何体现"大怒"?比如"脖子上的经脉抖抖地立起来,脸涨得通红,从脖子一直红到耳朵后";面对这样的做法,重耳"大怒"是出于怎样的心理?感觉自己受到了侮辱,这里甚至可以闪回到故事"背景"中卫文公没有以礼相待,如今一个野人也敢这样戏弄自己,自然怒不可遏;在这种感觉支配下,会说什么?语言要关注人物的身份,让他说出来的话符合他的身份地位和语境;最后表现在行动上,把"欲鞭之"这样的动作加以分解、拉长,联系以前学过的经典动作描写,比如"雪天捕鸟",运用一系列动词,把动作写具体,把过程写详细。

此外,侧面描写也是可以烘托人物形象的。如从他人的角度:狐偃、随从和野人如何面对重耳的"大怒",从环境的角度如何加以表现。这样人物形象才会更丰满、更立体。当然在扩写实践中不一定需要每一点细节都补充,可以根据实际情况选择其中几点展开。

接下来就请大家根据上述提示,试着选择一两个角度完成这一情节的扩写,注意表述连贯。

这一环节我们主要学习了记叙性文章的扩写路径:梳理思路→概括要点→补充内容→增添细节。下一个环节我们结合《练习部分》当堂检测一下学习效果。

3. 课堂检测

(1)请大家看看《练习部分》中"学习扩写"的内容,快速浏览原材料,梳理短文思路并概括要点。

【背景】又北二百里,曰发鸠之山,其上多柘木。有鸟焉,其状如乌,文首、白喙、赤足,名曰精卫,其鸣自詨。是炎帝之少女,名曰女娃。//【起因】女娃游于东海,溺而不返,故为精卫,//【经过】常衔西山之木石,以堙于东海。//【结果】漳水出焉,东流注于河。

对短文的思路大致可以这样梳理,"精卫填海"大家都比较熟悉,出自《山海经》,是古人颂扬善良愿望和锲而不舍精神的神话故事,后常用来比喻意志坚决,不畏艰难。

(2)根据"练习"1补充内容。

为了突出中心和人物形象,显然最适合补充的内容是第④个选项——精卫填海时遇到的种种困难。

(3)结合"练习"2再增添一些细节。

参照题干的示例,可以增添的细节如:描写精卫填海时的神态、动作,表现其不屈不挠的精神;描写精卫悲愤→犹豫→坚定的心理变化过程,表现其善良坚韧的特点;描写精卫填海时的环境,以大海的残暴衬托精卫的勇敢等。

完成了以上两道练习题,最后连缀成文就水到渠成了。

4. 归纳小结

这节课我们通过预习作业反馈明确了什么是"扩写"以及"扩写"的基本要求,并以记叙性文章为例,学习了"扩写"的一般路径:首先梳理原材料思路,然后根据层次脉络提炼要点、明确重点,接着补充相应内容、充实细节,最后连贯地表述出来。

对于说明性和议论性文章而言，这样的思路同样有借鉴参考作用。比如说明性文章通过梳理结构思路，概括说明对象及其特征，然后抓住特征补充材料，运用多种说明方法丰富对说明对象的介绍；议论性文章抓住主要观点，梳理语段从哪几方面展开论述，每一方面的要点是什么，在此基础上补充论据并作简要分析，运用恰当的论证方法阐释观点。

七、区分类型　　选择角度
——《审题立意》教学设计[①]

（一）设计说明

《审题立意》是统编版语文教材九年级下册第二单元的写作内容，教材写作知识明确了审题要注意题目中的限制条件和选材范围，注意分析题目并探究含义，材料作文要注意概括分析材料内容和意义；立意要明确，表达的思想有一定深度，要有新意。

不同类型的题目有不同的审题方法，对于命题作文，要把握中心词与修饰成分，读懂题目深层含义；对于半命题作文，在补充题目时要注意具体要求，从有利于写作的角度去衡量补完的题目；对于材料作文，要概括材料主要内容，读懂材料基本意义。

立意时可以采用顺向立意或变向立意的方法。顺向立意是题目中明确蕴含什么思想，就顺着题目的意思提炼出一种思想立意；变向立意是不顺着题目中基本意义思考，而是从其他方向去思考问题，比如逆向立意，从基本意义的对立面去思考确定中心，多角度分析问题等。

（二）教学目标

（1）明确审题的要求和方法。
（2）掌握立意的要求和方法。

---

① "空中课堂"讲稿。

(三)教学过程

1. 明确审题要求和方法

(1)审题的基本要求。

审题,顾名思义就是审察题意,明确题目的意思和要求,包括文体、题材、范围、对象、字数等方面的限制,这是确保写作符合要求的前提和基础。需要注意以下几点:

一是全面细致——需全面关注题目中的每个信息点,对提示语、引导语等都要细致分析。

二是客观准确——认真读题,明确题目意思,客观对待题目要求;准确理解题目意义,不跑题,不偏题。

三是开放深入——尽量打开思路,充分调动素材和情感;深入挖掘题目、材料意义,透过字面意思理解题目深层含义。

(2)审题的一般方法。

不同类型的题目有不同的审题方法,根据作文题目常见的题型,我们可分成三类来看:

一是命题作文。

第一,要把握中心词与修饰成分。

题目的中心词是题目的核心和主要内容,修饰成分是指题目中用来在数量、范围、程度、情状等方面对中心词加以限定的成分。

有些题目是词语形式,这个词语就是中心词,往往也是文章的重点。比如:"礼物""榜样"应是文章着力刻画的对象;"勇气""责任"应是文章凸显的品质;"陪伴""寻找"应是文章叙述的事件;"意外""幸福"则是文章要表达的感受。

有些题目是以短语或句子的形式呈现,在审题时首先要分清题目中的"中心词"和"修饰成分",中心词往往决定了写作的对象和事件等,修饰成分则是对写作要求的进一步细化,有助于明确写作对象的属性、特点等。

短语形式的题目,比较常见的类型有偏正短语,比如:"美丽的误会",中心词是"误会",常常指生活中的插曲引起的尴尬或纠纷,加上修饰语"美丽的",则转化为误会引出的一段美好的故事;"真的不容易"中心词"不容易",意思就是困难、艰难,充满矛盾、挫折、坎坷等,前面加上"真的"两个字加

以修饰，起到突出强调的作用，突出其"不容易"的程度，类似的还有"悄悄地提醒""黑板上的记忆"。其余类型还有动宾短语"记住这一天"、主谓短语"我懂得了""歌声嘹亮"、联合短语"我和同伴们"。

句子形式的题目，句子的主谓宾就是中心词，其余部分就是修饰成分。比如："这事，真带劲"，这是一个句子，逗号前面要求文章侧重叙事，逗号后面则突出了事情的特点。这个题目的中心词"这事，带劲"，修饰成分"真"强调了"带劲"的程度。

我们也可以通过比较相似命题的方法明确要求，训练审题能力。请大家思考一下《义务教育教科书语文练习部分》中《写作——审题立意》练习题一。

第一组作文题：不止一次，我努力尝试/我的尝试，关键内容都是"我尝试"，规定了写作内容应是自己亲历且尝试的事件，前一个增加了限制内容"不止一次"和"努力"，强调了尝试的次数和程度，传递出一种勇于面对困难的态度，比后一个选材范围更小，要求也更明晰。

第二组作文题：这里充满乐趣/这里也有乐趣，关键内容都是"这里""乐趣"，不同的是前一个限制内容"充满"表明"乐趣"的程度高、范围广，后一个"也有"可以理解为原本没有或者看似没有，没想到竟然也有，暗示了"乐趣"的个人色彩、独特体会。

需要强调的是，题目中的每一个成分，都不是可有可无的，中心词往往决定了写作对象和事件，修饰成分则进一步细化了对象和事件的属性、特点等，都必须在写作中有所体现。

第二，要读懂题目深层含义。

从拓宽写作思路、扩展选材范围角度考虑，审题时还应读出题目中某些词语可能具有的引申义、比喻义或赋予其象征义。

比如："读你"中的"读"本义是阅读，随着"你"所指代的对象不同，可以引申为"玩味""欣赏""察看"等；"在学海中游泳"的"游泳"因为前面的限制是"在学海中"，可以引申为"体验""实践"等；"有家真好"中的"家"可以是自己的家庭，也可以引申为"集体""班级""社区"乃至"国家"。

再如："我也曾衔过一枚青橄榄"，题目取青橄榄"苦尽甘来"的特点设喻，用来比喻成长道路上带给我先苦后甜感受的那些经历；"生活是一面镜子"直接把生活比作镜子，可以表现生活中的美好或反映生活中的丑恶，表达对生活的感悟。

又如："心中的那一抹绿"，绿色往往象征着青春、生机、希望、和平等；"我眼中的色彩"，不同对象可以赋予色彩不同的象征意义；"开在记忆深处的花朵"，花朵或浓郁，或清幽，或艳丽，或优雅，但都象征美好的事物或情感，这些含义可以拓宽写作视野。

二是半命题作文。

半命题作文需要写作者将题目补足成为全命题，给了写作者一定的自由度。在补充时首先要注意具体要求，尤其是提示语的内容，其次要从有利于写作的角度去衡量补完的题目是否容易立意，是否有材料可写，是否能扬己之长避己之短。半命题作文在审题时要充分关注题干，填充题目。

以"我们的名字叫＿＿＿"为例，从文题来看，"我们的"是中心词"名字"的修饰成分，"叫＿＿＿"表明文中必须写出什么是我们的名字，为什么是我们的名字，即"我们"同拥有的"名字"之间的关系，所以横线上要填上名字，再展开来写，如"我们的名字叫考生""我们的名字叫志愿者"。

三是材料作文。

材料作文的审题主要应关注材料的基本意义。以教材"写作实践"一为例：

匆匆赶路的猫头鹰遇到斑鸠。斑鸠问它："你要到哪儿去？"猫头鹰回答："我打算搬到东方去。"斑鸠不解地问："为什么呢？"猫头鹰说："这里的人都讨厌我的叫声。"斑鸠说："你只要改变自己的叫声就可以了。如果不改变你的叫声，即使到了东方，还是会惹人讨厌的。"

第一，要概括材料主要内容。

首先概括一下这则寓言的内容：猫头鹰因叫声不被人喜欢决定搬家。可是斑鸠告诉它：除非它改变自己的叫声，也就是改变它们的生活习性，否则不管搬到哪里，都不会受到别人的欢迎。

第二，要读懂材料基本意义。

如果材料中有明确的议论性语句，这个议论性语句往往揭示了材料的基本意义；如果材料是两个或多个，可以通过分析材料的关系提炼意义；如果材料的故事有因有果，那么由果溯因或由因追果，往往能发现材料的意义。这个故事中我们重点关注斑鸠的最后一句话："你只要改变自己的叫声就可以了。如果不改变你的叫声，即使到了东方，还是会惹人讨厌的。"分析这句话我们发现，材料是借斑鸠的话语告诫人们：对待自己的重大缺点和某些重大问题，要

从根本上加以改变，不能像猫头鹰搬家那样回避矛盾，这样问题是解决不了的。

本环节我们主要学习了审题的要求和方法，从三种常见作文题型加以归纳，九年级同学尤其需要认真审题，不断强化"切题意识"。

下面我们再来看看"立意"的要求和方法。

2. 掌握立意要求和方法

立意往往在审题之后进行。立意通常指确立文章的主题，古代有位学者曾说："意犹帅也，无帅之兵，谓之乌合。"意思是文章的立意犹如统帅，帅不强则兵不精，意不佳则文不兴。由此可见立意的重要性。

（1）立意的基本要求：

一是正确积极——能准确全面地揭示事物发展客观规律，完全符合题意要求；肯定真善美，批评假恶丑，给人以向上的力量。

二是鲜明集中——肯定什么、否定什么，赞成什么、反对什么，态度要明确；一篇文章表达一个明确、突出的中心。

三是深刻新颖——能深入到事物本质，对读者有启发；能有新的观念见解，或开发新的认知角度。

（2）立意的一般方法：

一是顺向立意。题目中明确蕴含什么思想，就直接以此作为文章中心，如"勇气""有家真好"；半命题作文在补充题目的同时也就是选择了其中一个角度，进而提炼出一种思想立意，比如"我们的名字叫志愿者"，应该表现志愿者这个群体甘于奉献、有所担当的精神品质。

二是变向立意。不顺着题目中基本意义思考，而是从其他方向去思考问题，材料作文常常需要变向立意。比如逆向立意，从基本意义的对立面去思考确定中心；多角度分析问题等。

材料作文意义丰富，随着思考角度的变化，从中可以解读出不同的意义来。我们还是以教材"写作实践"一为例。

匆匆赶路的猫头鹰遇到斑鸠。斑鸠问它："你要到哪儿去？"猫头鹰回答："我打算搬到东方去。"斑鸠不解地问："为什么呢？"猫头鹰说："这里的人都讨厌我的叫声。"斑鸠说："你只要改变自己的叫声就可以了。如果不改变你的叫声，即使到了东方，还是会惹人讨厌的。"

（1）分析归纳材料的基本意义顺向立意。

审题环节我们已经通过斑鸠的话归纳了这则材料的基本意义：对待自己

的重大缺点和某些重大问题，要从根本上加以改变，不能像猫头鹰搬家那样回避矛盾，这样问题是解决不了的。进而顺向立意，提炼确立主题：改变自己，适应环境，才有生存空间。

（2）深入解析材料的其他意义变向立意。

通常情况下我们对材料的解析是正向思考的，如上面的分析就是直接以故事本身揭示的道理作为文章中心，同时也可以思考从其他角度确定不同的主题：

可以进行逆向思考。从猫头鹰的角度看，可以立意为要勇于寻找适合自己的生存空间、悦纳自己等。

可以多角度思考。上述材料可以立意为要学会听取别人的逆耳忠言、要改变的不只是叫声等。

通过这个练习我们可以发现，在仔细审读材料，读懂材料蕴含的意义的基础上，深入挖掘材料内涵，变换角度思考，可以使得立意更加多样、新颖。

本环节我们主要学习了立意的要求和方法，立意的过程有时比较复杂，面对一个题目、一则材料，写作者可能会产生诸多思想感情，需要结合命题要求、体裁、题材和自身写作特点，确定最有意义、最恰当、最擅长的一个作为文章中心。

3. 课堂练习

以上环节我们分别学习了审题、立意的要求和方法，在实际写作中，这两个环节常常是融为一体，很难截然分开的。下面我们以一道练习题来巩固一下审题立意的方法。

请大家再看看教材"写作实践"三，思考一下后面"提示"中的问题，完成对这道题的审题立意：

《翻过那座山》

提示：1. 要注意把握题目中的关键词，探究其含义。"山"指什么？"翻过"又意味着什么？

2. 可以从多个角度思考。

【解析练习】

（1）首先要准确审题，把握题目中心词和修饰成分，读懂深层含义。

这道题是命题作文，题目"翻过那座山"是个动宾短语，中心词是"翻过""山"，字面意思不需要解释；"山"的修饰成分是"那座"，而非"那一座

座"或"那些",表示只能写一种"山"。但"山"是可以有多重比喻义的,例如:可以是学习中的障碍、困难,可以是思想上的偏见、困惑,可以是人际交往中的胆怯、隔膜,可以是性格上的自私、偏激,可以是意外的误解、差错等;据此,"翻过"可以理解为超越、克服、消灭、战胜、消除等。

(2)其次要确立中心,选择一种含义立意。

根据前面对题目含义的不同理解,列出多个跟题目有关的主题,并用一句话表达出来,如:努力克服了学习中的困难;消除了思想认识上的偏见;消除了人际交往中的隔膜;克制了性格上的偏激。进行分析比较,从中选择最新颖的、最能驾驭的一个主题。并从多角度罗列材料,选择最恰当的题材完成习作。

本环节我们通过命题作文的审题立意练习,巩固了前面所学的方法。提醒同学们构思成文时,还需要关注提示对文体的要求,是写记叙性文章,并从多方面罗列材料,选择最合适的题材完成习作。

4. 归纳小结

这节课我们明确了审题立意的基本要求,学习了审题立意的一般方法,并通过练习巩固了所学知识,希望能对大家的写作实践有所帮助。

八、发挥评价量表的导向作用
——《修改润色》教学设计[①]

(一)设计说明

《修改润色》是统编版语文教材九年级下册第四单元的写作内容,教材写作知识强调修改文章要兼顾"言"和"意"。言,指言辞表达;意,指立意和思想内容。首先要着眼于全篇,看立意是否正确。"言"的修改包括改对和改好两个层次,改对是指字词、标点、句子等准确恰当,段落安排合理;改好是指补充内容,加工润色,使文章内容更充实,语言更富有文采。

在修改作文时,可以充分发挥评价量表的导向作用。评价量表从中心与材料、语言、思路与结构三个维度给出具体指标,可以把需要修改的作文视同

---

① "空中课堂"讲稿。

阅读材料，运用思维导图从上述三个维度进行提炼概括，再有针对性地进行修改。

（二）教学目标

（1）掌握修改作文的基本要求和方法。

（2）学习运用作文评价量表修改习作。

（三）教学过程

"文章不厌百回改，熟读精思子自知。"这节课我们一起来学习文章的修改润色。

1. 了解作文评价量表

修改作文时，首先要着眼于全篇，看审题是否准确，立意是否正确，观点是否明确，内容是否充实，思路是否清晰，然后，推敲文字表达。下面是一个作文评价量表，列出了一些修改要求和视角，供同学们参考。

一级指标	观 察 点	修改建议	等 第
中心与材料	题意把握准确		
	材料符合题意		
	中心明确		
	材料与中心关系密切		
语言	用词准确		
	语句通顺		
	语意连贯		
	表述得体		
思路与结构	结构安排合理		
	顺序安排合理		
	层次清晰		
	详略得当		

2. 掌握修改作文的一般方法

了解了作文评价量表后，我们就可以运用评价量表，将自己的作文当作阅读文本加以审视、思考，找准作文的不足之处，采用适当的方式进行修改了。

具体的修改方法如下：

（1）重审题意，调整内容。

首先我们可以用不同的符号圈画出题目中的中心词和修饰成分，想一想自己最初的构思如何。然后看看中心词和修饰成分的含义，圈画出作文中符合中心词、修饰成分要求的内容，思考剩余部分在文中有没有起到交代、铺垫、过渡、照应等作用，从而明确自己对题目的理解是否准确，文章总体是否符合题目要求。

通过圈画，如果发现文章中很多内容与题目中的中心词或修饰成分无关，那么就说明构思阶段出现了问题，作文很有可能偏题、跑题了，这时需要重新思考内容的选择编排。比如"悄悄地提醒"，中心词是"提醒"，文章的主要内容一定和"提醒"这一行为密切相关。题目中起限定作用的修饰成分，通常会体现在材料选择、中心表达、情感抒发、结构安排等方面，比如"悄悄地"表明材料应该选择那些悄无声息的"提醒"行为。再如，"最美的风景"，题目中出现了"最"，需要体现材料地位的独特性，不同于一般的风景。"又见花开"，题目中出现了"又"，则需要在结构上体现前后至少两次"花开"的关联。

（2）明确中心，概括材料。

检验文章的中心与材料类似于阅读理解文章，可以先明确中心，再梳理材料，接着反思中心与材料的关系。首先通读全文，尝试在文中圈画出中心句或简要概括中心；然后概括各个段落的内容，思考段与段之间的逻辑关系，梳理出行文思路，根据对段落内容的整合推断出中心，进行检验比对。如果材料不能为中心服务，则需要调整材料或调整中心。无论是调整材料还是调整中心，都要将中心与材料当作一个整体来思考。

调整材料时，要关注到单个材料和多个材料的差异。一篇文章应该有一个明确的中心，让读者明白借助文章要表达的情感、思想、观点等。单个材料要关注细节，突出重点；多个材料应关注材料之间的逻辑关系，是不是多角度、多侧面或是层层递进地凸显了中心。

调整中心时，需要充分考虑中心与题目的密切关联。中心往往是从题目中生发出的对生活的认识、感受等。比如"记住这一天"，确立的中心必须与

"记住"有必然关联,为什么要记住?这一天有什么重要意义?对"我"的触动影响是什么?又如"在学海中游泳",中心要体现学习于"我"的意义。

(3)梳理思路,安排详略。

文章的结构思路与中心有密切联系,内容的先后、材料的详略等结构编排都要为表现中心服务。修改作文时,要关注现有文章内容的先后、详略是如何安排的,反思这样的安排是否合理,如果调整是否更好,用怎样的顺序、重点突出哪些内容可以使得结构问题得以改善。

涉及多个材料时,一般不要平均使用笔墨,尽可能考虑详略的处理问题。比如前面提到的"又见花开",要至少写到两次"花开"。从题目来看,第二次花开是重点,要详写,第一次花开可以略写。

也可以采用提纲、思维导图等工具梳理文章大致框架,并与构思阶段的框架进行比较,反思哪些部分得以落实,哪些部分需要改进。

(4)斟酌语句,流畅表达。

作文修改阶段,需要对语句再三斟酌,力求使语言表达准确、通顺,如能做到形象生动,往往能增加文章表现力。这里适当展开一些来讲。对语言的斟酌可以考虑词语搭配、语序、句式等,比如"老师那眼,灵动而深奥,时而洒出一些赞许的目光",句中"洒出"与"目光"搭配不当,应改为"流露出",这样表述更加准确,语句更通顺。又如朱自清的《春》中,"小草偷偷地从土里钻出来,嫩嫩的,绿绿的",若用正常语序表述,应该是"嫩嫩的、绿绿的小草偷偷地从土里钻出来",比较后会发现,原句将"嫩嫩的""绿绿的"放在后面,起到了突出强调的作用,读起来让人觉得嫩、绿的感受特别强烈,不仅表现出小草生长的事实,更能表达出作者对于春天来临的强烈的欣喜之情。

斟酌语言时,建议大家不妨出声读一读文章,一般说来,顺口入耳者多半是不错的,反之则要修改。同学们可以读一读教材上的习作片段,思考一下这个片段在语言表达上的错误或不足之处。

教材原题如下:

下面是一个习作片段,找出其中的错误或不足之处,并改正。

他接过我的车,很娴熟地把车倒立起来,拔下轮胎,按到一盆水里。寒风呼啸着拂面吹来,我不禁打了个哆嗦。再看他,手还浸泡在冰冷的水里。他粗糙的手上有几道裂口,但我却从他的脸上看不到一丝对寒冷的反映。很快地,他补好了车胎,并将打足了气的车胎浸到水中仔仔细细地检查了一番车胎,然后就撒了气,把内胎安好,然后又拿起打气筒为车胎重新打气。做好这一切后,他把车推到我面前,然后像开始那样对我憨憨地笑着。

对照评价量表关于"语言"的评价指标,我们逐句进行修改:

原　　句	错误或不足	修改建议
他接过我的车,很娴熟地把车倒立起来,拔下轮胎,按到一盆水里。	用词不准确,有别字	"拔下"改为"扒下"
寒风呼啸着拂面吹来,我不禁打了个哆嗦。	用词不准确	寒风凛冽,"拂面"适宜修饰春风,改为"扑面"
再看他,手还浸泡在冰冷的水里。	无	
他粗糙的手上有几道裂口,但我却从他的脸上看不到一丝对寒冷的反映。	用词不准确,误用关联词语,有别字;语意不连贯	原句前后分句没有转折关系,可删去关联词,"反映"改为"反应"
很快地,他补好了车胎,并将打足了气的车胎浸到水中仔仔细细地检查了一番车胎,然后就撒了气,把内胎安好,然后又拿起打气筒为车胎重新打气。	用词不准确;有别字;语句不通顺	"撒了气"改为"撒了气"。出现四次"车胎""然后、又、并"等连接词,冗长重复,适当删去
做好这一切后,他把车推到我面前,然后像开始那样对我憨憨地笑着。	语句不通顺	"后"和"然后"不简洁,删去"然后"

修改后片段如下:

他接过我的车,很娴熟地把车倒立起来,扒下轮胎,按到一盆水里。寒风呼啸着扑面吹来,我不禁打了个哆嗦。再看他,手还浸泡在冰冷的水里。他粗糙的手上有几道裂口,从他的脸上看不到一丝对寒冷的反应。很快地,他补好了车胎,并将打足了气的车胎浸到水中仔仔细细地检查了一番,然后就撒了气,安好内胎,重新打气。做好这一切后,他把车推到我面前,像开始那样对我憨憨地笑着。

这个环节我们主要学习了修改作文的一般方法,下面我们就运用评价量表,结合所学的方法,修改润色教材"写作实践"一的习作。

3. 运用评价量表修改习作

"写作实践"一

寻人启事

一节作文课上，老师一边将寻人启事的要点，一边叫我们写一则寻找妈妈的寻人启事。

"最前面的是姓名和性别。"同学们快速地写下几个字。

"然后就是年龄。"我和大部分同学很快就写好了两个数字；有的同学想了几秒也很快写上了；还有的同学涂涂抹抹写了好几次也没写出准确的数来。

"写好了吗？再然后就是外貌特征。你们知道什么是外貌特征吗？""我妈妈有一颗痣！"一位同学说道。"很好，"老师说，"要写出具体位置哦。"我们都努力地回想着。脸上好像是有颗痣，可我怎么知道在哪儿？胳膊上应该有条疤，可是到底有没有啊？我胡乱编了几条特征写了上去。大部分同学则干脆空着不写。

"下面是很重要的一点——穿着。今天早上看到妈妈时她穿着什么衣服呢？""我妈好像有一件紫色的上衣吧？""我记得她穿过一条黑裤子，是今天吗？"……平时哪个同学的衣服好看，或是穿了双名牌鞋，大家很快就都发现了；虽然没当面见过最喜欢的明星，但他在什么场合穿了什么衣服，都一清二楚。可是早上刚送自己来上补习班的妈妈穿的是什么样子的衣服，却没有注意过。

最后，一则简单的寻人启事，竟没有一个人写完整。可当我回家后请妈妈写一则寻找我的寻人启事时，她却写得又迅速又具体。

（改编自孙道荣《寻找妈妈的寻人启事》）

解析：

首先我们把习作当作阅读材料，运用思维导图梳理框架，看一看习作在中心与材料、思路与结构方面的优点和不足。

可以看出，以上习作以"一节作文课上，老师教我们学写寻找妈妈的寻人启事"为材料，符合题意，文章按照事情发展的先后顺序写作，结构合理，详略安排得当。但是通过这样的材料，作者想要表达的中心是什么似乎不太明确。这就需要我们通过对段落内容的整合，推断出中心。从"我"与"妈妈"面对

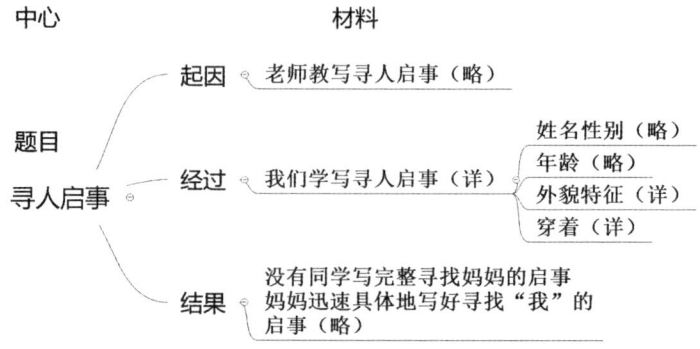

相同的写作任务却反应不同的对比中,尤其是"我们"对有关妈妈的日常细节几乎不去关注的描述中,可以看出习作想要启发我们去思考,我们平时可能忽略了对妈妈的关爱,没有用心去观察。因此,在修改中需要进一步凸显出来。

接下来,我们再进入到局部,斟酌一下习作在语言表达方面需要改进的地方。大家可以通过朗读来检验,改正语病,进而增添一些细节,使得内容更加丰富。比如有关"年龄"的一段:"然后就是年龄"这句话是老师在教我们寻人启事上要有的信息,需要告诉别人妈妈的年龄,以便于别人辨认,这样表意更加准确;还可以加上老师说话时的神态、动作等细节。同样,"我和大部分同学很快就写好了两个数字"这一句中,"两个数字"表意模糊,需要修改;我和同学们写年龄时的具体细节也可以补充一些。力求在改"对"的基础上改"好"。

大家课后也可以把孙道荣的原文找来读一读,再进行比对,看看对我们修改润色有什么启发。

4. 归纳小结

这节课我们首先了解了作文评价量表,接着学习了修改作文的一般方法,并运用评价量表对例文进行修改润色。修改作文的基本要求是改"对"。字词、标点的错误,病句等,要一一改正,不留硬伤。在此基础上,还要进一步推敲用词,使之准确恰当;推敲句子,使之通畅连贯。还包括对文章段落的调整加工。进一步的要求是改"好"。要将内容与形式的修改结合起来,补充内容,加工润色,使得内容更充实,语言更有文采。比如记叙文,除了平铺直叙,可以适当补充一些描写人物、描绘场面的语句;写景,除了视觉,可以补充味觉、听觉、触觉等;此外,适当炼字、炼句,恰当运用一些修辞手法,可以使得文章富有感染力。

希望同学们在改"对"的基础上，改"好"习作，使文章内容更充实，思路更清晰，语言更有文采。

九、创设写作情境　关注过程指导
——《学写游记》教学设计[①]

(一)设计说明

《学写游记》是统编版初中语文教材八年级下册第五单元的写作内容，本单元所选课文都是游记，通过记述游览见闻，描摹山水风光，吟咏人文胜迹，抒发作者的情思。单元学习目标要求了解游记的特点，把握作者的游踪、写景的角度和方法，并揣摩和品味语言。

这节课是长三角教育一体化研究学校联盟落实三新课堂教学改革暨教师专业发展教学展示活动的一节研讨课，授课地点在江苏省苏州市吴江区盛泽实验初级中学，展示活动主题是"立足单元设计，关注学习过程"。基于这一背景，设置了本节课的核心写作任务：以"美丽盛泽"为话题，选择某个地点写一篇游记，让外地游客了解你的家乡，从而有更好的旅游体验。任务设置了情境，便于学生投入到写作中，也希望借此启迪学生留心观察身边景，激发学生对家乡的热爱。考虑到学生的实际情况，课上明确选择的地点可以是景点，也可以是家附近甚或是校园内的某处，避免因缺少旅游经历而导致缺乏素材。

围绕这一核心任务，课上从"了解游记"这一环节开始，以《小石潭记》为例，既是对前面内容的复习回顾，同时分析游记的特点，将阅读中获得的关于游记这一体裁的图式转化为写作游记的知识。《登勃朗峰》一文的特点在于既用散文笔法描绘山中奇景，抒发感慨，又有小说笔法叙述奇人奇事，富有传奇色彩，丰富了游记的内容。在"学写游记"这一主要环节设置了三个渐进的任务：画浏览路线图—写某一处的景物—添加感受或思考。三个任务和前面对游记特点的归纳一一对应，形成任务链，是对写作的具体过程指导。提供的示例启迪了学生思路，当堂写作及交流呈现了写作成果。必做作业以评价量表

[①] 长三角教育一体化研究学校联盟教学研讨展示课教案。

为导向，引导学生课后完成完善自己的游记；选做作业旨在结合社会实践让学生更多地了解家乡，并通过汇编旅游宣传手册进行合作学习，展示学习成果，将阅读和写作游记的功能进一步拓展延伸，也是符合新课标及学科核心素养相关要求的。

图式学习重视知识习得与应用之间的内在联系，引导学生在迁移已有认知图式的过程中，尝试同化或顺应新知，尝试将已有经验概括化、系统化，实现图式的调整、增生或扩充。课文是写作教学中常见的支架，可以帮助学生欣赏、反思、模仿、分析。以已学课文为范例提取写作知识图式，进行再创作和联想，使原有认知图式不断充实、丰富，也起到思维引领的作用。

（二）教学目标

（1）了解游记的特点，学习有条理、有侧重地描绘游览见闻。
（2）通过写作激发了解家乡、热爱家乡的情感。

（三）教学过程

1. 课前任务
（1）复习《小石潭记》。
（2）自读《登勃朗峰》。
（3）了解关于家乡的景点及相关的历史文化知识等。

2. 环节一：了解游记
（1）梳理《小石潭记》行文思路：

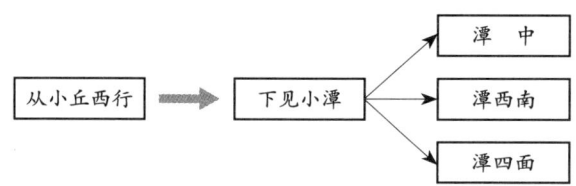

（2）结合《小石潭记》第二段分析景物特点：

原文：潭中鱼可百许头，皆若空游无所依，日光下澈，影布石上。怡然不动，俶尔远逝，往来翕忽，似与游者相乐。

这一段文字通过写潭中游鱼的动态和静态特点，从侧面体现了潭水的清澈。

(3) 体会作者情感：

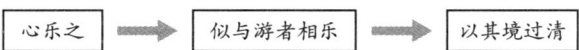

抓住文中关键词句分析作者的情感变化，进而理解之所以有这样的变化，是源于作者柳宗元被贬官后无法排遣的忧伤凄苦情绪，"乐"是暂时的。

(4) 小结：

游记一般要讲清楚"所至（游踪）""所见（景物和人物）""所感（情感和思考）"。

3. 环节二：学写游记

【写作任务】有外地游客想到要盛泽来游玩，请以"美丽盛泽"为话题，选择某个地点写一篇游记，让外地游客了解你的家乡，从而有更好的旅游体验。

【任务一】选定地点，画出游览路线图。

示例：

云南文海游览路线图

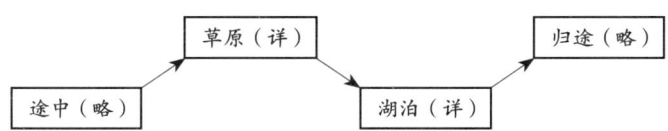

【任务二】选择你认为最值得去的一处，具体描写相关的景物或特别的经历。

在《登勃朗峰》一文中，作者马克·吐温记述了和友人游览勃朗峰的经历，写上山，用散文笔法，描绘山中奇景，嶙峋的怪石、变幻的光彩，引出无限感慨；写下山，以小说笔法，叙述奇人奇事，惊险的旅途、怪异的车夫，富有传奇色彩。游览过程中的一些特别的经历也可以写出来，以增强文章的可读性。

示例：

头顶是湛蓝的天空，朵朵白云悠闲自得地飘浮，向阳的一面，散发出亮得使人晃眼的洁白。太阳穿透云层，幻化成一缕缕金线，洒向大地，似乎要照亮地表下的每一寸黑暗。

投身于草原中，与一头小牛犊拍照合影，说真的，靠近它时，我挺害怕的，怕它一头向我撞来，虽然它还是一头小牛，但也已长到我半人高了。所以拍照时我嘴角僵硬地翘起，眼睛不断往牛的方向瞥。一拍好，我就从地上弹起，跳开了。

——《云南文海游记》

【任务三】适度添加自己的感受或相关的历史文化知识等。

一篇好的游记，往往还具有知识性。读者不仅能从中了解景物的美妙和作者的情怀，还能获得相关的知识。

比如盛泽的先蚕祠：

又名蚕花殿或蚕王殿，位于盛泽镇五龙路口。清道光年间盛泽丝业商人公建，是祭祀蚕丝行业祖师的公祠。先蚕祠是古典庙堂式建筑，正面门楼飞檐斗拱，旁侧是八字形清水砖壁。三座拱门正中竖匾为祠名，两侧上方分别书写"织云"和"绣锦"，是为当年盛泽丝绸业繁荣的写照。正殿供奉中华民族始祖轩辕、神农和嫘祖三座塑像。

可以了解一下家乡的其他景点以及相关的历史文化知识，和写景有机结合起来，增加游记的历史厚重感。

示例：

穿过一条蜿蜒的青砖小路，眼前出现了一座牌坊，矗立在水边，上面写着"含江口"三个大字，对岸应该是镇江地界了。牌坊的右侧有亭翼然，这就是"沉箱亭"，相传是杜十娘怒沉百宝箱的地方。牌坊的左侧，杂草绿树之间，立着一块石碑，上面是朱红色的四个大字"瓜州古渡"，有一瞬间我怀疑是在做梦，然而七月明晃晃的太阳和水面偶尔驶过的小船告诉我，这，就是那穿越千年的古渡口。

坐在渡口边的水泥台上，我努力想象鉴真东渡的盛况，康王南渡的仓皇；想象"楼船夜雪瓜洲渡"的激昂，"微茫风日见瓜州"的怅惘，却是徒然。风过处，岸边蓼花摇曳，水面涟漪微动，对岸炊烟袅袅。从牌坊处回望，几十级台阶上方有一座朱红色的楼阁，不知道上面能不能看到北固楼呢。

——《游瓜洲渡》

4.布置作业

（1）必做：完成习作，并结合评价量表进行修改。

（2）选做：通过进一步走访、查阅资料等了解盛泽，完善自己的游记，力求图文并茂。以班级为单位，尝试将习作汇编成"盛泽旅游宣传手册"。

附:"学写游记"作文评价量表

评价维度	评价内容	评价标准	评价结果
所至	游踪交代	清晰4～5颗星;比较清晰2～3颗星;不够清晰1颗星	☆☆☆☆☆
所见	观察方法(定点观察/移步换景/转换视角)	明确4～5颗星;比较明确2～3颗星;不够明确1颗星	☆☆☆☆☆
所见	景物特点	鲜明4～5颗星;比较鲜明2～3颗星;不够鲜明1颗星	☆☆☆☆☆
所见	语言表达(用词/句式/修辞/描写等)	具体生动4～5颗星;比较具体2～3颗星;不够具体1颗星	☆☆☆☆☆
所感	表达情感	运用多种方式表达情感4～5颗星;有一定情感,表达方式单一2～3颗星;客观写景,无情感1颗星	☆☆☆☆☆
所感	引发联想(文化掌故/民俗风情/诗文传说等)	有丰富恰当的联想4～5颗星;有一定联想2～3颗星;没有相关联想1颗星	☆☆☆☆☆
所感	理性思考	思考深入4～5颗星;有一定思考2～3颗星;没有理性思考1颗星	☆☆☆☆☆

第三章　整本书阅读图式建构

一、任务驱动　读写融合
——名著导读《水浒传》教学设计案例[①]

名著导读《水浒传》是义务教育教科书语文九年级第一学期第六单元的教学内容之一。本单元主要学习明清白话小说，旨在让学生领略传统白话小说的魅力，了解古代生活，丰富人生体验。学习这个单元，还要注意抓住线索梳理情节，探讨人物性格形成原因，了解古代白话小说的艺术特点。通过单篇阅读如《智取生辰纲》《范进中举》等，学生已初步掌握明清白话小说的阅读方法。因此，设计了核心任务"为《水浒传》写一篇书评"，通过核心任务与下位任务之间的逻辑关联，呈现阅读路径；在语言实践活动中，引导学生通过撰写小传、书评等阅读任务来提升语感，实现读写融合。

（一）教学环节一——明确阅读路径

阅读路径	阅读任务
作者通过梁山好汉的故事想表达什么？	为《水浒传》写一篇书评。
1. 小说中的人物有怎样的经历？体现出什么个性特点？	1. 为人物写小传。
2. 他们的经历有何异同？体现出怎样的个性差异？	2. 用思维导图进行分类比较。
3. 作者是怎么来写这些人物的？	3. 赏析小说艺术特点，完成读书卡片。
4. 作者对他们有怎样的感情倾向？	4. 分析人物绰号及开场诗的作用。

[①] 刊发于《上海教研》公众号2020年12月5日。

阅读这部小说，要解决的核心问题是：作者通过梁山好汉的故事想表达什么？这一核心问题可分解为四个下位问题，形成一条问题链。相应要完成的核心任务是：为《水浒传》写一篇书评，并将其分解为四个具体任务，与四个下位问题形成一一对应的关系，从而以任务驱动的形式展开《水浒传》整本书的阅读。

【设计说明】《水浒传》作为一部英雄史诗般的古典小说，塑造了一大批栩栩如生的人物形象，表达作者的向往与寄托。问题链的设计紧扣小说人物，梳理人物经历，比较个性差异，赏析语言艺术，进而把握情感倾向。

（二）教学环节二——实施阅读指导

1. 进行阅读规划

阅读时间	阅读任务
第一周	阅读引首、第一至十回
第二周	阅读第十一至二十回
……	……
第十周	阅读第九十一至一百回
第十一周	为人物写小传
第十二周	用思维导图进行分类比较
第十三周	赏析小说艺术特点，完成读书卡片
第十四周	分析人物绰号及开场诗的作用
第十五周	完成书评

【设计说明】阅读起始阶段，引导学生制订读书计划，有利于完成后续任务。通读全书可以保持阅读的连贯性和完整性，在此基础上，有序完成四个具体阅读任务。

2. 梳理人物经历

问题一：小说中的人物有怎样的经历？体现出什么个性特点？

任务一：为人物写小传。

以《智取生辰纲》中的杨志为例，试着用思维导图梳理一下他的个人经历，分析人物个性特点。在此基础上，课后撰写人物小传，完成后在小组内进行交流。

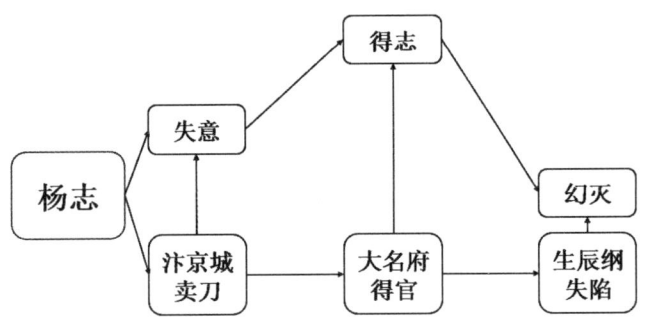

【设计说明】这一环节选择"杨志"为例，既是对《智取生辰纲》一课内容及课后练习的回应，也是对八年级上学期人物传记写作内容的回顾。

3. 比较人物形象

问题二：他们的经历有何异同？体现出怎样的个性差异？

任务二：用思维导图进行分类比较。

运用跳读与精读结合的方式再读一读林冲的故事，以杨志和林冲为例，尝试运用双重气泡图，从不同角度对他们进行更细致的比较。

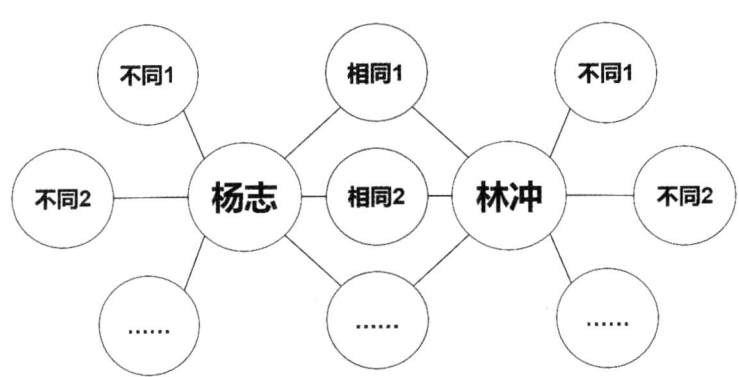

【设计说明】林冲的故事脍炙人口，具有典型性和代表性，他和杨志在出身、武艺、上梁山原因及态度、结局等方面都有可比性，双重气泡图的形式可以直观清晰地呈现两者的异同点。精读林冲的故事也为下一环节奠定基础。

4. 赏析艺术特点

问题三：作者是怎么来写这些人物的？

任务三：赏析小说艺术特点，完成读书卡片。

赏析第十回"林教头风雪山神庙　陆虞候火烧草料场"中关于"风""雪"和"火"描写，体会语言的表现力，理解小说如何通过特定的景物为人物活动提供背景，推动情节发展，从中体现人物个性特点，据此完成读书卡片。

【设计说明】《水浒传》是在说唱艺术的基础上写成的章回体小说，讲究故事的曲折和完整，井然有序，每个英雄人物的故事都有其相对的独立性。这一环节再以林冲为例，关注小说的语言艺术。

5. 把握情感倾向

问题四：作者对他们有怎样的感情倾向？

任务四：分析人物绰号及开场诗的作用

绰号特点	代表人物
体貌特征	青面兽杨志、赤发鬼刘唐
职业行当	神机军师朱武、神医安道全
高超本领	神行太保戴宗、浪里白条张顺
使用武器	大刀关胜、双鞭呼延灼
品性志向	及时雨宋江
……	……

绰号使得人物形象更鲜明，有的还能表达作者对他们的态度。诗歌抒情性强，非常有感染力，从中可以读到作者寄寓其中的深意。

【设计说明】这一环节主要为学生深入探究主旨提供视角。第十回开场诗可加深对林冲这一形象的认识；第一百回是终章，开场诗一定程度上表达了作者的总体情感倾向。

（三）学习建议

这节名著导读课的核心任务是"为《水浒传》写一篇书评"，书评一般包含书籍的基本信息如书名、作者、出版社等，书籍主要内容如故事背景、精彩情

节、主要人物、写作特点等，可以举例分析，最后可以写一写自己对书籍的评价。这一核心任务贯穿阅读始终，与问题链对应的任务链为完成书评奠定基础。

根据以上专题探究任务，各校教师可以指导学生做好阅读规划，结合学生阅读中感兴趣的、有疑问的部分，指导学生确定个人或小组的阅读任务，用绘制思维导图、制作读书小报、编演舞台剧、创作诗歌并朗诵等多种形式演绎阅读成果。启发学生比较单篇阅读和整本书阅读，建立同类文本阅读之间的关联，提炼具有共性的思考路径和方法，构建适合自己的学习方法，提升思维品质和学习能力。

（四）专家点评

名著阅读的本质可以说是学生的语言实践活动，应引导学生不断地唤醒记忆、调动积累，在语言实践过程中用笔思考，通过书面表达提升语感，把课文"学得"的知识和方法转化为"习得"，以任务驱动的方式来实现语言素养的提升。本单元选择明清白话小说，目的在于让学生掌握古典小说阅读鉴赏的一般方法，感受其艺术魅力，加深对优秀传统文化的认同感。《水浒传》最突出的艺术成就表现在英雄人物的塑造上，所谓"人有其性情，人有其气质，人有其形状，人有其声口"（金圣叹）。通过不同人物的不同遭遇，向整个社会延伸开去，勾画出社会生活的复杂面貌。这节课围绕"为《水浒传》写书评"这一核心任务，以人物形象分析为切入点，把核心任务分解为为人物写小传、对人物进行分类比较、鉴赏小说塑造人物的手法等下位任务，逻辑性强。注重过程指导，引导学生制订读书计划，运用思维导图、读书卡片、表格等多种形式呈现阅读结果。梳理人物经历，感受人物个性化特征，在"同而不同处有辨"（李贽），提供多样化的阅读视角，深化学生的阅读体验，培养学生的思维能力。这节课的设计充分体现了"导读"功能，凸显了文本的核心价值，实现了读写深度融合。尤其值得一提的是，相关任务能勾连起整个单元乃至不同年级的教学内容，教学设计的整体意识强。（点评专家：魏新磊）

附：教学设计完整版

名著导读《水浒传》

一、教学目标

（1）梳理人物经历并进行分类比较。

（2）赏析小说艺术特点，把握作者情感倾向。

(3)学习书评写法并完成《水浒传》书评。

二、教学过程

(一)导入

同学们好！本单元我们学习了几篇明清时期的小说，其中《智取生辰纲》一文节选自中国古典四大名著之一的《水浒传》。《水浒传》是一部奇书，清人金圣叹曾自述儿时读书的经历，说他偶读《水浒传》，即被其折服，近乎痴迷，昼夜不辍，终生不废，认为读《水浒传》"即得读一切书之法也"，今天就让我们走进这部名著，领略它的风采。

(二)阅读指导

阅读这部小说，我们试着解决的核心问题是：作者通过梁山好汉的故事想表达什么？这一核心问题可以分解为四个下位问题：

(1)小说中的人物有怎样的经历？体现出什么个性特点？

(2)他们的经历有何异同？体现出怎样的个性差异？

(3)作者是怎么来写这些人物的？

(4)作者对他们有怎样的感情倾向？

相应要完成的核心任务是：为《水浒传》写一篇书评。这一核心任务可以分解为四个具体任务：

(1)为人物写小传。

(2)用思维导图进行分类比较。

(3)赏析小说艺术特点，完成读书卡片。

(4)分析人物绰号及开场诗的作用。

下面我们就围绕这些问题及任务进行学习。

1. 阅读规划

以百回本为例，首先要对《水浒传》全书的阅读做个规划。

阅读过程中同学们可以做些摘录、点评和批注等，通读全书后可以分小组完成专题学习任务。

2. 梳理人物经历

问题一：小说中的人物有怎样的经历？体现出什么个性特点？

任务一：为人物写小传。

《水浒传》全书采用先分后合的链式结构，前四十回先讲述单个英雄人物的故事，然后百川汇海，逐步发展到水泊梁山大聚义。第七十回以后以时间为

初中语文读写图式建构

序,写他们两赢童贯、三败高俅、受招安、破大辽、征方腊,直至走向失败。同学们可以浏览目录,根据回目大致了解内容和主要人物。书中很多情节生动曲折,引人入胜,比如"智取生辰纲""三打祝家庄"等,还有的情节深入刻画了人物的性格发展史,如写武松的"景阳冈打虎""斗杀西门庆""醉打蒋门神""大闹飞云浦""血溅鸳鸯楼"等。下面我们就以《智取生辰纲》中的杨志为例,试着用思维导图梳理一下他的个人经历,分析人物个性特点。

  第十二回 梁山泊林冲落草 汴京城杨志卖刀

  第十三回 急先锋东郭争功 青面兽北京斗武

  第十六回 杨志押送金银担 吴用智取生辰纲

  第十七回 花和尚单打二龙山 青面兽双夺宝珠寺

在聚义梁山之前,杨志的故事集中在第十二、十三、十六、十七回,我们主要以这四回的内容来梳理他的经历:杨志故事的前面主要写了林冲的故事,第十二回林冲退居其次,引出杨志,十七回后杨志退到次要位置,引出宋江。中间还穿插了晁盖、吴用等七人聚义,为智取生辰纲的情节埋下一条暗线。

写杨志的部分主要内容是卖刀、得官、失陷生辰纲,我们可以用失意、得志、幻灭这三部曲来概括杨志的求官之梦:杨志一出场就自我表白是三代将门之后,五侯杨令公之孙,他曾应过武举,做到殿司制使官,后来遭风翻船失陷花石纲,不能回京赴任,逃往他处避难。遇赦重回汴京城,一心不忘做官,所以当王伦劝他在梁山落草时,他思量着自己"清白姓字","指望把一身本事,边庭上一枪一刀,博个封妻荫子,也与祖宗争口气",因盘缠用尽,无奈想卖祖传宝刀,杀死寻衅挑事的泼皮牛二,刺配北京大名府留守司充军,梁中书有意抬举他,命他和人比武,与索超难分胜负,都被升为管军提辖使。后被委派押送生辰纲给蔡京祝寿,虽然在此过程中表现出他的精明、能干,但也表现出蛮横、暴躁和急功近利,以致内部矛盾激化,吴用等人趁机设计智取生辰纲,他无奈只能再次逃走。最终和鲁智深一起夺取宝珠寺,在二龙山落草,至此求官梦彻底破灭,最终还是上了梁山。

通过对人物经历的梳理,我们可以清晰地看到人物的命运走向,感受到人物个性形成的内在逻辑及发展变化过程。同学们可以试着用类似的方法梳理一下林冲、武松等人物的经历,分析他们的个性特点。

在此基础上,课后选择你喜欢的人物,为他撰写小传,八年级上学期我们学习过人物传记,注意小传一般包含传主的介绍、背景资料、主要经历、个性特点、对传主的评价等内容。完成后小组内进行交流。

3. 比较人物形象

问题二：他们的经历有何异同？体现出怎样的个性差异？

任务二：用思维导图进行分类比较。

再看第二个问题：他们的经历有何异同？体现出怎样的个性差异？相应的，我们要完成第二个学习任务：用思维导图进行分类比较。

《水浒传》最大的艺术成就是塑造了一大批鲜活的人物形象，如金圣叹所说"《水浒》所叙，叙一百八人，人有其性情，人有其气质，人有其形状，人有其声口"。其中梁山好汉一百零八人，再加上其他人物，有数百人之多，尤以宋江、林冲、武松等人最具神采。作者在塑造这些人物时，非常注意它们之间的共性与个性。例如鲁智深和李逵，同是疾恶如仇、侠肝义胆、脾气火爆的形象，但鲁智深粗中有细，豁达明理；李逵头脑简单，直爽率真。对这些人物可以从不同角度分类比较，比如从上梁山动因角度：

上梁山动因	代表人物
被官府或权豪逼上梁山	林冲、解珍、解宝等
触犯法度为躲避官司	晁盖、鲁智深等
受牵连而落草	宋江、柴进等
……	……

通过分类比较有利于我们深入理解人物，分析其精神特质。下面我们再以杨志和林冲为例，尝试从不同角度对他们进行更细致的比较。同学们可以运用跳读与精读结合的方式再读一读林冲的故事，主要回目见下：

第七回　花和尚倒拔垂杨柳　豹子头误入白虎堂

第八回　林教头刺配沧州道　鲁智深大闹野猪林

第九回　柴进门招天下客　林冲棒打洪教头

第十回　林教头风雪山神庙　陆虞候火烧草料场

第十一回　朱贵水亭施号箭　林冲雪夜上梁山

第十二回　梁山泊林冲落草　汴京城杨志卖刀

我们可以运用双重气泡图对他们进行比较，进而深入把握人物形象：

初中语文读写图式建构

杨志与林冲原本都是军官，都有一身好武艺，做梦也不会想到有朝一日要落草，这是他们的相同点。不同点可以从绰号、上山原因、对上山态度、结局等方面比较：

杨志上梁山前是管军提辖使，绰号"青面兽"；杨志身为将门之后，一心想做官，始终有"封妻荫子"的念头，即使他痛恨高俅，也不想落草为寇，因而起初拒绝了王伦的邀请，最终为躲避官司，迫于无奈而上梁山，赔尽小心，依然落得一场空；征方腊时病逝于丹徒。具体内容前面已有分析。

林冲原本是八十万禁军教头，绰号"豹子头"，武艺高强，外表温文尔雅；他本质上安分守己，逆来顺受，在经历了误入白虎堂、刺配沧州道、野猪林等一系列欺压之后，林冲的人生已彻底崩溃，即便如此，他也没有落草的打算，一再隐忍，幻想能逃灾避难，唯一的愿望是做个好囚犯，积极改造，重回主流社会，然而一场风雪使他认识到有人一定要他死，内心的压抑终于爆发出来，杀了陆虞候和富安，准备继续流亡，走投无路之际柴进指路，这才一步一步被逼上梁山落草；后火并王伦，尊晁盖为梁山寨主，他在后来的斗争中是坚决的、勇敢的，参与了梁山一系列的战役，立下汗马功劳；征方腊后病逝于杭州六和寺。

遭遇不同，性格不同，人物的表现也有所不同，同学们也可以试着再从其他方面比较，或对其他人物进行比较，探究人物个性差异的内在逻辑，这样会有更为全面、深刻的认识。

4. 赏析艺术特点

问题三：作者是怎么来写这些人物的？

任务三：赏析小说艺术特点，完成读书卡片。

《水浒传》是在说唱艺术的基础上写成的章回体小说，讲究故事的曲折和完整，井然有序，每个英雄人物的故事都有其相对的独立性。金圣叹从中总结出"倒插法"等文法：

倒插法、夹叙法、草蛇灰线法、大落墨法、绵针泥刺法、欲合故纵法、横云断山法、正犯法、略犯法、极不省法、极省法……

有兴趣的学生可以参阅金圣叹批水浒传专题探究，茅盾也认为其中故事的发展疏密相间，摇曳多姿。下面我们就来看看作者是怎么来写这些人物的，对应的学习任务是：赏析小说艺术特点，完成读书卡片。

仍以林冲为例，请同学们看看这些句子：

（1）……正是严冬天气，彤云密布，朔风渐起，却早纷纷扬扬卷下一天大雪来。那雪早下得密了。……大雪下的正紧，林冲和差拨两个在路上又没买酒吃处，早来到草料场外……

（2）……仰面看那草屋时，四下里崩坏了，又被朔风吹撼，摇振得动。……出到大门首，把两扇草场门反拽上锁了，带了钥匙，信步投东。雪地里踏着碎琼乱玉，迤逦背着北风而行。那雪正下得紧。

（3）……便出篱笆门，依旧迎着朔风回来。看那雪，到晚越下的紧了……

（4）再说林冲踏着那瑞雪，迎着北风，飞也似奔到草场门口，开了锁，入内看时，只叫得苦。……那两间草厅已被雪压倒了。林冲寻思："怎地好？"放下花枪、葫芦在雪里，恐怕火盆内有火炭延烧起来，搬开破壁子，探半身入去摸时，火盆内火种都被雪水浸灭了。……把被卷了，花枪挑着酒葫芦，依旧把门拽上锁了，望那庙里来。入的庙门，再把门掩上，傍边止有一块大石头，掇将过来，靠了门……

以上句子摘自第十回"林教头风雪山神庙　陆虞候火烧草料场"，由回目可知关键在"风""雪"和"火"。

先看"雪"。这里通过林冲的视角来提醒读者，选文第一段是去草料场途中，"纷纷扬扬卷下""密""紧"等词写出了大雪纷飞的场景；第二段是写林冲因为雪天寒冷，出去买酒御寒，"正下的紧"再次强调雪大；第三段是林冲买了酒回来，"越下的紧"表明雪势有增无减，因而导致两间草厅被雪压倒了，林冲无处安身，只好到山神庙去。"雪"在这里既为人物活动提供了环境背景，更在情节发展中起着非同寻常的关键作用。

再看"风"。"朔风渐起""又被朔风吹撼""迤逦背着北风而行""依旧迎着朔风回来""迎着北风"等句是直接写寒风凛冽，与大雪相映衬，交代了人物的行踪，还有很重要的一点是：风可以助火势，如同火烧赤壁一样，这里的朔风为后文写火烧草料场提供了必要条件，如果没有风，草料场或许还有救，林冲就可能还有一线生机。最后一句"再把门掩上，傍边止有一块大石头，掇将过来，靠了门"，表面看并没有写风，但再仔细琢磨一下这个细节，你读出了什么？林冲已然把庙门掩上，为何要把一块大石头掇将过来靠了门？因为风太大。因为大石头抵住庙门，所以陆虞候等三人用手推门推不开，他们没能和林冲见面，才可以肆无忌惮地实话实说，使得林冲知道真相，让他明白自己是死无葬身之地的，内心长期积聚的愤恨和屈辱瞬间爆发了，逼着他一步一步走

向自己的反向，人物形象也变得立体而有张力了。

最后简单说一下"火"。金圣叹评注说"两次照顾火盆，则明林冲非失火也"，特别是第二次写"火盆内火种，都被雪水浸灭了"，更是明确交代后文"失火"非林冲之过，甚至连失误的可能都没有，可见陆虞候等人火烧草料场之歹毒。

小说就是这样通过特定的景物为人物活动提供背景，推动情节发展，从中体现人物个性特点。同学们可以据此完成下面的读书卡片：

读 书 卡 片			
书　名	《水浒传》	作　者	施耐庵
回　目			
摘　录			
赏　析			

此外，《水浒传》用的是古代白话，质朴生动，洗练明快，富有表现力，显示出作者深厚的语言功力，小说中人物语言也贴近当时的生活，俚俗而又生动，如武松被发配到孟州时，因不肯行贿，差拨恼羞成怒道："你是景阳冈打虎的好汉，阳谷县做都头，只道你晓事，如何这等不达时务！你敢来我这里，猫儿也不吃你打了！"

阅读过程中发现的精彩片段都可以用读书卡片摘录赏析，叙述顺序、视角以及情节设置上的悬念、呼应、伏笔等也可以关注。

5. 把握情感倾向

问题四：作者对他们有怎样的感情倾向？

任务四：分析人物绰号及开场诗的作用

《水浒传》记述了梁山好汉们从起义到兴盛再到最终失败的全过程，那么，作者在这些人物身上寄寓着怎样的情感？通过写众多草莽英雄不同的人生经历和反抗道路，想要表达什么呢？在关注了情节、人物及艺术特色的基础上，我们还可以找到什么切入点？

同学们一定对一百零八将的绰号留下了深刻印象，绰号使得人物形象更鲜明，有的还能表达作者对他们的态度，其中宋江主要有三个绰号，分别是"孝义黑三郎""及时雨"和"呼保义"，同学们可以结合小说中与宋江相关的内容，想一想这些绰号表现了宋江什么特点，你又能看出作者对他的情感态度是什么吗？

再有书中随处可见的诗词，或描摹人物外貌，或描绘环境氛围，或表达作者评价，每一回的开头都有开场诗，我们选择一两首来读一读吧：

第十回　林教头风雪山神庙　陆虞候火烧草料场

天理昭昭不可诬，莫将奸恶作良图。若非风雪沽村酒，定被焚烧化朽枯。
自谓冥中施计毒，谁知暗里有神扶。最怜万死逃生地，真是瑰奇伟丈夫。

第一百回　宋公明神聚蓼儿洼　徽宗帝梦游梁山泊
满庭芳

罡星起河北，豪杰四方扬。五台山发愿，扫清辽国转名香。奉诏南收方腊，催促渡长江。一自润州破敌，席卷过钱塘。　抵清溪，登昱岭，涉高冈。蜂巢剿灭，班师衣锦尽还乡。堪恨当朝谗佞，不识男儿定乱，诳主降遗殃。可怜一场梦，令人泪两行。

诗歌抒情性强，非常有感染力，想必同学们从中读到了作者寄寓其中的深意，感兴趣的同学不妨以此作为一个专题去探究一下。

（三）学习小结

同学们，这节课我们围绕一个核心问题——作者通过梁山好汉的故事想表达什么，依次解决了四个下位问题：这些人物有怎样的经历？他们的经历有何异同？作者是怎么来写这些人物的？对他们有怎样的感情倾向？并完成了对应的四个学习任务，为最终完成核心任务——为《水浒传》写一篇书评奠定基础，书评一般包含书籍的基本信息如书名、作者、出版社等，书籍主要内容如故事背景、精彩情节、主要人物、写作特点等，可以举例分析，最后可以写一写自己对书籍的评价。希望同学们合理规划，认真阅读。

二、基于项目学习的初中语文整本书阅读任务设计
——以《海底两万里》为例[①]

项目化学习（又称"基于项目的学习"）作为一个学术概念，核心包括两

[①] 获上海市长宁区教育学会第二十一届教育论文评比一等奖。

大部分：用来组织和推进活动的真实问题；最终形成的问题解决方案或产品。学科项目化学习是基于学科中的关键概念和能力的项目化学习，贯穿母语项目化学习设计的宗旨是：语文的学习同时涉及语文内容的学习和语言文字本身的学习。

项目化学习要求学生完成真实的研究或实践项目，充分选择、利用多种学习资源，借助实践体验、内化吸收、探索创新等活动，获得相对完整而具体的知识，发展实践能力。其基本结构为"基于问题—研究反思—呈现成果"。

《义务教育语文课程标准（2022年版）》"课程目标"中明确第四学段每学年阅读两三部名著，探索个性化的阅读方法，分享阅读感受，开展专题研究，建构阅读整本书的经验。"课程内容"中设置拓展型学习任务群"整本书阅读"，旨在引导学生在语文实践活动中，根据阅读目的和兴趣选择合适的图书，制订阅读计划，综合运用多种方法阅读整本书。要求以学生自主阅读活动为主，了解多种阅读策略，借助信息技术拓展学习空间，提供写作、展示、研讨和交流的平台，注重考察阅读全过程。整本书阅读的目标定位与项目化学习的特点契合度较高。

统编初中语文教材"名著导读"部分所选名著以课程标准推荐书目为主，并尽量与课内阅读课文配合，旨在培养学生阅读整本书的能力和兴趣。其中必读书目14本，主要有虚构类作品和非虚构类作品两大类。整本书阅读是学生迁移、反思、修正、内化阅读策略，形成阅读技能的重要途径。

法国作家儒勒·凡尔纳（Jules Gabriel Verne）的虚构类作品《海底两万里》是七年级下册的必读书目之一，下面就以《海底两万里》为例，谈谈如何基于项目学习进行整本书阅读任务设计。

（一）基于文本确定核心知识

项目化学习的设计不是从项目或活动开始，而是从期待学生理解和掌握的核心知识出发。学科项目化学习的知识观指向的是与学科本质有关的核心概念或关键概念、能力的整体理解，定位更加综合、上位。

儒勒·凡尔纳是法国著名的科幻和探险小说家，被誉为"科学时代的预言家"，他既是科学家中的文学家，又是文学家中的科学家。作品文笔细腻，构思精巧。他的幻想不是异想天开，而是以科学为依据，他所预见的很多科技与器械，后来都变成了实有之物。

《海底两万里》是凡尔纳的"海洋三部曲"之一，也是他的代表作。小说讲述了尼摩船长驾驶自己设计的潜水艇"诺第留斯号"，在大海中自由航行。在他身上，体现了作者对科学、社会正义和人类平等的不懈追求。小说设想了潜水艇的强大功能，描绘了奇幻美妙的海底世界，体现了人类自古以来渴望上天下海、自由翱翔的梦想。《海底两万里》被选入统编教材七年级下册第六单元"名著导读"板块，"名著导读"主要选取探险与科幻方面的文章，旨在激发学生探索自然世界和科学领域的兴趣与想象力。教材"名著导读"要求学习运用"快速阅读"的技巧，尽快把握全书内容，进而完成三个专题探究任务：写航海日记，介绍尼摩船长，绘制潜水艇简易图。

　　诚如威廉·斯利特（William Sleator）所说："科幻写的都是未发生之事，但是未来可能发生。这种可能性是科幻很重要的特征，也是科幻区别于奇幻文学的重要一点。"学生通过阅读《海底两万里》可以触摸探险者的精神世界，感受凡尔纳小说的艺术魅力，进而把握科幻小说的特点。因此，"科幻小说的特点"可以作为本次整本书阅读项目的核心知识。

（二）基于学情设计驱动问题

　　项目化学习通过问题引发学生对概念的思考，所关注的核心知识意味着设计者要提出本质问题，并将其转化为驱动性问题。驱动性问题的提出改变了学科学习在低阶徘徊的特点，更强调用高阶学习带动低阶学习。学生在解决驱动性问题的过程中整合基础知识与技能，通过项目来学习学科中的重要概念、能力，并在新的情境中迁移、运用、转换，产生新知识。

　　七年级学生已具备一定的自主学习能力，对未知世界充满好奇，思维活跃，能对一些现象和问题进行客观分析，深入思考探究，表达见解。六年级下学期已阅读过《鲁滨孙漂流记》，对科幻小说有了大致了解。七年级下册第六单元的单篇阅读选文有《伟大的悲剧》《太空一日》《带上她的眼睛》。学生通过单篇阅读，已初步感悟到科学探险精神的可贵，其中《带上她的眼睛》就是一篇科幻小说，教材"阅读提示"明确了科幻小说是将科学与幻想结合起来，创造出一片奇妙而又合理的想象天地。同时，班级有进行语文学习成果展示的平台"三班语你"微信公众号，由学生自主编辑制作。

　　有鉴于此，本次项目学习的本质问题是：科幻小说的特点是什么？驱动性问题设置为：班级公众号要出一期关于凡尔纳科幻小说《海底两万里》的

专题阅读，如果你是编辑，请你写一篇评论来进行推介。

评论内容可以包括作者生平、创作背景、主要人物评价、作品思想内涵等方面，重点突出科幻小说的特色。为达成这一目标，可以采用逆向设计的方法，结合教材要求，设计下位问题，形成问题链：科幻小说的特点是什么→"诺第留斯号"航行中经历了哪些大事→尼摩船长是个怎样的人→"诺第留斯号"的内部构造如何→体现作品怎样的艺术特点→作者想借此表达什么。

（三）基于任务实施项目活动

整本书阅读教学通常需要设计一组读写结合的学习任务，这些任务之间有一定的逻辑关联，体现阅读思考的路径。上述问题链可以转化为一个个核心任务统率下的子任务，以任务驱动的方式开展学习实践，呈现解决驱动性问题的阶段性。具体过程如下：

【任务一】采用快速阅读的方法把握小说主要内容，完成航海日记。

（1）完成"诺第留斯号"航海大事记。

地理位置 （注明经纬度）	大致时间	主要事件	感　想
……			

（2）根据表格内容，在世界地图中标注出位置点，再标明时间并写出事件关键词，然后按照时间顺序连点成线，绘制出"诺第留斯号"航行线路图。

（3）结合大事记及线路图，以不同人物的身份写2～3则航海日记，格式如下：

"诺第留斯号"航海日记
时间：_____　地理位置：_____　天气：_____　心情：_____
记录者：

248

【任务二】介绍尼摩船长

以法国生物学家阿龙纳斯的身份，给朋友写一封信，介绍尼摩船长其人。注意书信格式。

【任务三】绘制潜水艇简易图。

重点研读第一部分第十一章到十三章，再通过网络或书籍查询现代潜艇构造，两者结合并加以想象，绘制出"诺第留斯号"潜水艇简易图，并附上文字说明。

【任务四】精读精彩篇章，体会语言特点，完成阅读记录表。

阅读记录表	
摘　　录	点评（角度：修辞、描写、词语、句式、标点等）
阅读感受	
阅读方法	快速阅读（　　）　　圈点批注（　　）　　精读（　　） 跳读（　　）　　选择性阅读（　　）
阅读质量	★★★★★（　　）　　★★★★（　　）　　★★★（　　） ★★（　　）　　★（　　）

【任务五】根据《海底两万里》或你读过的其他科幻作品，举例分析科幻小说的特点，完成评论。

上述项目学习任务设计构成了以学生语文能力发展为基础的意义建构系统，学生的阅读经历了从具体的形象到抽象的范式，再借助抽象的范式反观具体的形象，完成基于阅读任务生成核心知识的学习过程，学生解决复杂问题的综合品质得以提升。

（四）基于评价进行成果展示

项目化学习评价要求覆盖全过程，关注评价与目标的一致性，关注学习过程中具体的行为表现，关注可观察的学习成果呈现出的认知水平，关注学习过程中的经验生成与总结。基于评价进行成果公开展示，引导学生对他人给出的

初中语文读写图式建构

评论进行反思和修订,将深化学生对核心知识的深度理解、运用和迁移。

任务一评价量表(表3-2-1)及成果展示(图3-2-1,航行路线图略):

表 3-2-1 任务一评价量表

评价内容	评价指标	满　分	得　分
航海大事记	位置正确	10	
	时间明确	10	
	事件准确	10	
	感受精确	10	
航行路线图	位置点准确	10	
	时间明确	10	
	关键词精确	10	
航海日记	日记格式正确	10	
	人物身份明确	10	
	日记内容精确	10	
总　分		100	

250

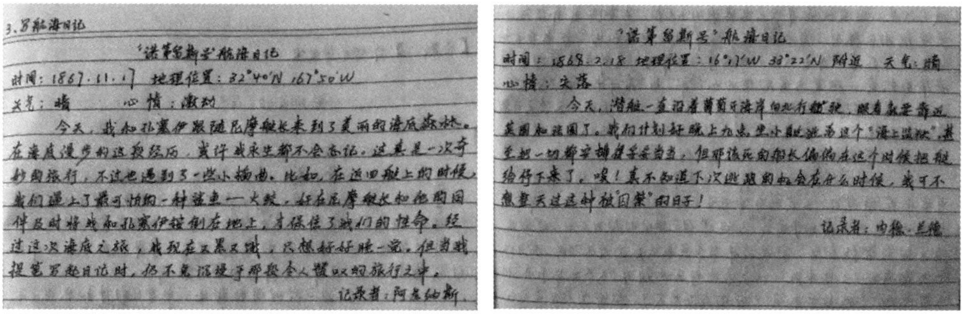

3、写航海日记

"诺第留斯号"航海日记

时间：1867.11.17 地理位置：32°40'N 167°50'W

天气：晴　心情：激动

今天，我和孔塞伊跟随尼摩舰长来到了美丽的海底森林。在海底漫步的这段经历，我将永生都不会忘记。这真是一次奇妙的旅行，不过也遇到了一些小插曲。比如，在返回艇上的时候，我们碰上了最可怕的一种鲨鱼——大鲛。好在尼摩舰长和他的同伴及时将我和孔塞伊按倒在地上，才保住了我们的性命。经过这次海底之旅，我现在又累又饿，只想好好睡一觉。但当我提笔写起日记时，仍不觉沉浸于那段令人难以忘的旅行之中。

记录者：阿龙纳斯

"诺第留斯号"航海日记

时间：1868.2.18 地理位置：16°17'W 33°22'N 附近　天气：晴

心情：失落

今天，潜艇一直沿着葡萄牙海岸向北行驶，眼看就要靠近英国和法国了。我们计划好晚上九点坐小艇逃离这个"海上监狱"，甚至把一切都安排得妥妥当当。但那该死的船长偏偏在这个时候把艇给停下来了。唉！真不知道下次逃跑的机会在什么时候，我可不愿整天过这种被囚禁的日子！

记录者：内德·兰德

图3-2-1　成果展示（任务一）

任务二评价量表（表3-2-2）及成果展示（图3-2-2）：

表3-2-2　任务二评价量表

评价内容	评价指标	满　　分	得　　分
书信格式	格式正确	20	
书信内容	对人物评价恰当	20	
	评价有理有据	20	
	语言流畅	20	
	感情真挚	20	
总　　分		100	

【专题二】介绍尼摩船长

以法国生物学家阿龙纳斯的身份，给朋友写一封信，介绍尼摩船长其人。注意书信格式。

给朋友的一封信

亲爱的朋友：

你好！

10个月前，我无意间上了一艘潜艇，它的主人叫尼摩船长，和他的名字一样，他在艇上是个几乎不存在的人，这就是他为什么令我印象深刻的原由了。这句话可能有些矛盾，但我只能这么说，因为他的身上永远被一种神秘的气息笼罩着，让人想接近他、了解他，却不知道他究竟在哪儿。

经过一段时间的相处，他身上的神秘感丝毫未减。只是，我发现他并没有想象中那么无情。当他热情地向我介绍海洋里无限的资源时；当他陶醉于海洋的勃勃生机时；当他自豪地向我们展示海底那片只属于他的奇幻世界时，我都能感受到他对海洋的热爱。他爱大海的理由很简单——海洋中没有不合理的法规、无尽的争斗和无谓的厮杀，只有和谐与自由。尽管大自然有时会任性一番，使大海变得凶猛、狰狞，但他认为这是自然的法则，不能无视，而他要做的，则是战胜人类的法规。

他曾经对我说："我已经与整个人类社会断绝了联系。"可见他在所谓的"人类社会"中有着不堪回首的过往。然而，他终究无法摆脱自己也是人类的事实。无论是从他遇到危险时的挺身而出，遇到采珠人时的慷慨相助，还是看到同伴被章鱼抓去后的泪流满面，都可以看出他其实"人性未泯"。至于他为何如此排斥"人类社会"和"人类法规"，恐怕就要和他之前的经历有关了。但那段经历是什么，又为何会给他带来如此大的影响，甚至仇恨，我就无从得知了。

尼摩船长的国籍到现在依旧是个谜。我只知道他曾是个被压迫者，他"人性未泯"是因为他心系被压迫国家的人民。那些压迫者夺走了他所珍视的一切——他的祖国、他的父母、他的妻儿都毁灭在压迫者手下——他与这些压迫者有着不共戴天的仇恨！在他看着战舰击沉的时候，我看到了他眼中熊熊燃烧的怒火，那架势似乎要与战舰上可恶的压迫者们同归于尽。那一刻，我忽而觉得他是一个伟大的英雄。只是我无法彻底理解他心中的那份仇恨。

尼摩船长就是这样一个人，他自信、从容、勇敢、坚定，而且有一些高傲，可以说是我所见过的最完美的一个人。可惜啊，也许我再也没有机会见到他了——在迈尔大漩流中，他和"鹦鹉螺"号一起下落不明。或许，他生来就与我不同，他超凡脱俗、强大无比，是大海里的精灵，便注定要与大海一同永生了……

此致

敬礼！

阿龙纳斯

1868.7

上海市西延安中学七（3）班 施媛媛

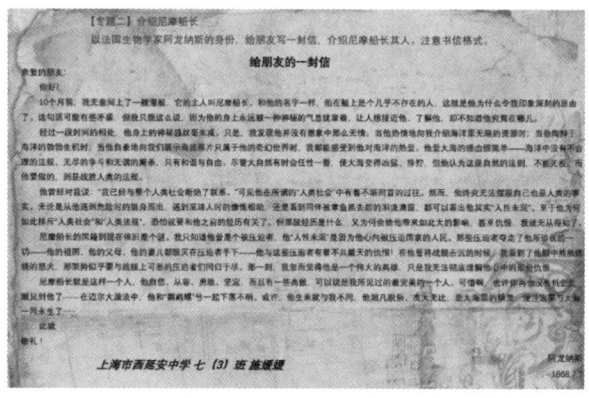

图3-2-2　成果展示（任务二）

任务三评价量表（表3-2-3）及成果展示（图3-2-3）：

表3-2-3　任务三评价量表

评价内容	评价指标	满分	得分
结构图	布局准确	40	
	标注清楚	20	
	想象合理	20	
文字说明	简洁明了	20	
总分		100	

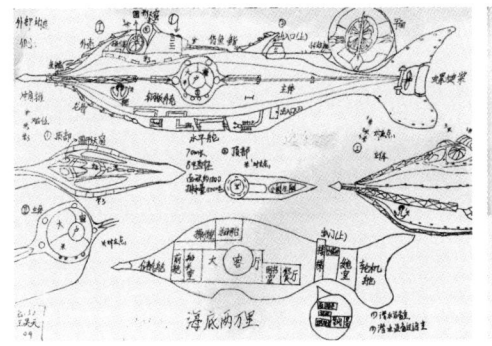
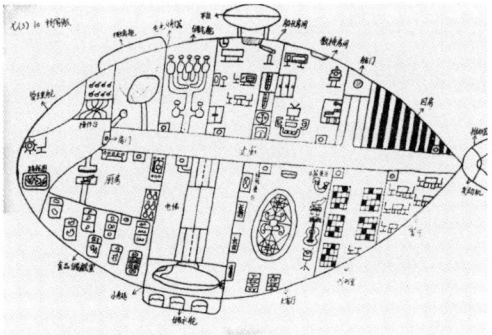

图3-2-3　成果展示（任务三）

任务四成果展示（图3-2-4）（评价量表见"阅读记录表"）：

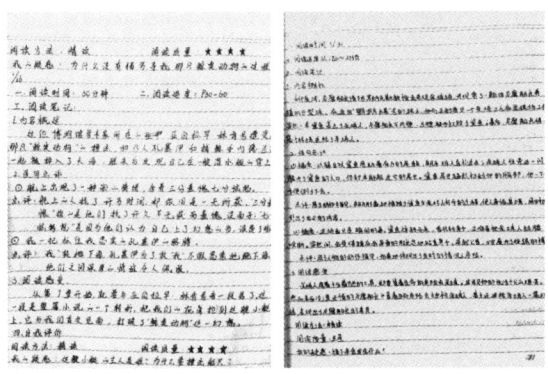

图3-2-4　成果展示（任务四）

第三章　整本书阅读图式建构

任务五评价量表（表3-2-4）及成果展示（图3-2-5）：

表3-2-4　任务五评价量表

评价内容	评价指标	满　分	得　分
科幻小说特点	归纳准确	20	
	表述精练	20	
	举例适切	20	
	分析透彻	20	
	思路清晰	20	
总分		100	

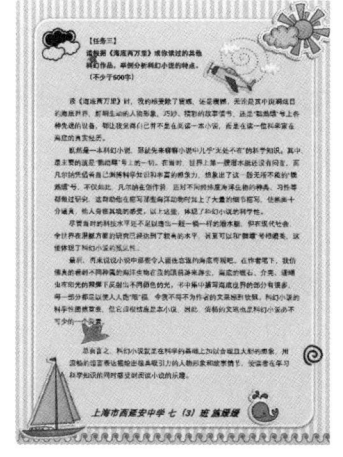

图3-2-5　成果展示（任务五）

项目化学习在不同阶段呈现不同类型的成果，但各个阶段的成果都要指向核心知识的生成。新课标要求"充分发挥现代信息技术的支持作用，拓展语文学习空间，提高语文学习能力"。最终的成果借助班级微信公众号进行公开展示（图3-2-6）：

整本书阅读是语文课程不可或缺的教学组织形态，项目化学习遵循语言的习得规律，在有意义的情境中学习真实的语言，借助现代信息技术培育学习者多媒介语言的运用，探索不同文类特点和思维模式，有助于对内容的深度理解和思维的发展，进而探求语文学科的核心本质。

初中语文读写图式建构

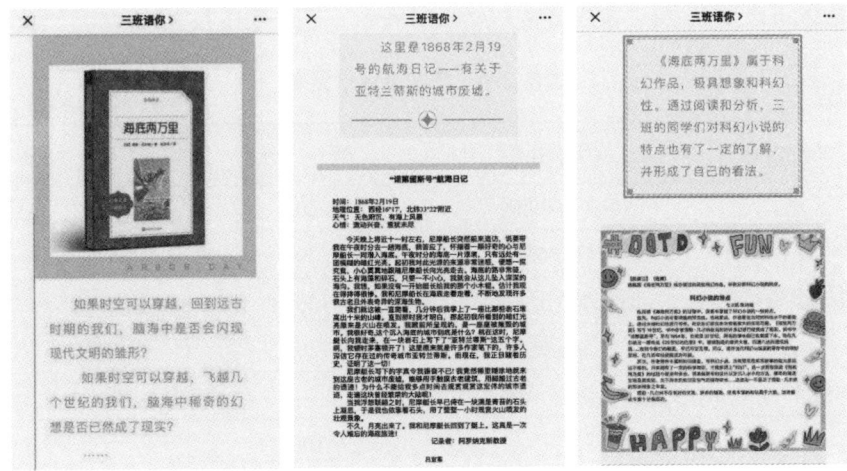

图3-2-6　最终成果于班级微信公众号上展示

三、基于单元教学的整本书阅读学习任务设计与实施
——以《艾青诗选》为例

单元是依据课程标准或课程纲要，围绕主题或活动等选择学习材料，并进行结构化组织的学习单位，向上承接课程目标，向下统领单元内课时目标、活动、内容等。单元教学通常是依托教材，以单元主题为线索，聚焦单元目标，遵循学生学习的一般规律，统筹、设计教学内容、作业内容等，开展循序渐进的教学，最终完成一类知识点的教学任务。初中语文单元教学目标定位于听说读写能力培养，提升学科核心素养。

《义务教育语文课程标准（2022年版）》（以下简称"新课标"）中明确指出：课程内容主要以学习任务群组织与呈现。设计语文学习任务，要围绕特定学习主题，确定具有内在逻辑关联的语文实践活动。学习任务群由相互关联的系列学习任务组成，共同指向学生的核心素养发展，具有情境性、实践性、综合性。分三个层面设置学习任务群，如图3-3-1所示。

学习任务群各自独立但又互相交叉，在教学中可以对接或者延伸。它们与语文核心素养"语言运用""思维能力""审美创造""文化自信"四个方面存在多重对应关系。各个学习任务群分进合击，在发展学生语文核心素养方面具有协同创新效应。

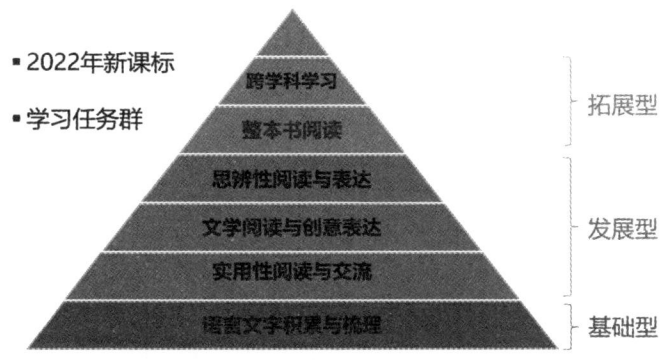

图3-3-1　分三个层面设置的学习任务群

整本书阅读属于拓展型学习任务群，旨在引导学生在语文实践活动中，根据阅读目的和兴趣选择合适的图书，制订阅读计划，合理规划阅读时间，综合运用多种方法阅读整本书，丰富精神世界。要根据阅读进度完成读书笔记，针对作品的语言、形象、主题等话题展开研讨，尝试撰写鉴赏文章。

"学习任务""语文学习任务"在新课标中共出现12次（表3-3-1）。

表3-3-1　"学习任务""语文学习任务"在新课标中出现的情况

序　号	用　语	归　属	页　码
1	学习任务	理　念	2
2	学习任务	理　念	3
3	系列学习任务	课　程	19
4	语文学习任务	教　学	19
5	学习任务	教　学	25
6-7	学习任务	教　学	45
8	学习任务	教　材	52
9	学习任务	教　材	52
10	学习任务	教　材	53
11	学习任务	评　价	49
12	任　务	评　价	50

初中语文读写图式建构

王荣生教授认为这一概念源于加涅提出的"学习任务分析"[①]。"学习任务分析"从既定的预期学习结果进行逆推，分析学生达到该教学目标所必需的前提，明确学生需要"学什么"，也即选择教学内容。除教学评价中的"学习任务"以外，新课标文本所说的"设计学习任务"，就是进行学习任务分析，确定教学目标，选择教学内容，然后才能设计"有内在逻辑关联的语文实践活动"——即学习流程（教学环节）和学习活动。

整本书阅读可视作一个特殊的教学单元，能为学生提供更复杂的学习任务。可将"教读课""自读课"学习的单篇文章阅读策略迁移到整本书阅读中，引导学生掌握阅读策略、形成阅读技能、培养阅读能力。《艾青诗选》是统编初中语文教材九年级上册第一单元后的名著阅读必读书目，和本单元的单篇文章关系密切。下面以此为例，谈谈如何基于单元教学相关要求，对整本书阅读的学习任务进行分析，确定教学目标，选择适切的教学内容，进而设计有逻辑关联的学习任务。

（一）学习任务分析与整合

1. 第一单元学习任务分析

九年级上册第一单元是"活动·探究"单元，主要是学习欣赏诗歌作品，并通过不同形式的朗诵活动、诗歌写作，引导学生更好地感受诗歌魅力，获得审美熏陶。采用任务驱动的方式，安排了学习鉴赏、诗歌朗诵、尝试创作三个学习任务。

学习鉴赏是基础任务，教材选编的五首诗作分别是《沁园春·雪》《我爱这土地》《乡愁》《你是人间的四月天》《我看》，均以描写自然之景或特定物象为主，借此抒发某种情怀。其中《我爱这土地》是诗人艾青写于1938年国难当头时的名篇，借"土地"象征祖国，蕴含深沉而真挚的爱国之情。教材提供的阅读策略可概括为：独立阅读获得初步感受—借助资料深入理解—综合思考把握重点—细致品味学会欣赏，其中又以"综合思考把握重点"为要，可细分为把握情感基调、分析诗歌意象、感受诗歌意境、理解诗人情感等环节。

举行诗歌朗诵比赛是活动性、综合性最强的任务，教材建议以小组为单位，强调自主、合作的学习方式。主要包括朗诵活动的准备和展示，需要提前

---

① 王荣生著：《新课标与"语文教学内容"》，广西教育出版社2023年版。

设计、规划、安排,制定活动方案,研制评价量表。

尝试创作既是前两个任务的结合与落实,也具有成果展示的功能,促使学生把自己对所学诗歌情感与内涵的体会、结构与表达的感知融会贯通,在实践中完成感性认识到理性认识的转化。教材的"技巧点拨"从情感抒发、语言表达、节奏分行等方面给出具体指导。

以上任务的设置也贴合了新课标"文学阅读与创意表达"任务群第四学段的学习内容:阅读表现人与社会、人与他人的古今优秀诗歌、散文等文学作品,学习欣赏、品味作品的语言、形象等,交流审美感受,体会作品的情感和思想内涵;尝试写诗歌等。

2.《艾青诗选》学习任务分析

《艾青诗选》是一本新诗集,属于虚构类作品。艾青是中国现当代文学史上的著名诗人,在中国新诗发展史上具有举足轻重的地位。20世纪30年代,艾青的诗歌创作达到了一个高峰,这一时期诗歌的主要意象是"土地"和"太阳",多写国家民族的苦难、悲伤与反抗,表现出简洁明快的特点,呈现出散文化、口语化的风格,把新诗推向一个新阶段。其诗歌创作另一个高峰在1978年以后,诗人仍然继续着歌颂光明的主旋律,字里行间饱含着睿智哲思。其诗作表现出"诗中有画"的特点,具有鲜明的色调,清晰的线条,素描一般简练、凝重。

名著导读设定《艾青诗选》阅读任务主要是学习如何读现代诗歌,提供的读书方法指导有:注意诗歌的表现形式,如分行、押韵;品味诗歌的语言,如陌生化处理;把握诗歌的意象,进而理解诗歌深层内涵;体味诗歌的情感,抒情性是诗歌与其他文学样式的主要区别;体会诗歌的理性美。设置的专题探究任务有:探讨诗歌的意象,分析诗歌的艺术手法,举办诗歌朗诵会。

上述单元学习任务和整本书阅读任务之间有很多相通之处,如单篇选文与整本书的关联,听说读写的关联等,可以有机整合学习资源。

(二)教学目标与内容确定

综合以上学习任务分析,确定《艾青诗选》的整本书阅读教学目标如下:
(1)知道新诗赏析的一般方法。
(2)分析艾青诗歌常用意象,体会诗人情感。
(3)概括艾青诗歌风格,尝试新诗创作。

在教学内容选择方面,重点学习《我爱这土地》,以点带面,了解新诗赏析一般方法及诗人艾青的生平及基本情况。以仿写形式自主学习第一单元其他诗作，为创作新诗奠定基础。以人民教育出版社出版的《艾青诗选》为蓝本，制订阅读计划，开展整本书阅读，完成相应学习任务，构建阅读新诗的方法路径。

(三) 学习任务设计与实施

1. 学习任务设计

整本书阅读是自主完成的语言实践活动，通常需要设计一组读写结合的学习任务，这些任务之间有一定的逻辑关系。结合单元学习任务，设计了《艾青诗选》一书的核心任务为：

班级要举办"我眼中的诗人艾青"诗歌创作比赛，请选择艾青笔下的诗歌意象，尝试创作一首小诗，表现你眼中的诗人艾青形象。

这一核心任务可以分解为以下子任务：

(1) 阅读《我爱这土地》，结合教材诗歌鉴赏策略写批注。

(2) 自主阅读第一单元其余诗歌，选择一首进行仿写。

(3) 摘抄艾青不同年代的诗歌代表作，完成"诗歌阅读记录表"。

(4) 选择艾青诗歌中一个或几个意象，尝试创作一首小诗表现你眼中的诗人艾青。

2. 实施过程

(1) 阅读《我爱这土地》，结合教材诗歌鉴赏策略写批注。

这首诗创作于20世纪30年代，诗人把"我"假设为一只"鸟"的形象，歌唱了土地、河流、风、黎明，最后两句以设问句表达了那个苦难的年代，一切爱国知识分子对祖国真挚深沉的爱，抒发了华夏儿女共同的心声。教材提供的学习支架如下：

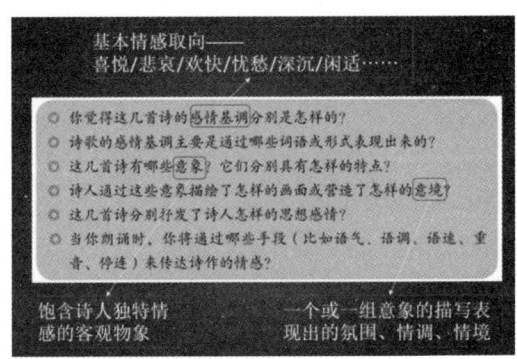

学生通过反复诵读,体会诗人的情感,完成批注:

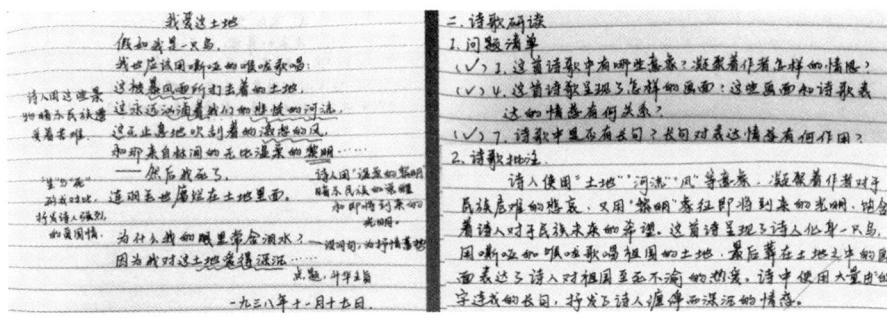

这一环节旨在落实第一单元的任务一"学习鉴赏",初步了解了艾青诗歌的常用意象及情感表达。

(2)自主阅读第一单元其余诗歌,选择一首进行仿写。

教材中有仿写任务如下:

参照本单元学过的任意一首诗,自己仿作一首。如模仿《我爱这土地》《乡愁》,创作一首同题诗歌;模仿《你是人间的四月天》《我看》,以《你是_____》或《我看》为题,创作一首表达形式相近的诗歌。

提示:

1.回忆自己的生活,想一想那些触动你的人和事,以及你当时的感受,将这些作为诗歌表现的内容。

2.模仿课文的句式,发挥想象与联想,借助一些意象表达自己的情感。

通过仿写,学生可以自主学习本单元其他诗歌,进一步了解新诗特点,并为后续诗歌创作奠定基础。学生仿写习作:

（3）摘抄艾青不同年代的诗歌代表作，完成"诗歌阅读记录表"。

阅读《艾青诗选》时，首先指导学生做好阅读规划：

阅读时间	阅读内容	阅读任务
第1周	阅读"三十年代"诗歌	完成"诗歌阅读记录表"1份
第2周	阅读"四十年代"诗歌	完成"诗歌阅读记录表"1份
第3周	阅读"五十、七十年代"诗歌	完成"诗歌阅读记录表"1份

学生完成的记录表：

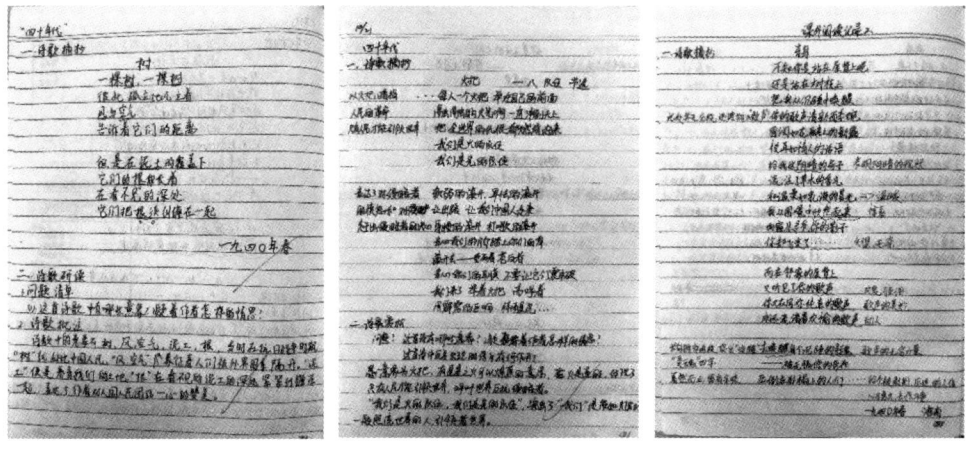

通过通读整本书，学生对艾青诗歌创作有了全面的认识，在准确理解和把握艾青诗作意象、情感、词语和节奏等要素的基础上，由表及里，逐步进入艾青诗歌的内在起源，触摸到诗人的情感脉搏，那就是对祖国一以贯之的爱和对光明和美好生活的期盼。

（4）选择艾青诗歌中一个或几个意象，尝试创作一首小诗表现你眼中的诗人艾青。

这一任务的设计既回应了第一单元任务三"尝试创作"，也可以加深对诗人的认识和对新诗特点的理解，掌握阅读和写作新诗的一般路径。运用评价量表指导学生创作：

评价维度	评价内容	评价标准	评价结果
内　容	意象选择	恰当4～5颗星；比较恰当2～3颗星；不够恰当1颗星	☆☆☆☆☆
	情感抒发	真挚自然4～5颗星；比较自然2～3颗星；不够自然1颗星	☆☆☆☆☆
形　式	语言表达	简洁凝练4～5颗星；比较简练2～3颗星；不够简练1颗星	☆☆☆☆☆
	结构安排	分行合理，节奏恰当4～5颗星；分行比较合理，节奏比较恰当2～3颗星；分行不合理，节奏不恰当1颗星	☆☆☆☆☆

学生习作示例：

我眼中的诗人艾青
施媛媛

明亮，滚烫，/热烈的诗人的一生啊！/他不是真正的太阳，/却有着太阳一般温暖的光，/把希望散播在中国的土地上。

太阳赋予他光亮，/他将这光反射到远方——/他是一面明镜，/映照着对土地的信仰，/直率却不失刚强。

后来啊，/他化作一只痴情的鸟，/在土地中筑起不朽的巢。/歌声不再，草木感伤，/他携一缕阳光凝成化石，/亘古不变，那是——/明亮，滚烫，热烈的/民族的耀光！

我眼中的诗人艾青
赵彦婷

是队伍中的火炬手/是冲破黑暗的黎明/是黄土地的儿子/是最热忱的赤子

你俯下身闻土地的清香/你抬起头看翻天的麦浪/你在着广阔无垠的土地上游走/歌颂你所见的一切

在国家危亡之际/你以纸笔代刀戈/奔走着，呼告着/保卫着你血脉相连的土地

如今你走了／长眠在土地里／与大地紧紧相连在一起

芦笛，悲鸟与诗
朱诗瑶

他从彩色的欧罗巴／带回了一只芦笛／站在辽阔的黄土上／吹走悲愤与理想

他化作林间的悲鸟／希冀着黎明的晨光／生前高歌抗争与解放／死了就融进无声的大地

鲜活的而非消亡的／明亮的而非沉寂的／扎根于上世纪的新诗／正音调未减地／响彻在重生的土地上

他谁也不认识／但谁都记得他／连同他的芦笛悲鸟与诗／在历史的长河中／永存

后续也可以安排诗歌朗诵会，进行成果展示，全面落实第一单元学习任务。

单元教学内容聚焦读写路径与方法，构建教读课文、自读课文、课外阅读（含名著导读）"三位一体"的阅读体系，在综合性、实践性为主的语文活动中学习语文知识、获取读写策略。整本书阅读强调阅读过程中的统筹观照、整体规划和多维整合，引导学生探索个性化的阅读方法，建构整本书阅读经验。基于单元教学设计整本书阅读学习任务，在教学目标统领下构建各阶段学习任务的内在逻辑关联，进而可在语言实践运用中促进学生语文核心素养提升。

四、此日中流自在行
—— 关于语文学科课内拓展阅读的实践与思考

朱光潜先生在《谈读书》中说："比方有一本小说，平时自由消遣，觉得多么有趣。一旦把它拿来当课本读，用预备考试的方法去读，便不免索然寡味了。"小说尚且如此，由此推广到其他方面，往往是"向来枉费推移力"。语文教学中之所以会出现这种尴尬的局面，和学生自主阅读兴趣未被激发有很大关系。为让学生在自由阅读的状态下体味阅读之趣，养成阅读习惯，掌握阅读方法，提升阅读能力，结合区域阅读领航语文学科课内拓展阅读的相关要求，我们作了如下尝试：

(一)自荐书目——找准兴趣点

读书是人类特有的神圣权利,一本好书能开阔视野,增长才智;能带来快乐,充实生活;能升华灵魂,荡涤心灵……"初中语文阅读领航实施计划"中明确提出课内拓展阅读的目标是:培养学生阅读兴趣、拓宽学生学习视野、提升学生思维品质。兴趣是最好的老师,找准兴趣点是阅读的起点,因而首先要解决"读什么"的问题。

作为语文老师,有责任和义务向学生推荐值得品味的经典好书,但考虑到教师和学生不同的阅读背景和经历,为使推荐书目更贴合学生阅读实际,更易激发其阅读兴趣,结合拓展阅读主题,我们面向所有学生发出"推荐书目"的倡议。推荐书目的过程,既能在一定程度上反映学生对所读书籍的认知理解程度,也能在互相交流中引起思想的共鸣,思维的碰撞,正如萧伯纳所说:"你有一个苹果,我有一个苹果,彼此交换一下,我们仍然各有一个苹果;但你有一种思想,我有一种思想,彼此交换,我们就都有了两种思想,甚至更多。"在此基础上,再对学生自荐书目进行整理综合,最终确定的书目更易为学生接受,也更能反映学生兴趣所在。

以"成功之道"这一拓展阅读主题为例,学生自荐的书目中既有经典小说,也有名人传记、励志书等,经过权衡比较,最终确定本单元的推荐书目如下:必读书目——《老人与海》([美]海明威著);选读书目——《一个女孩的心灵史》(秦文君著)、《乔布斯传》([美]艾萨克森著)、《居里夫人自传》([法]玛丽·居里著)、《心灵鸡汤》([美]杰克·坎菲尔著)。

(二)自主阅读——关注动情点

有人把阅读比作吃苹果,教师分析文章,好比领着学生围着苹果团团转,教师不厌其烦地讲解苹果色香味如何,组成如何,营养价值如何,就是不让学生吃,到头来学生还是不知道苹果有多好吃,见了苹果还是没有食欲,诚如宋代理学家、教育家程颐所云:"教人未见意趣,必不乐学。"(《二程遗书·卷二》)为了避免学生"营养不良",教师必须转变观念,明确学生是阅读的主体,重视学生的自我感悟和自我实践,引导和培养学生的阅读兴趣,关注阅读过程中的动情点。

根据课内拓展阅读的目标与流程,我们确定每周一节语文课为阅读课。结

合课内拓展阅读每一单元主题的推荐书目,指导学生有序开展拓展阅读。为体现阅读过程中的学生与作品之间情感的共鸣点,我们设计了"课外阅读记录表",表格内容包括读书格言、图书信息、阅读进度、阅读笔记(含内容概述、佳句点评、阅读感受、问题探究)等,每周阅读课下发阅读记录表,于一周后收齐。再由教师根据表格完成情况评定等级,并在一学期结束后由每位学生将记录表汇编成册,留下自主阅读的情感轨迹,并在班级和年级层面分别评选出"课外阅读小达人",激励学生养成良好的阅读习惯,激发其阅读兴趣,做到情动于衷而辞发于外。事实证明,这样的阅读氛围学生是非常喜欢的,这样的阅读记录是学生非常乐意的。而作为语文教师,看着自己的学生手捧一本心爱的好书,闻着淡淡的墨香,浸润其中,思接千载,视通万里,那是何等的愉悦和惬意!

(三)自由展示——提炼契合点

阅读过程中除以个体为主的读书笔记外,以小组合作的方式自由展示阅读过程,呈现阅读成果也是非常重要的。根据学生拓展阅读的实际情况,我们采取了灵活多样的展示形式,以便更有效地呈现阅读成果。如"青春足迹"专题的PPT展示、诗歌小报评比,"科学与幻想"专题的科幻画创作,"读书有味"专题的评书荐书活动等。自主探究过程中,小组成员之间通过讨论磨合提炼思维的契合点,增强合作意识。

以专题探究式拓展阅读为例,每学期分阶段确定两到三个探究专题。考虑到学生阅读基础的个体差异,结合学生阅读兴趣和意愿,我们把每班分为6～7个阅读小组,每组由一至两名学生负责,分工到人,从探究专题确立、资料搜集筛选到PPT制作、课堂交流展示,确保每位学生都承担相应的阅读研究任务。起始阶段往往选题大而无当,资料堆砌芜杂,观点模糊不清。经过一段时间的摸索实践,多数小组能恰当选择探究专题,精心组织探究内容,更注重小组同学的自我感悟,自读体验。如"为科学插上想象的翅膀——儒勒·凡尔纳科幻小说专题阅读"中,各小组确立的专题主要有:海阔凭鱼跃——《海底两万里》中的航行路线探究;天高任鸟飞——从《太阳系历险记》看科幻小说的特点;在文字中探索——《海底两万里》中丰富的海洋资源;在幻想中旅行——《地心游记》景观介绍等。探究专题明确,角度新颖,突破学科界限。每组同学的PPT都反复多次修改,大到研究专题角度、整体思路设计;小到背景图案、标点字体。其中的阅读感想、科幻画、动画场景再现都是学生原创的。正是在一次次研究修改中,学生明确了科幻小说的一般特点,了解了专题阅读的探究角度——如相关学科知识、作品思想内容、场景想象再现、作家创作风格等。

(四)自发评价——激起碰撞点

思维的"湖面",宛如平镜水波不兴,投入质疑的"石子",方能激起智慧的"涟漪"。研究表明,一个人要是没有受到疑难的激励,其智力潜能仅能发挥20%～30%,而在受到疑难激励的情况下,则可以发挥80%～90%。我国古代学者也强调"少疑则少进,大疑则大进,无疑则无进",可见思考是从疑问开始的。拓展阅读的课堂交流就给学生提供了这样"质疑问难"的机会。在小组阅读专题展示后的互动自评环节,打破了小组界限,最大限度地听取全班同学意见,再由相关组员对原有探究内容进行修改完善,这样的交流展示形式让学生兴致盎然,活跃了思维。

如"诗词精华"单元,其中一个小组探究专题是"送别诗中常见地点",原有内容涉及"江边、楼台、山谷",交流时有同学提出范围太广,可选择其中一个方面重点研究,该组同学课后进行了修改,最终选择"江边"作为重点,目标相对集中,因而更有深度。再如"世界历史文化"单元,有一小组专题是"文字解码",内容包括"古代文字演变、古老图画文字、字母文字、表音文字等",有同学建议选择一个具体的汉字,探究其字音、字形、字义的流变,这样会更形象直观,思路也更清晰。该组同学经过讨论斟酌,确定以"友"字作为范例深入探究。交流展示后,每位同学填写"阅读交流卡",选择某一专题提出疑问和建议,汇总后交由相关小组进行修改完善,形成书面专题阅读成果,使阅读得以深化。

叶圣陶先生说过:"要引导学生举一反三,教给学生读书、看报的技巧、能力";"教育的本旨原来如此,养成能力,养成习惯,使学生终身以之"。体现学生自主学习方式的课内拓展阅读无疑是"授之以渔",使其"终身以之"的很好途径。热爱阅读的春潮在学生心头涌动,假以时日,定能实现"此日中流自在行"。

第四章 综合性学习图式建构

一、走进小说天地[①]

（一）教学目标

（1）知道"小说故事会"流程，把握小说主要内容。
（2）建立小说人物档案，分析小说人物形象。
（3）展开想象，学习小说故事续写。

（二）教学过程

1. 导入

本单元的三篇小说《故乡》《我的叔叔于勒》《孤独之旅》，或涉及少年成长，或从少年视角观察世间百态，内容丰富多彩，文笔摇曳生姿。某校九（1）班的同学也由此对小说产生了浓厚的兴趣，于是，他们在文老师的指导下，开展了一次"走进小说天地"的综合性学习活动，去体会小说独特的魅力。

本次综合性学习活动分成三个板块，分别是：小说故事会、小说人物大家谈、展开想象的翅膀。

2. 活动一：小说故事会

（1）梳理活动流程（图4-1-1）：
（2）进行实践活动：
一是梳理情节。
【学习任务一】请选择本单元的一篇小说，用流程图的形式梳理其故事

[①] 入选2021年教育部及上海市"基础教育精品课"。

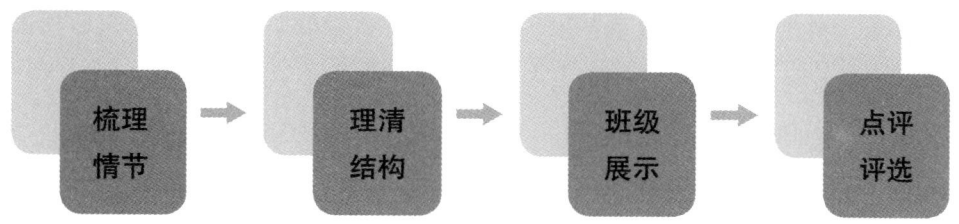

情节。

运用流程图的形式,可以清晰而又直观地呈现小说的主要内容及情节发展的脉络。

《林教头风雪山神庙》是中国古典小说《水浒传》中的名篇,从图4-1-2可以看出,其主要情节线是林冲被刺配沧州,看守草料场,因风雪夜宿山神庙,到最后手刃仇敌。同时另有一条辅线是陆谦等人密谋设计陷害林冲,在草料场放火后双线合一,情节走向高潮。流程图清晰呈现了小说情节走向。

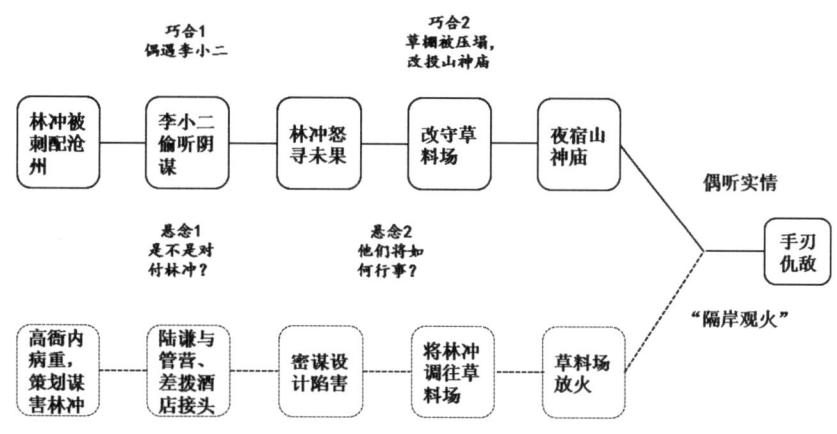

图4-1-2 《林教头风雪山神庙》情节图

《我的叔叔于勒》讲述远赴美洲的于勒曾是一家人幻想中的救世主,当家人得知真相时,那个穷困潦倒、老无可依的水手,成为家人避之唯恐不及的对象,巨大的反差揭示出残酷的现实,刺痛了少年的"我"的内心。

小说的主要情节是交代了菲利普一家艰难拮据的家境,收到于勒的来信后,迫不及待地盼望于勒早早归来,改变困境。在哲尔赛岛旅游时遇到卖牡蛎的于勒,幻想破灭,菲利普夫妇让小儿子出面付钱;次要情节则是从侧面交代了于勒去美洲的原因，发展状况，沦落到船上卖牡蛎。最终的结局是菲利普一家避开于勒，脱身而去（图4-1-3）。

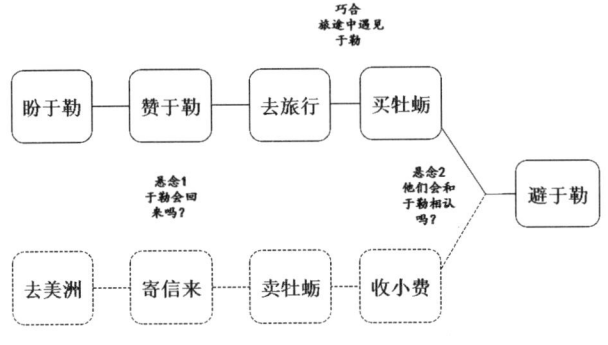

图4-1-3 《我的叔叔于勒》情节图

二是理清结构。

小说结构是作者布局谋篇的结果，作者在构思时费了心思的地方尤其需要关注，之所以费心思，是因为他想在这里表达某种东西，结构是为了更好地表现小说的内容、呈现小说的魅力、表达作者的意图而存在的。

比如小说《孤独之旅》写少年杜小康因家庭变故，不得不离开同学和学校，和父亲两个人去放鸭，从最初的逃避现实，到后来逐渐接受现实，在突如其来的暴风雨中经受住了考验，靠自己的力量找到了鸭子，变得成熟了。这次"孤独之旅"是其心灵成长之旅、自我觉醒之旅。为了表现这样的成长主题，作者采用了最清晰简明的叙述顺序，按照故事情节的开端、发展、高潮和结局展开叙述，自然贴合了人物的身心渐进的成长历程。

三是制定量表。

根据梳理的情节和结构思路讲述小说故事，在班级展示，请同学根据评价量表点评，评选出班级的"故事大王"。

【学习任务二】请从内容或表达的维度，确定故事讲述评价量表。可以参考以下表格（表4-1-1）。

表4-1-1 故事讲述评价量表

评　价	★★★	★★	★	评　分
内　容				

续　表

表　达			
总　分			

3.活动二：小说人物大家谈

（1）梳理活动流程（图4-1-4）：

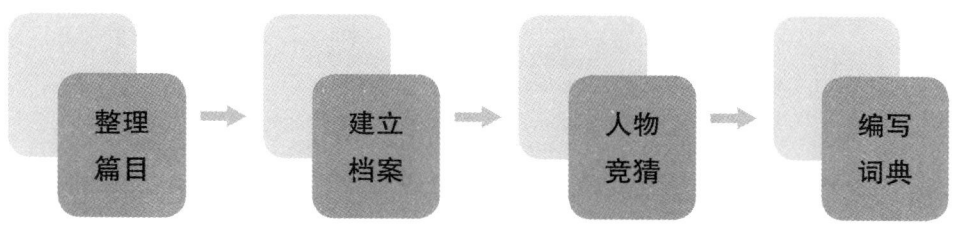

图4-1-4　活动流程

（2）进行实践活动：

一是整理小说篇目（表4-1-2）。

表4-1-2　整理小说篇目

篇　　目	作　　者	国　别
《穷人》	列夫·托尔斯泰	俄国
《童年》	高尔基	苏联
《西游记》	吴承恩	中国
《海底两万里》	儒勒·凡尔纳	法国
《骆驼祥子》	老舍	中国
《钢铁是怎样炼成的》	尼古拉·奥斯特洛夫斯基	苏联
《故乡》	鲁迅	中国
《我的叔叔于勒》	莫泊桑	法国
《孤独之旅》	曹文轩	中国

二是建立人物档案。

小说人物档案卡片的内容包括姓名、出处、外貌衣着、典型语言、典型动作、相关事件等，以及一些简单的点评，示例见图4-1-5。

小说人物卡片（01号）	出　处	★ 法国作家莫泊桑《我的叔叔于勒》
	外貌特征	★ 早年不详；后来"衣衫褴褛"：手上"满是皱纹"，"一张又老又穷苦的脸，满脸愁容，狼狈不堪"。
	人物关系	★ "我"的叔叔，菲利普的亲弟弟。
	典型事件	★ 早年行为不端，家产挥霍殆尽。被家人送往美洲后，发了点财，希望能够补偿哥哥一家。写来的信件成为菲利普家的福音书。后来破产，成为流浪汉，穷困潦倒，在船上卖牡蛎为生。
	人物点评	★ 年轻时行为荒唐；后来有所醒悟，挣钱后想弥补之前的过失，不失善良；破产之后，在贫困线上挣扎；能够自食其力，不愿拖累家人，不失良知。

图4-1-5　小说人物档案卡片

【学习任务三】请参考示例，为自己感兴趣的小说人物建立档案卡片。

三是小说人物大家猜。

通过对生活的细致观察和深刻体验，借助超凡的想象力，优秀的小说家往往能用形象的语言塑造出鲜活的人物形象，他们的性格、经历都有着鲜明的特点。请根据以下描述猜一猜：

他，排行第二，人称二郎。一双眼光射寒星，两弯眉浑如刷漆，身长八尺，浑身上下有千百斤气力，是个顶天立地的男子汉。他勇猛过人，胆大心细，景阳冈打死猛虎，为报仇斗杀西门庆；他醉打蒋门神，大闹飞云浦，血溅鸳鸯楼。他是梁山泊一员虎将。

"他"是_____，是我国古典长篇小说之一《_____》的人物形象。

【学习任务四】请你来出题。

请仿照上面的形式，从你读过的小说中再找出一个人物，出一个人物谜题，并给出答案。

四是编写人物小词典。

在前面活动的基础上，同学们可以把大家的成果汇总起来，编写成一部小说人物小词典。

4. 活动三：展开想象的翅膀

小说是离不开虚构和想象的。阅读小说，就是随着小说家的笔触，神游于小说所虚构的世界。以下四项活动，你可以任选一项试一试：

（1）重新设计人物命运。例如，假如闰土生活在现在，他的命运会发生怎样的变化？假如鲁滨孙没有获救，还待在荒岛上，后来还可能发生什么事情？

（2）为小说续写故事。例如，《我的叔叔于勒》中的菲利普一家回到家里，会发生什么？

（3）穿越时空的对话。例如，闰土、于勒、杜小康等小说人物就站在你面前，你将会对他们说些什么？

（4）寻找你周围生活中的小说素材，进行虚构、演绎，编一个故事，或试着写一篇小小说。

【学习任务五】请为小说《孤独之旅》续写故事。

"能根据文章的内在联系和自己的合理想象进行续写"是课标对初中阶段的写作要求之一。那么，续写有哪些具体要求呢？

第一，要保持主题和人物的同一。需要紧扣原文的主要内容及作者的写作意图，使主题深化，不能违背人物性格发展的规律，这样才能"根据文章的内在联系"进行续写。

第二，要保持结构完整。遵循前文明示或暗示的线索，续写部分与原文衔接自然，前文交代的情节，后面要有所照应。

第三，要揣摩原文的语言特色。每个写作者在遣词造句上都有自己的风格，或幽默风趣，或朴实无华，或简洁犀利，或华丽典雅。有的擅用方言，有的偏爱警句。比如海明威的文体风格简洁到了几乎惜墨如金的地步，句子的特点是简单句，段落结构基本是单线排列，作者着意使质朴无华的人物和简单的情节通过明快的文体得到表现。

在此基础上，续写时展开合理想象，使前后形成一个有机的整体。

《孤独之旅》节选自长篇小说《草房子》，杜小康因家庭经济困难而辍学，跟随父亲去芦苇荡放鸭，离开油麻地之前，他对好朋友桑桑许诺，"明年春天，我给你带双黄蛋回来"。经过暴风雨的洗礼，他长大了，那么，接下来在他身上又会发生什么故事呢？我们来看看作者曹文轩是怎么写的。

杜雍和父子放鸭，不小心将鸭放进了人家的大鱼塘，把人家放养的小鱼苗都吃光了，鸭子和船统统被当地人扣留了。于是杜小康的母亲和亲戚一起去了芦荡，将父子俩接了回来。后面以桑桑的视角来写：

躺在门板上的杜雍和，瘦得只剩下骨架。他的颧骨本就高，现在显得更高,嘴巴瘦陷下去,形成了阴影。头发枯干,颜色像秋后霜草丛里的兔毛。高眉骨下的双眼,透出一股荒凉式的平静。

走在后面的杜小康,好像又长高了。裤管显得很短,膝盖和屁股的地方,都有洞或裂口,衣服上缺了许多纽扣,袖口破了,飘着布条。头发很长,与杜雍和的头发一样枯干,黑得发乌,脖子已多日不洗,黑乎乎的。面容清瘦,但一双眼睛却出奇的亮,并透出一种油麻地的任何一个孩子都不可能有的早熟。他双手抱着一只小小的柳篮,小心翼翼地,仿佛那只篮里装了什么脆弱而又贵重的东西。

桑桑看到了杜小康。但杜小康似乎没有看到他,在众人抚慰的目光下,走进了红门。

第二天一早,桑桑的母亲一开门,就看到杜小康抱着一只柳篮站在门口。

"师娘,桑桑起来了吗?"

桑桑的母亲,一边将杜小康拉进院里,一边朝屋里叫着:"桑桑,小康来啦!"

桑桑连忙从床上蹦到地上,鞋也没穿,一边揉着眼睛,一边往外跑。

杜小康将柳篮送到桑桑手上:"里面有五只鸭蛋,都是双黄的。"

这五只鸭蛋,大概是杜小康从大芦荡带回来的全部财富。

桑桑低下头去。他看到五只很大的、颜色青青的鸭蛋,正静静地躺在松软的芦花上。

——节选自曹文轩《草房子》

原本身处困境的杜家父子再遭不幸,这样的打击令杜雍和也几乎无法承受了,然而已变得坚强的杜小康的表现异常冷静,从他亮得出奇、透出早熟之神的眼睛可以看出,人物性格的发展得以延续和深入。离开时对好友的承诺,在他心中比什么都重要,"双手抱着""小心翼翼地""仿佛那只篮里装了什么脆弱而又贵重的东西",用从大芦荡带回的全部财富兑现诺言,结构上前后呼应。

5. 小结

愉快的小说探究之旅接近尾声了,回顾这次旅程,收获颇丰。同学们了解了组织故事会的流程,为自己喜欢的小说人物建立了档案,展开想象漫游小说世界,与小说中的人物同呼吸,共命运,体会别样的人生。希望同学们借助小说丰富我们的人生体验。

二、创设任务情境　提供活动支架
——综合性学习《岁月如歌——我们的初中生活》教学设计案例[1]

《岁月如歌——我们的初中生活》是义务教育教科书语文九年级第二学期第二单元的综合性学习。"综合性学习"是语文的一种学习方式，是语文课程的重要组成部分，旨在引导学生自主开展语文实践活动，促进学生语文素养的全面提升。这节课是初中阶段最后一次综合性学习。教材要求全班同学分工合作，制作一本班史，这样的活动创设了真实的任务情境。这节课以编撰班史作为核心任务，梳理班史的编撰流程，并将操作流程分解为具体的语文学习任务，提供必要的知识和资源，搭建活动支架，帮助学生完成核心任务。

（一）教学环节一——了解班史及其编撰要求

1. 了解班史内涵

班史是关于班级及其成员的成长史，是将班级成员的活动、感悟、思想等用文字、图片、影像、数据等形式展现出来的历史。

2. 明确编撰要求

（1）求真求实。

（2）求精求趣。

【设计说明】本次综合性学习核心任务是编撰班史，首先要让学生大致了解什么是班史，以及班史编撰要求。这一环节旨在明确班史的内容、形式，为完成后续学习任务提供了认知基础。

（二）教学环节二——掌握班史编撰流程

1. 根据教材梳理班史编撰流程（图4-2-1）

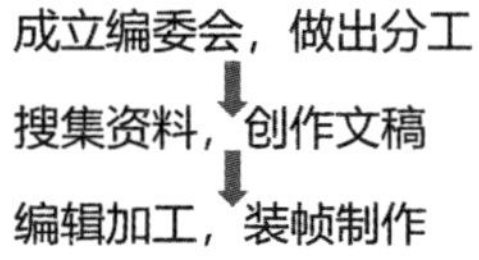

成立编委会，做出分工
↓
搜集资料，创作文稿
↓
编辑加工，装帧制作

图4-2-1　班史编撰流程

---

[1] 原载《上海课程教学研究》2020年第5期。

2. 结合学习任务掌握编撰流程

（1）成立编委会，做出分工。

【学习任务一】拟定编写计划。

班史编写计划表		
分　工		
信息资料组		
文稿撰写组		
设计制作组		
时　间	内　容	主要负责人

【学习任务二】设计编写方案。

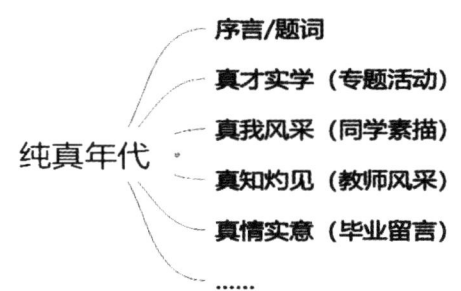

（2）搜集资料，创作文稿。

【学习任务三】① 请为一位同学或自己写小传；② 描述关于一位老师的片段或场景。

【学习任务四】给一位老师或同学写一则毕业留言。

【学习任务五】撰写班史序言。

（3）编辑加工，装帧制作。

【设计说明】这是本课时的主要环节，立足于教材对班史编撰流程的要求，为体现综合性学习的特点，根据实际情况把流程分解为具体的学习任务。"学习任务一"给学生提供了简单的计划表，包含分工和任务安排，直观简洁;"学习任务二"设计编写方案,提供的三个示例分别是时间、专题及综合编排体例,帮助学生打开思路;再以示例三"纯真年代"为例设计"学习任务三"和"学习任务四",分别对应"真我风采""真知灼见""真情实意"三个板块;"学习任务五"撰写班史序言也是对前面流程的回顾与总结。有的任务提供思维支架,如表格、思维导图;有的提供知识卡片,如小传、序言的写法;有的提供学习资源,如各种范例。各个任务环环相扣,形成任务链。

【学习建议】这节课布置的作业是合作完成班史编撰,旨在将综合性学习任务落到实处,凸显"实践""运用""综合"的特点。综合性学习的目标指向和边界是语文,因而设计的任务都与语文学习密切联系,提供的各类活动支架也旨在帮助学生顺利完成语言实践任务。在线学习呈现大致流程和思路,各校教师可以充分发挥班级同学的特长,力求人人参与,各尽其能,在线合作,群策群力,在实践中运用语文知识和技能分析问题、解决问题,在活动中提升学生的语文素养,各校教师也可以在编撰过程中根据实际情况做一些调整,指导学生继续补充完善相关素材。

附:教学设计完整稿

岁月如歌——我们的初中生活

一、教学目标

1. 了解班史及其编撰要求,掌握班史编撰一般流程
2. 留存精神成长轨迹,增强合作探究意识

二、教学过程

"长亭外,古道边,芳草碧连天。……"毕业的骊歌即将唱响,随之而去是我们的初中四年生活。走过这个"驿站",意味着一段旅途的结束,和另一段新征程的开始。同学们小学毕业时编写过班史吗?如果没有,现在回忆起那段时光,是不是很多人或事已经随着时间的流逝而淡忘了?那么,就让我们一起来为初中生活、为这一段青春时光留存一份永久的记忆吧。

这节课我们一起来了解一下"班史"的特点,学习班史的编制方法。需要说明的是"综合性学习"是语文的一种学习方式,它立足于语文课程基础上,通过同学们自主开展语文实践活动,来促进我们语文素养的提升,因此,这节课只是一个引子,更多的活动和任务是需要大家后续在实践中完成的。

（一）了解班史及其编撰要求

1. 什么是"班史"

"班史"，顾名思义是关于班级及其成员的成长史，是将班级成员的活动、感悟、思想等用文字、图片、影像、数据等形式展现出来的历史。本次综合性学习的专题是"岁月如歌——我们的初中生活"，因此"班史"应该反映的是我们初中四年班级生活，展现同学们精神成长的轨迹。

2. 编撰要求

（1）求真求实。既然是"史"，就需要注重内容的真实性，所以编撰时态度要严谨，资料要真实准确，对不太清楚的事实、数据、细节等需要仔细求证。

（2）求精求趣。更高的要求是可以尝试让班史从某些角度体现出班级特色，设计有一定深度的专题，展现班级的精神风貌；同时班史毕竟不同于正史，主要是记录班级成员的生活与成长历程，在真实的前提下，可以体现一定的趣味性，力求生动活泼。

下面这个环节我们就来了解一下班史的编撰流程。

（二）掌握班史编撰流程

先来梳理一下班史的编撰流程：

成立编委会，做出分工→搜集资料，创作文稿→编辑加工，装帧制作。

下面结合一些具体的学习任务来初步掌握班史的编撰流程。

1. 成立编委会，做出分工

（1）组建编委会，拟定编写计划。

为了保证班史编撰有序进行，首先推举几位同学担任编委，并从中推荐出一位主编，也可以自荐。可以聘请老师担任指导，组建成立班史编委会。编委会统筹安排分工，明确各自职责，比如信息资料组负责文字、图片、音像资料搜集整理；文稿撰写组负责主要文稿撰写及编辑统筹；设计制作组负责封面设计、版式设计、插图绘制及印刷制作。

接下来，编委会可以先拟定编写计划。

【学习任务一】如果你是编委，请你拟一份简单的编写计划，想一想编写班史的流程，把任务分工、时间安排、具体内容和负责人一起写进你的计划中，可以用表格的形式。

这里有一份简单的计划表供参考：

班史编写计划表

分　　工

指导：＿＿＿＿＿
编委：＿＿＿＿＿
信息资料组：＿＿＿＿　＿＿＿＿　＿＿＿＿
文稿撰写组：＿＿＿＿　＿＿＿＿　＿＿＿＿
设计制作组：＿＿＿＿　＿＿＿＿　＿＿＿＿

日　　程　　表

时　间	内　　容	主要负责人
3月	组建编委会，确定编写方案	
4月	搜集整理资料，创作文稿	
5月	编辑加工，装帧制作	
6月	完成编写，分发班史	

在实际操作中，分工和计划可以根据班级情况，制定得更细致一些。

（2）梳理编写思路，确定编写方案。

正如写作前的立意构思一样，在编写之初先梳理思路、确定方案，后面的编写工作才会更有针对性和实效性。可供参考的编写内容有：序言、题词、班级档案、班级宣言、班级成员寄语、班级大事记、毕业照、毕业留言、教师风采、同学素描等。

【学习任务二】假如你是编委，结合大家的建议，你打算采用怎样的编写思路？再和其他编委讨论一下，确定最终的编写方案。可用思维导图显示主要板块内容。

【提示】我们所接触到的史书的编写体例，或许会给我们提供借鉴参考，比如《左传》是编年体，可用于记录班级大事；《史记》是纪传体，可反映班级人物风采；还可以是专题史。可采用一种体例，或综合运用不同体例，也可以参考教材"资料夹"内容。各个板块可以有一个相对整齐的名称，以呼应班史名称，体现系统性。

下面给大家看一些示例：

【示例1】见"练习部分"练习一，按照时间顺序编排，注意信息的真实性,对事情的概括可参照记叙文材料概括的要点,每位同学均可参与,这样素材会更全面。

一、撰写班级大事记,记录四年初中生活中最难忘的事情,与同学交流分享、互相补充,为《班史》的编写积累素材。

☆_____年_____月_____日,六年级入学军训,大家在炎炎烈日下学习站军姿、走正步,彼此也很快熟悉、亲近起来。

☆_____年_____月_____日,_____
_____。

☆_____年_____月_____日,_____
_____。

【示例2】

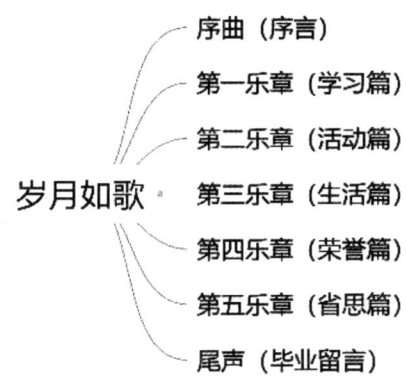

示例2中的班史命名为"岁月如歌",与之呼应,内容也按照乐曲的组成部分分成序曲、五个乐章、尾声。每一乐章以专题形式编排,把初中四年生活分门别类,分解为学习、活动、生活、荣誉、省思等专题,生活"这首歌"有高亢也有低回,有欢乐也有悲伤,这些都是值得珍藏的资料和值得留存的回忆。再把与之相关的内容放入,按照时间先后排列。

【示例3】

示例3是一个综合编排的例子,班史命名为"纯真年代",符合初中生活的特点,每一部分的名称"真才实学""真我风采""真知灼见""真情实意"呼应班史名称,又凸显了"真"的特点,相应的内容"专题活动""同学素

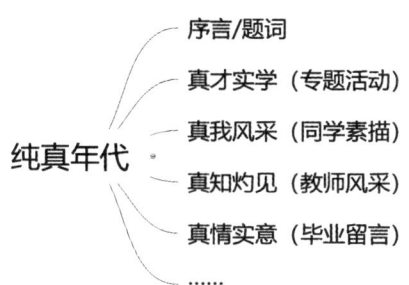

描""教师风采""毕业留言"也与之吻合。每一部分还可以再做细化,比如"专题活动"可以根据实际情况分成不同专题,"同学素描"和"教师风采"可用为人物立小传的方式,或选取与之相关的某个片段、场景加以描述,毕业留言涉及面应尽量广泛。

以上例子只是作为参考,相信在班级同学的群策群力下,你们会设计出更具特色的编写方案。

2.搜集资料,创作文稿

确定了编写方案后,编委会可以进行统筹安排,大家各司其职,信息资料组可以将搜集到的资料分类别、分主题整理好;设计制作组可以根据已有资料将前期准备工作做好,比如封面设计、版式设计、插图绘制等。接下来以"纯真年代"为例,选择一些内容重点说说文稿编撰组的任务安排。

【学习任务三】请为一位同学或自己写小传,文言白话均可,200字左右。

【提示】小传记述简略,篇幅短小,可以介绍外貌、籍贯、特长爱好、性格特点等,抓住典型事例。这一任务对应"真我风采"板块。

【示例】

舒舍予,字老舍,现年四十岁,面黄无须。生于北平,三岁失怙,可谓无父。志学之年,帝王不存,可谓无君。无父无君,特别孝爱老母,布尔乔亚之仁未能一扫空也。幼读三百千,不求甚解。继学师范,遂奠教书匠之墓。及壮,糊口四方,教书为业,甚难发财;每购奖券,以得末彩为荣,示甘于寒贱也。二十七岁,发愤著书,科学哲学无所懂,故写小说,博大家一笑,没什么了不得。三十四岁结婚,今已有一女一男,均狡猾可喜。闲时喜养花,不得其法,每每有叶无花,亦不忍弃。书无所不读,全无所获,并不着急。教书做事,均甚认真,往往吃亏,亦不后悔。如是而已,再活四十年

也许能有点出息!

——老舍《著者略历》

【学习任务四】选择关于一位老师的事情或场景进行描述,结尾可加上适当的抒情或议论,200字左右。

【提示】抓住富有特征性的场景或片段,最好能够充分体现某位老师的学科特色或个性特征,这样可以给人留下深刻印象。这一任务对应"真知灼见"板块。

【示例】

朱(光潜)老师选了十多首华兹华斯的短诗,指出文字简洁、情景贴切之处,讲到他《孤独的收割者》,说她歌声渐远时,令人联想到唐人钱起诗:"曲终人不见,江上数峰青"的余韵。教到《玛格丽特的悲苦》中"天上的鸟儿有翅膀……链紧我们的是大地和海洋",说中国古诗中有相似的"风云有鸟路,江汉限无梁"之句,此时竟然语带哽咽,稍微停顿又继续念下去,念到最后两行:"若有人为我叹息,他们怜悯的是我,不是我的悲苦。"老师取下眼镜,眼泪流下双颊,突然把书合上,快步走出教室,留下满室愕然,却无人开口说话。也许,在那样一个艰困的时代,坦率表现感情是一件奢侈的事,对于仍然崇拜偶像的大学二年级学生来说,这是一件难于评价的意外,甚至是感到荣幸的事,能看到文学名师至情的眼泪。

——节选自齐邦媛《巨流河》

【学习任务五】结合"练习部分"练习二,给一位老师或同学写一则毕业留言,可以诗歌形式呈现。

【提示】诗歌抒情性强,鼓励并提倡大家采用诗歌的形式,这一任务对应

二、初中生活已近尾声,朝夕相处的老师、同学令人依依不舍。请选择一位老师和一位同学,分别给他们写一则情真意切的毕业留言。

(1) 给_____老师的毕业留言

_____
_____
_____
_____

(2) 给_____同学的毕业留言

_____
_____
_____
_____

"真情实意"板块。

完成班史的主要内容撰写后，还需要加上序言。序言虽然是放在最前面的，但从编撰流程看，通常要根据具体内容来写，所以我们把这个任务放在最后完成，序言内容也是对编撰流程的简单回顾和总结。

【学习任务六】请你试着为班史写一个序言，来表达一下你的心情吧。

【提示】序言一般包含以下内容：一是编写缘起。为什么要编写班史？触发点是什么？把那个影响你编写的"触发点"用清晰的语言写出来，就是一个好的序言开端。二是编写意义。为什么这部班史是值得编写的？为什么又是值得阅读或珍藏的？读者只有在认可你所认为的"意义"之后，才会更愿意阅读具体内容。三是主要内容。大致内容是什么？重点或特色是什么？通常由于篇幅所限，并不需要详细的介绍，只需要对主要内容做一个大致的介绍即可。对于重点或特色部分可以多花一些笔墨说明。四是过程介绍。编写过程中经历了哪些事情？最终出来的作品，是否令大家满意，或者还有哪些遗憾？这些内容都可以写入序言之中。五是感谢或祝愿。完成班史的编撰是一件非常不容易的事情，在这期间你肯定也遇到了一些人，他们帮助你解决困难，带你走出情绪的阴霾，所以不要吝啬，在序言中大胆写出他们的名字，对他们给予你的帮助表示感谢。也可以邀请老师作序，那就应该以老师的口吻来写序言，表达对同学们的不舍与祝愿。以下示例就是老师写的序言。

【示例】

时光飞逝，转眼间初中四年的旅程不知不觉已接近终点，母校留下了我们太多的回忆，相聚犹在昨天，离别却在眼前，"而那过去了的，将永远成为亲切的怀念。"为了将旅程中的精彩再现，我们××班同学精诚合作，携着昨夜星辰昨夜风，带着今朝希冀今朝情，编撰完成了我们的班史"纯真年代"，它记录了初中生活沿途的风景，它留存了××班师生纯真的情谊。

班史编撰的筹备工作虽然恰逢我们学业紧张而艰苦的时期，还面临资料不足的困难，但在大家的共同努力下，短短两个月时间，我们唤起了四年点点滴滴的回忆，专题活动资料翔实、特色鲜明，同学素描真实具体、历历在目，教师风采鲜活灵动、栩栩如生，毕业留言情真意切、感人肺腑，似乎四年的生活从未离我们远去。

当我在键盘上敲击这篇序言时，窗外传来啁啾的鸟鸣，雨水打湿了它的羽毛，使得它稍做停歇，用它好奇的目光打量周遭新奇的世界，然后，奋力展翅

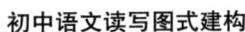

飞向远方！这不正像即将背起行囊的你们吗？许多人只是生命中的过客，而我们，母校的老师们，只能陪你们走到这里。看着你们一天天羽翼丰满，即将乘着梦想的翅膀飞翔，有欣慰，亦有不舍。

那么，就让这本班史记录我们一起拥有的纯真年代，陪伴着我们在今后的人生道路上砥砺前行！

以上我们结合班史的编写板块设计了一些语文学习任务，大家也可以在编撰过程中根据实际情况设计相关任务，注意照顾个人意愿，力求人人参与，各尽其能，充分发挥同学们的特长。

3. 编辑加工，装帧制作

文稿和资料汇总后，编委会要对所有文稿和资料进行审读，严格把关，对于没达到要求的提出意见，指导修改。然后把审定的文稿编定目录，交给设计制作组排版，装帧设计，并多次校对，保证质量。最终的成品可以是图文兼美的纸质图书，也可以制作成电子图书，除文字外，可以包含声音、图像、视频等。

本环节我们明确了编撰班史的流程，并通过一些具体的学习任务充实了班史内容，使得流程可视化。

（三）归纳小结

语文课程是一门学习语言文字运用的综合性、实践性课程，"实践、运用、综合"三个关键词是语文综合性学习要着力完成的任务。这节课我们以编撰班史作为本次综合性学习的核心任务，主要梳理了班史的编撰流程，并将操作流程分解为具体的语文学习任务，在实践中提升素养。哲学家维特根斯坦曾说过，一个新词就像是一粒新鲜的种子，播在讨论的土壤里，必然会激起大家讨论的兴趣。那么，希望这节课也是一粒种子，播进实践的土壤里，激发大家实践的兴趣，给四年初中生活留下痕迹，留存永久的记忆。

三、辩 论

（一）教学目标

（1）了解辩论活动流程。

（2）掌握辩论要素及技巧。

（二）教学过程

辩论是一种常用的口语交际方式，在语文学习中，"辩论赛"也是同学们熟悉的活动形式。辩论一般有确定的论题，有正反双方，有特定的程序，以驳倒对方观点、确立己方观点为目的。这节课我们以"组织一场辩论赛"为核心任务，来学习一下有关"辩论"的知识。

1. 了解辩论活动流程

一场辩论活动大致分成准备和实施两个阶段：

（1）辩论准备：

一是组织队伍。正规辩论时，双方辩手各4名，分工各有不同：一辩提出观点；二三辩补充发言，并质疑对方一辩观点，在自由辩论时发挥主力作用；四辩总结陈词。

二是设计提纲。拿到论题后，小组成员首先要分析明确己方观点，寻找材料支撑观点，还要考虑对方的论据和思路，经过思考讨论后，形成辩论提纲。这是准备阶段非常重要的内容，后面我们结合具体的例子再作详细分析。

三是对辩练习。准备好提纲后，可在组内随机对辩练习，努力提高反应能力和辩论能力。

（2）辩论实施

第一，比赛环节。

常规辩论赛环节大致安排如表4-3-1所示。

表4-3-1　常规辩论赛环节

环　节	主　要　任　务	辩　手　分　工	时　长
立　论	正面论述己方观点	正方一辩 ↔ 反方一辩	各约3分钟
攻辩一	质疑对方观点、回答对方提问	正方二辩 ↔ 反方二辩	各约3分钟
攻辩二	质疑对方观点、回答对方提问	正方三辩 ↔ 反方三辩	各约3分钟
自由辩论	轮流发言，强化己方观点，反驳对方观点	正方 ↔ 反方	各约4分钟
总结陈词	对辩论进行总结	正方四辩 ↔ 反方四辩	各约4分钟

第二，原则技巧。

作为一种高水平的口语交际活动，辩论有一定的原则和技巧。

一是表达清晰，声情并茂。发言过程中要口齿清晰，语速适当，把信息准确传递给辩友和听众。明之以理，动之以情，根据表达需要调整语速、语气、语调，使表达更有说服力和感染力。

二是观点鲜明，协同作战。立论观点鲜明，不能模棱两可、含糊其词。辩论过程中要保持内部观点一致。

三是善于倾听，快速反应。高度集中注意力，听清、听准、听懂对方发言，快速思考，抓住对方观点、语言表达、论据或论证方法上的错误，才能给予对方有力的批驳。

四是语言严谨准确，简洁有力。辩论赛是针锋相对的，要特别注意逻辑严密，表达准确，避免词不达意或自相矛盾。同时，语言要简洁干净，避免啰唆冗长。

五是保持良好的仪态风度。辩论既是"智商"的交锋，也是"情商"的考验。既要耳聪目明、能言善辩，也要保持良好的仪态风度，顺利时不得意忘形，暂居弱势时要沉着冷静，不能自乱阵脚。

以上我们梳理了一场辩论活动的大致流程，重点介绍了辩论有一定的原则技巧。下面我们结合具体的例子来学习一下准备阶段辩论提纲的设计方法。

2.掌握辩论提纲设计方法

（1）辩论基本元素。

辩论以确立己方观点、驳倒对方观点为目的，两大基本元素是"论"与"辩"。围绕一个确定的论题，"论"就是"立"，也就是正面论证己方观点正确，要分析己方观点，想好从哪几个方面展开论述，用哪些材料支撑观点；"辩"就是"破"，要辩驳对方的错误与疏漏之处，考虑对方可能使用的论据与论证思路，推测对方可能出现的漏洞。根据辩论基本元素，下面我们来试着设计一个简单的辩论提纲。

（2）设计辩论提纲。

【学习任务一】请使用思维导图，以"网络使人与人亲近还是疏远"为论题，为辩论双方设计一个简单的辩论提纲。

我们可以通过以下思维导图来呈现双方大致思路（图4-3-1）：

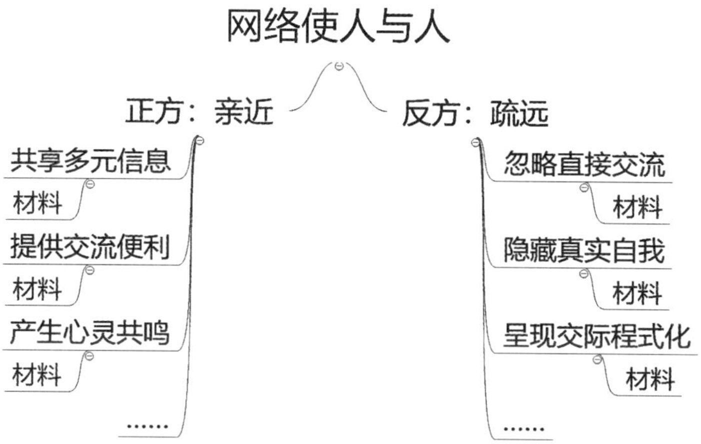

网络使人与人

正方：亲近　　反方：疏远

正方：
- 共享多元信息　材料
- 提供交流便利　材料
- 产生心灵共鸣　材料
- ……

反方：
- 忽略直接交流　材料
- 隐藏真实自我　材料
- 呈现交际程式化　材料
- ……

图 4-3-1　通过思维导图呈现大致思路

【解析】第一，明确己方观点可从哪几方面展开论述。立论是在辩题存在的各种可能性中，融入自己的理解，对辩题进行有利于己方的阐释。同时对不利于自己的重要证据不能视而不见或避而不谈，给人以并不存在反证的印象。只有充分考虑到那些对你立论不利的观点和论据并予以恰当的回应，你的立论才能说服人。不妨看看教材的辩论要点给我们的启发：

如果正方立论为"网络使人与人亲近"，可以从以下几个方面展开论述：一是网络使多元信息共享成为可能；二是网络为沟通交流增加途径，提供便利；三是网络的开放平台让人们更容易产生心灵共鸣等。

反方立论为"网络使人与人疏远"，则可以从以下几个方面展开论述：一是网络使人沉迷虚拟空间，忽略面对面的直接交流；二是网络的虚拟空间容易让人隐藏真实自我；三是网络使得人们的交际呈现程式化趋势，不利于真情表达等。

第二，要收集整理材料。辩论前要广泛收集各类与辩题有关的材料，如具体而有代表性的事实材料、凝练且有概括性的理论材料等。并要对材料进行研究分析，按材料的重要性排序，按用途分为支持本方观点、驳斥对方观点、反击对方反驳几类。还要对材料进行深度加工，提炼材料的内在含义，建立材料与观点之间的联系；从表达角度对材料进行裁剪、压缩、合并，进行形象化、口语化处理；把材料制作成带有不同标识的卡片，便于迅速检索使用。

可供正方使用的材料：超越时空和经济的制约，在网上接受远程教育，

有问题可以随时通过E-mail请求老师的指导；互联网上的交互式学习使得学习变得轻松、有趣；医生可以通过网络远程治病；父母可以交流育儿心得；几秒钟内，便可收到相隔万里的来信；不同地域的读者可以就同一本图书进行互动交流；志愿者可以借助网络为需要的人提供帮助。等等。

可供反方使用的材料：网络社会化只是一种虚拟的社会化，人与人之间的交往存在机器的阻隔，是一种"人—机—符号—符号—机—人"形式的交往，去除了互动双方的诸多社会属性，带有"去社会化"的特征，将网络世界当作现实生活，脱离时代，与他人没有共同语言，容易产生心理问题。等等。

第三，要精心撰写辩词。

根据立论明确提出观点，形成整体论证思路，写出辩词。作为一种高水平的口语交际方式，辩论当然要注意语言技巧。一般说来，一辩立论要开门见山提出己方总论点并作一般论证，二辩内容承接一辩，继续正面阐述观点，三辩转换论证角度，进一步深化观点，四辩总结陈词先要反驳对方观点，然后总结己方观点。

以下示例根据第四届国际大专辩论赛A组初赛反方四辩的发言整理。

【示例】网络使人与人疏远——四辩总结陈词

首先请问对方辩友，技术手段的进步难道真的能带给人们其乐融融的正果吗？汽车取代了马车，这只是一种技术手段的进步，但它并没有改善驾驶员与乘客的关系，甚至连父子关系都没有改善。

我方认为网络使人与人更加疏远，理由有三：

第一，技术手段的进步，并不必然导致人类文明的进步。共同的价值和共同的时代才能熔铸共同的理想与追求。当互联网络和高楼大厦把人们从距离拉得更近的时候，为什么我们却有倍感孤独的困惑呢？

第二，依赖网络交流，忽视人际交流。企图以人机交流取代现实生活中人与人之间的感情交流，使人们更加疏远。人之所以为人，在于人能够制造工具和使用工具，又不沉溺于工具。当人们在孤立的电子城堡里，通过键盘向甚至咫尺之遥的亲朋好友发出一串串毫无热量与生命的电子化信息时，试问，人类失去的难道仅仅是"有朋自远方来，不亦乐乎"的现实交往本性吗？

第三，人类自己的问题只能靠人自己去解决，人和人关系的亲近最终来源于人与人现实关系的改善，即使我们不能选择我们所生存的时代，但是我们可以改变一个时代，最终创造一个崭新的时代，"青山遮不住，毕竟东流去"，我有一个梦，在新世纪的一个清晨，当我们向渡尽劫波的人类精神家园投去最后一瞥时，我们会重视重建人类的精神家园，这曾让亚里士多德的伟大心脏震撼的精神家园。作为万物之灵的人类，从来只有自己才是自己的主人。谢谢！

【解析】这一段总结陈词首先联系生活实际，通过一个疑问句加强反驳语气，指出对方观点错误。然后总结强调己方观点"网络使人与人更加疏远"，并从三方面阐述：技术进步不必然导致文明进步；依赖网络交流易忽视人际交流；人与人的亲近源于现实关系的改善。观点鲜明但不咄咄逼人，反驳有力而又有理有节，声情并茂，颇有文采，有感染力，也有说服力。

这一环节我们了解了辩论的两大基本元素，并以一个论题为例学习了设计辩论提纲。在实践练习中，还要考虑辩论的整体思路，以及辩手之间的协同作战。

3. 口语实践

【学习任务二】"以成败论英雄是否可取"这个论题，想一想如果你是其中一方，应该如何确立辩论要点，如何收集材料，进而形成比较有说服力的辩词。

（1）如果你是正方一辩，你打算从哪几方面来阐述自己的观点？（以下内容根据2001年国际大专辩论会"以成败论英雄是否可取"正方一辩立论辩词整理）

【示例】古人说："青梅煮酒论英雄。"今晚，就让我们以论做梅，以辩代酒，纵横古今，论英雄。李白诗云"秦王扫六合，虎视何雄哉"，东周列国传里却说"见义勇为真汉子，莫以成败论英雄"，可见成败英雄论自古就是仁者见仁，智者见智的。

时代的话题要有时代的意义，我们这个时代并不是只有一种价值观，以成败论英雄这种观念必然受到其他价值观的制约。英雄不是简简单单的一个人，也不是一枚英雄像章，更不是一个冷冰冰的墓碑，它所代表的是一种精神的象征。以成败论英雄是可取的，这种价值观将人们对成功的追求转化为对精神的追求，激励人们积极进取，奋发向上。以成败论英雄的可取性，还表现在它具有广泛的现实意义，因为作为一种价值观，它鼓励全社会学习英雄，追求成功。

时代呼唤英雄，社会鼓励成功，这样的民族才能进步，这样的社会才能发展。时至今日，全球化浪潮势不可挡，若不成功，我们将立于何处？信息时代，本土文化遭受强势挑战，若没有英雄，我们又何以让后代感受身为华人的自豪？追求成功，鼓励英雄，正是我们这个时代的标志，正是我们这个时代所需要的价值取向。时代的英雄追求成功，时代的成功追求英雄。谢谢各位。

【解析】示例中正方首先以诗文名言引出论题，进而阐明"以成败论英雄"作为一种价值观在今天是可取的，因为这种价值观将人们对成功的追求化为对精神的追求，而且具有广泛的现实意义。再以两个问句引人思考，明确指出追求成功，鼓励英雄，正是时代的标志，和时代所需要的价值取向。完成对总论点的阐述，富有气势。

（2）如果你是反方一辩，你如何展开论述？我们来看看反方一辩的辩词示例：

【示例】古人也说"名不正则言不顺"，只有对概念进行清晰地界定，我们才能展开一场有意义的辩论。按照权威的《现代汉语词典》解释，成败都是相对于具体目标而言的。达到了就是成功，没有达到就是失败。英雄是指能以自身杰出的才能、品质激起他人崇高情感的人。所谓以成败论英雄，是指成功了就是英雄，失败了就不是英雄。我方之所以认为这个观点是不可取的，理由有二：

第一，以全面刻板的成败根本就论不出丰满鲜活的英雄，这个观点在理论上是错误的。一个英雄能否取得成功，还要受到天时、地利、人和等客观因素的影响。当雄姿英发的周瑜无奈地感慨"既生瑜，何生亮"时，我们能否认他是英雄吗？当兵败被俘的文天祥在狱中高歌"人生自古谁无死，留取丹心照汗青"时，我们能否认他是英雄吗？成败不过是一时一世的，唯有超越成败的精神才更能彰显出英雄的本色。拿上一把僵化刻板的成败尺子，又怎么能量得出惊天地泣鬼神的英雄气概呢？

第二，以成败论英雄的观点，片面地夸大了功利的意义，在实践中是有害的。它诱导人们为了达到目标可以不择手段，如此一来，前有赫赫英名牵引，后有滚滚利益推动，"天下熙熙皆为利来，天下攘攘皆为利往"，这本已功利的世界会变成什么样子？实在不敢想象。正是因为以成败论英雄的观点存在以上两点错误，因此我方认为，以成败论英雄是不可取的。

【解析】反方同样以名言引出话题，先以权威词典的解释对辩题中关键概念"成败"和"英雄"进行界定，为立论奠定基础。再从两个方面阐明以成败论英雄不可取的理由：一是理论角度，以全面刻板的成败论不出丰满鲜活的英雄，二是实践角度，这种观点片面夸大了功利的意义，并以一些实例从正反两方面阐明"以成败论英雄是不可取的"。立论部分论证思路清晰。

这一环节我们围绕论题"以成败论英雄是否可取",通过两个口语实践任务,进行模拟辩论练习,体会辩论的思路及语言技巧。

4. 归纳小结

这节课我们以组织一场辩论赛为切入点,梳理了辩论赛的一般流程,并通过具体的例子掌握辩论的基本元素,设计辩论提纲,最后以一个论题为例进行辩论实践练习。希望同学们平时多进行口语表达练习,在实践中增强口语交际能力。

四、以项目学习提升新闻读写能力
——"新闻1+1"项目化学习案例[①]

(一)项目来源

本项目源自统编版语文教材八年级上册"活动·探究"单元,基于课标要求及教材、学情特点,设计了学科项目化学习"新闻1+1"单元项目,在做中学,在学中思,落实新闻单元核心知识。

1. 课程说明

《上海市中小学语文课程标准(试行稿)》中对于本学段的要求有"在阅读过程中养成良好的学习习惯,培养问题意识,探索适应自身发展的学习方法;能运用注释、工具书以及有关资料,解决阅读过程中的问题;能在正确理解的基础上,与同学、老师交流,能清楚、正确地表达自己的看法。""能独立进行采访、社会调查等活动,并完成相关的报道或报告;能独立编辑小报。""关心学校、社会发生的事,对引起人们关注的问题,能收集资料,做调查研究,进行讨论交流,并能根据需要书写、阐述自己的简洁。"

《义务教育语文课程标准(2022版)》中指出:"以生活为基础,以语文实践活动为主线,以学习主题为引领,以学习任务为载体,整合学习内容、情境、方法和资源等要素,设计学习任务群","充分发挥现代信息技术的支持作用,拓展语文学习空间,提高语文学习能力","关心学校、本地区和国内外大事,就共同关注的热点问题搜集资料,调查访问,相互讨论,能用文字、图

---

① 获"上海市义务教育项目化学习三年行动计划"2022年度案例评选一等奖。

表、图画、照片等展示学习成果"。

2. 教材说明

本单元内容由两部分组成：一部分是学生自主学习所需材料，包括课文、注释、旁批等；另一部分是学生自主学习需完成的任务及学习活动要求，包括"活动任务单"和任务说明。三个学习任务分别是新闻阅读、新闻采访和新闻写作。其中新闻阅读是基础任务，旨在了解常见新闻体裁的特点，《消息二则》和《首届诺贝尔奖颁发》是消息，《飞天凌空——跳水姑娘吕伟夺魁记》是特写，《一着惊海天——目击我国航母舰载战斗机首架次成功着舰》是通讯，《国行公祭，为佑世界和平》是新闻评论。新闻采访是活动性最强的任务，旨在了解新闻采访的流程，发展策划、沟通、合作等多种能力。新闻写作既是前两个任务的结合与落实，也具有成果展示的功能，旨在明确新闻写作的标准，考虑学生个性差异。

3. 学情分析

八年级学生已具备一定的自主学习能力，思维活跃，具有较好的记叙类文章阅读和写作能力，能对一些现象和问题进行客观分析，深入思考探究，表达见解。小组成员在假日小队活动中有过多次合作和实践机会，各组的组长有沟通协调能力，异质分组，组员各有所长。"活动·探究"单元的开放性、拓展性与实践性契合了八年级学生的身心特点和学习方式。

4. 解决的问题

以问题驱动的形式完成一份校园新闻报纸的创编，吸引学生智力和情感主动参与，在项目化学习中习得不同新闻体裁的知识，养成观察思考习惯，提升新闻阅读和写作能力。

(二)项目设计

1. 设计目标

（1）学科知识：

一是新闻的不同体裁（消息、新闻特写、通讯、新闻评论等）及其特点。

二是新闻采访的一般方法和步骤。

三是新闻写作的结构、评价标准、读者意识及言之有据的表达。

（2）学科能力：

一是了解新闻内容，把握不同新闻体裁的特点，学习阅读新闻的方法；

养成阅读新闻的习惯，关注社会生活。

二是能够自主确定新闻报道题材，制定采访方案，分小组进行采访实践，搜集素材。

三是能够写作一则消息，选择性写作特写、通讯等新闻体裁。

四是合作编辑制作报纸。

（3）核心概念——新闻阅读与写作。

（4）学习素养：

一是创造性实践（以独特的视角、真实的报道、深层的思考采集新闻素材，写作新闻，创编一份报纸）。

二是社会性实践（制定日程表，安排人员分工，协调进度。分小组进行采访，任务分工，合作创编报纸，公开交流成果）。

三是审美性实践（确定报纸名称及版面，美化报纸设计）。

2.驱动性问题

（1）本质问题——新闻的不同体裁及其各自的特点是什么？

（2）驱动性问题——如何创编一份校园新闻报？

新闻是我们了解世界的窗口，每天都有各种各样的新闻，通过报纸、广播、电视等渠道来到我们身边。

练习：如果你现在是一名校园新闻报的编辑，你的职责是以你独特的视角、真实的报道、深层的思考采集新闻素材，面向所有学生、教师及家长，创编一份校园新闻报，反映学校热点问题，凸显学校"培养问题解决者"的特色。

（3）驱动性问题所蕴含的高阶认知：

一是创见（写作一则消息及特写、通讯等，创编一份报纸）。

二是决策（确定采访对象及任务分工，明确报纸名称、版面内容）。

三是问题解决（对在新闻阅读中的难点及写作中的问题，通过查阅资料、进行比较及讨论加以解决。组内尝试进行采访，对出现的问题及时进行调整）。

（三）项目实施

1.入项活动

阅读报纸或浏览新闻网页，从具有影响力的报纸头版中剪取一则新闻，内容不限。

提出驱动性问题：如何创编一份校园新闻报纸？讨论形成问题链——为什么创编报纸？如何获取新闻素材？如何写作新闻稿？

分组，明确项目目标、活动过程和时间节点，完成规划方案。根据人员结构组成，最终确定以假日小队活动的人员分工安排，分成六个小组。各组组长组织组员讨论并确定规划方案。

2. 知识能力建构

子问题一：为什么创编校园新闻报纸？

讨论报纸的受众为全校师生及家长，特点在于及时反映校园热点问题，按照小组进行任务分工，安排进度，形成规划方案。

子问题二：如何获取新闻素材？

（1）学生自主学习教材关于新闻采访的内容，了解采访策略。

（2）讨论制定采访方案，分小组进行采访实践。

子问题三：如何写作一篇新闻稿？

（1）自主学习阅读新闻的方法：

一是把握消息的特征。

学习P17"技巧点拨"关于"消息"的文体知识。

结合旁批，快速阅读《首届诺贝尔奖颁发》，形成消息的阅读图式：按照消息的体式结构梳理消息的六要素→把握消息的写作目的，了解作者为什么写，写给谁看，达到什么效果→辨析作者的立场与观点，区分客观事实和主观评价。

按照上述阅读图式自主学习《消息二则》。

二是比较消息、新闻特写、通讯和新闻评论的异同。

学习新闻特写《飞天凌空》、新闻通讯《一着惊海天》、新闻评论《国行公祭，为佑世界和平》

三是整理教材P9/P16相关知识，运用表格比较几种新闻体裁的异同。

四是总结新闻共性及阅读方法。

（2）完成新闻稿初稿。根据新闻采访收集的素材，选择自己感兴趣的新闻体裁写作新闻稿，同一体裁的组合为临时小组，在写作中互相讨论、初步修改。完成新闻稿后再回归原来的小组，以保证各组新闻体裁的多样性。

（3）讨论形成新闻评价表（表4-4-1）。

表 4-4-1　新闻评价表

项　目	评价指标	分值	得分	存在问题
标　题	准确概括主要内容	10		
	简洁醒目	10		
导　语	突出重点，吸引读者	10		
	言之有物，事实说话	10		
	简明扼要，开启全篇	10		
	形式多样，体现特色	10		
主　体	结构合理	20		
语　言	准确、简练、易懂	5		
	适当讲究生动形象	5		
整　体	时效性强	5		
	有新闻价值	5		
总　分		100		
修改建议				

（4）运用评价表修改新闻稿（图4-4-1）。

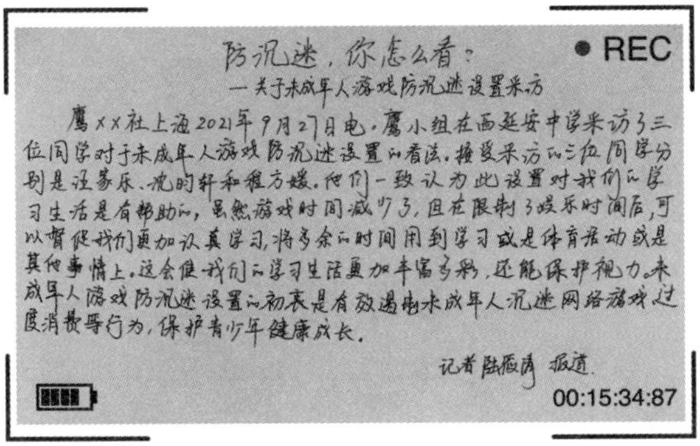

防沉迷，你怎么看？

——关于未成年人游戏防沉迷设置采访

鹰××社上海2021年9月27日电，鹰小组在西延安中学采访了三位同学对于未成年人游戏防沉迷设置的看法。接受采访的三位同学分别是汪家乐、沈昀轩和程方媛。他们一致认为此设置对我们的学习生活是有帮助的，虽然游戏时间减少了，但在限制了娱乐时间后，可以督促我们更加认真学习，将多余的时间用到学习或是体育活动或是其他事情上。这会使我们的学习生活更加丰富多彩，还能保护视力。未成年人游戏防沉迷设置的初衷是有效遏制未成年人沉迷网络游戏过度消费等行为，保护青少年健康成长。

记者陆薇涛 报道

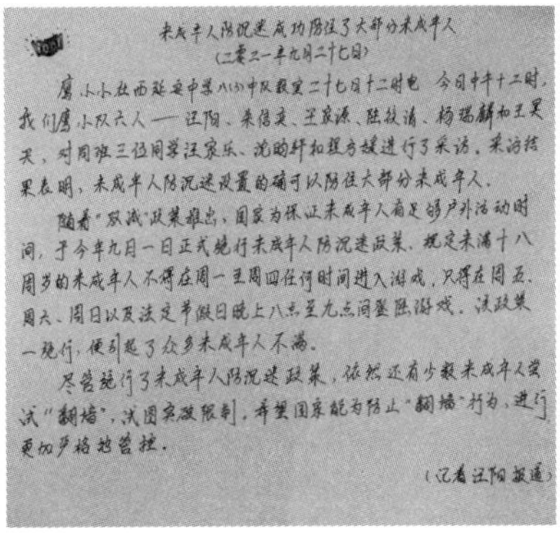
未成年人防沉迷成功防住了大部分未成年人

（二零二一年九月二十七日）

鹰小小社西延安中学八(3)中队教室二十七日十二时电 今日中午十二时，我们鹰小队六人——汪阳、朱信吏、王宸源、陆致涵、杨瑞麟和王昊天，对同班三位同学汪家乐、沈昀轩和程方媛进行了采访。采访结果表明，未成年人防沉迷设置的确可以防住大部分未成年人。

随着"双减"政策推出，国家为保证未成年人有足够户外活动时间，于今年九月一日正式施行未成年人防沉迷政策，规定未满十八周岁的未成年人不得在周一至周四任何时间进入游戏，只得在周五、周六、周日以及法定节假日晚上八点至九点间登陆游戏。该政策一施行，便引起了众多未成年人不满。

尽管施行了未成年人防沉迷政策，依然还有少数未成年人尝试"翻墙"，试图突破限制，希望国家能为防止"翻墙"行为，进行更加严格地管控。

（记者汪阳 报道）

图4-4-1　修改新闻稿

3. 探索与形成成果

每个小组确定报纸名称，汇总筛选新闻稿，完成报纸初稿（图4-4-2）。

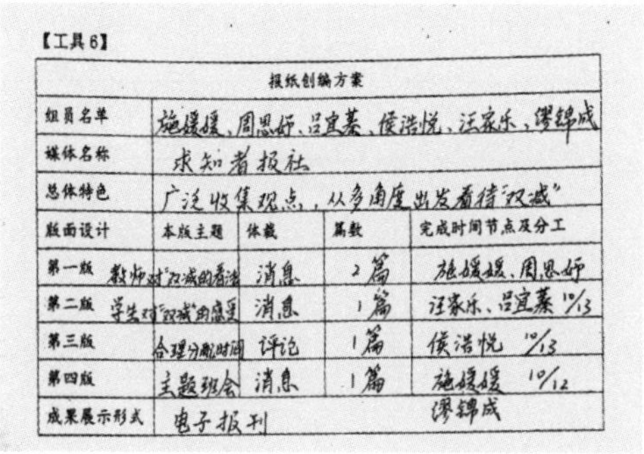
【工具6】

报纸创编方案				
组员名单	施媛媛、周思妤、吕宜蓁、侯浩悦、汪家乐、缪锦成			
媒体名称	求知者报社			
总体特色	广泛收集观点，从多角度出发看待"双减"			
版面设计	本版主题	体裁	篇数	完成时间节点及分工
第一版	教师对"双减的看法	消息	2篇	施媛媛、周思妤
第二版	学生对"双减"的感受	消息	1篇	汪家乐、吕宜蓁 10/13
第三版	合理分配时间	评论	1篇	侯浩悦 10/13
第四版	主题班会	消息	1篇	施媛媛 10/12
成果展示形式	电子报刊			缪锦成

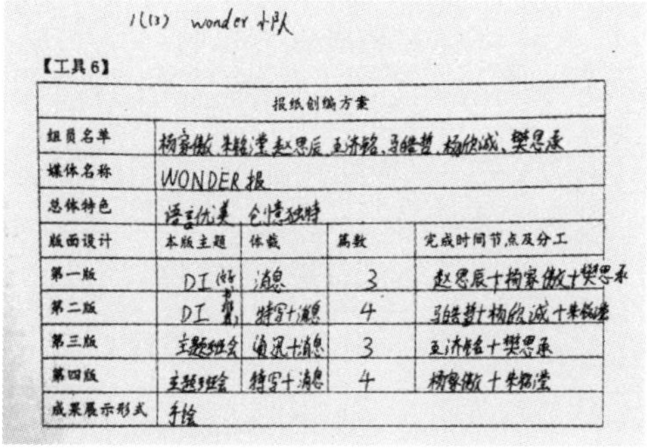
1(1) wonder 小队

【工具6】

报纸创编方案				
组员名单	柯家傲、朱铭滢、赵思辰、王济铭、马皓哲、杨欣诚、樊思承			
媒体名称	WONDER报			
总体特色	语言优美、创意独特			
版面设计	本版主题	体裁	篇数	完成时间节点及分工
第一版	DI比赛	消息	3	赵思辰十柯家傲十樊思承
第二版	DI比赛	特写十消息	4	马皓哲十杨欣诚十朱铭滢
第三版	主题班会	通讯十消息	3	王济铭十樊思承
第四版	主题班会	特写十消息	4	柯家傲十朱铭滢
成果展示形式	手绘			

图4-4-2　报纸初稿（创编方案）

4. 评论与修订

根据报纸评价表进行组内、组间评价交流，修改（表4-4-2）。

表4-4-2　交流评价

项　目	评价指标	分值	得分	存在问题
媒　体	报纸名称醒目易记	10		
角　色	报头设计有想象力	10		
	标注日期	10		
读　者	目标读者明确	10		
体　裁	丰富多样	20		
	安排合理	10		
版　面	版面分工明确	10		
	栏目主题鲜明	5		
	设计清晰	5		
特　色	定位明确，个性鲜明	10		
总　分		100		
修改建议				

5. 成果展示

（1）交流展示。

小组为单位交流报纸内容，记录建议。每个小组就报纸的名称、内容、创意，在班级进行公开阐释宣传，其余小组成员根据评价表评分。

（2）报纸及创编说明。

各小组创编的报纸内容根据新闻采访搜集的素材及班级活动进行写作，体裁既有消息，也有新闻特写、通讯和评论，能体现不同新闻体裁特点。报纸名称由小组成员讨论决定，有各自鲜明的特点，能够把握报纸的基本要素。版面设计合理，图片来自学生采访及活动现场的照片。该成果既充分体现了项目化学习活动的全过程，也体现了学生对不同新闻体裁特点的掌握程度。

"飞鹰报"寓意报社的每一位成员都能如雄鹰般自由自在地翱翔于天际，在平时学习生活中，不断超越自我，坚定地朝着目标前进。徽章上的六颗金灿灿的星星代表了报社的六名成员，锋利如托尔斯泰般的鹰眼。内容以"双减"和"主题班会"为主。

L. A. W. T报中"L. A. W"指的是"lose and win"，意思是失去了时间，却换来了胜利；而T的意思是team。报纸内容分为两个板块：班会与疫情防控方面的采访。

"求知者报社"由求知者小队的6名成员组成，寓意做一名脚踏实地、孜孜不倦的求知者。报刊的主题是"双减"政策，组员们化身小记者，分别对西延安中学的老师和学生进行了采访，并通过记录与分析，真实地呈现出了"双减"政策在西延安中学的实施现状以及师生对于该政策的看法。在创编报刊的过程中，组员对不同的新闻体裁有了更加深入的了解，同时也体会到了分工合作的重要性。

红苹果报社源自组长陈同学的外号，同时也希望报社能像"红苹果"一样红红火火。本期报纸报道了主题班会，就内容、精神等方面进行不同形式的展现，充分体现了班会主题"富强中国，你我共创"的内涵。

"策划丢了社"名字来源于一次秋游时该组的策划走丢了，由七名社员组成。内容聚焦于校园防疫中卫生老师的日常工作及刚刚举行的主题班会。

"wonder小队"以小队名称确定了报纸名称"WONDER"。第一、第二版是关于DI的消息和特写，第三版是关于主题班会的消息和通讯，第四版加入特写。主要采用手绘形式，配图是采访照片的打印版。

（3）公开成果。

张贴展示创编的报纸，并利用班级微信公众号公开展示。在班级宣传栏张贴各组新闻报，在班级公众号以"新闻小队养成记"和"新闻小队收获记"为题推送项目化学习过程及成果（图4-4-3）。

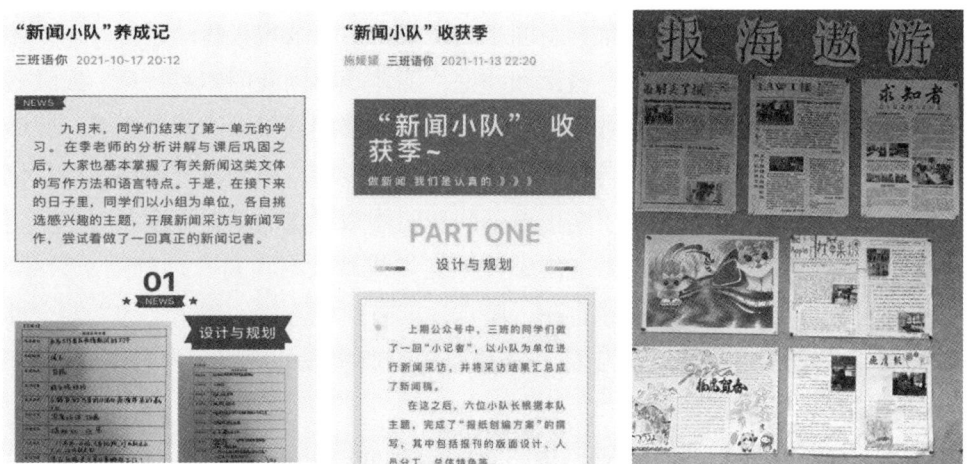

图4-4-3　通过班级微信公众号推送等方式展示项目化学习过程及成果

6.反思与迁移

反思本次项目化学习遇到的问题，以及解决的方法。

选择一份公开出版的报纸，运用所学知识进行分析。

（四）反思与策略

（1）项目设计充分利用八年级上册中"活动·探究"单元教学内容。学科关键概念是"新闻读写"，这是本单元需要达成的教学目标，当然这里的新闻阅读和写作只是掌握最基本的知识，不同于大学新闻系或专业新闻人的读写。新闻阅读以点带面，由一篇迁移到其他，在掌握消息阅读方法的基础上拓展到特写、通讯及新闻评论；设计新闻采访方案作为学习支架，帮助学生掌握采访流程，以利于采访实践活动；新闻写作以消息为基础，针对学生的水平差异及个性特点，提供自由选择的体裁，并结合生活情境进行写作，激发了学生写作兴趣。

（2）项目设计以"如何创编一份校园新闻报纸"为驱动性问题，聚焦校园生活，凸显学科知识，形成问题链。通过特定情境掌握新闻不同体裁的特点，创编新闻报纸既是对学习过程的梳理总结，也为项目化学习保存了可视化成果，通过张贴报纸和微信推送进行交流，培养了综合能力。学生在项目化学习过程掌握了本单元核心概念"新闻读写"，听说读写能力得到迁移。

（3）在项目实施过程中发现，学生初次将新闻采访收集的素材运用到写作中时，因为对新闻内容缺少切身感受，对新闻的结构把握不够准确，所以不能很好地区分事实和观点。而以主题班会为题材的新闻写作，有真实的情境，不同体裁的新闻均有较好的稿件。后续对项目实施的情境化设计需要改进。另外受到主客观因素制约，新闻的时效性体现不够。

（4）因为是首次尝试进行学科项目化学习设计，项目设计中学生的主动性还发挥得不够，流程还有不尽合理的地方，成果公开后的反馈还不够及时，需要在后续实施中加以优化。